VPEA
www.vpea.ca

加国留学那些事儿

Vancouver Public Education Alliance
（温哥华公立教育联盟）
编 著

上海交通大學出版社
SHANGHAI JIAO TONG UNIVERSITY PRESS

内容提要

越来越多的家长选择加拿大作为孩子留学地。本书为温哥华公立教育联盟(VPEA)多年来众多成功的案例和存在的问题集结，总结出的宝贵经验，供相关家长和学生借鉴。

本书分三个篇章：上篇：加拿大留学故事；下篇：留学生该知道的加拿大；附录。

图书在版编目(CIP)数据

加国留学那些事儿/温哥华公立教育联盟编著.—上海：上海交通大学出版社，2018（2019.8重印）
ISBN 978-7-313-18573-0

Ⅰ.①加… Ⅱ.①温… Ⅲ.①留学教育-概况-加拿大 Ⅳ.①G649.711.8

中国版本图书馆CIP数据核字(2017)第306471号

加国留学那些事儿

编　　著：温哥华公立教育联盟
出版发行：上海交通大学出版社　　地　　址：上海市番禺路951号
邮政编码：200030　　电　　话：021-64071208

印　　制：三河市兴国印务有限公司　　经　　销：全国新华书店
开　　本：710 mm×1000 mm　1/16　　印　　张：17.5
字　　数：275千字
版　　次：2018年1月第1版　　印　　次：2019年8月第2次印刷
书　　号：ISBN 978-7-313-18573-0/G
定　　价：58.00元

序
Preface

当下，很多人在看待低龄留学这个问题的时候仿佛就觉得这是对中国传统教育的一种抛弃，或者是一种无奈的逃离。前者是家长们不希望让自己的孩子在中国高考这种相对单一的选拔体系下浪费太多时间“做题做题”，抹杀了学生的天赋和创造力；后者则是孩子们在这个高压力的基础教育学习环境中已经无法再适应了，家长和学生都很清楚地知道就算是选择去参加高考，也很难升入国内的优秀大学，于是就选择了到国外去读中学。我们发现，不同的家长对孩子未来国际教育的规划也很不相同，有的是想要追求国外的名校，有的则以实用为主，如早点出来工作、早接触社会，或者早日能够移民拿到绿卡身份等。但是孩子到了国外之后学习生活基本上都是他自己的事情，尤其是大部分低龄的中国留学生在国外相对自由的教育体系下，逐渐地清楚自己心里真正想要什么，往往最后他们自己的选择与父母的意愿大相径庭。其实，在学生的生涯教育中，生涯路径的选择作为父母和老师只能去引导，最终做决策的还是学生自己。我们发现那些从留学咨询到选课计划、社会实践活动，以及义工选择、大学申请等事情都是自己亲力亲为的学生、在学习上往往都是非常优秀的，生活上也更加独立，未来在大学的学习能力也更强。

留学本身其实也是一件痛苦的事情，尤其是对低龄的学生，它是一种与国内学校上学完全不一样的痛苦，主要体现在适应国外的多元文化和教学体制上。加拿大是一个多元文化的移民国家，整个教育以公立为主，我们绝大多数的国际学生都是进入公立学校学习，平常住在教育局安排的寄宿家庭中。在日常学习和生活中基本上只能说英语，而且很多寄宿家庭还有自己的家庭行为守则等，中间由于文化的差异以及语言交流的障碍导致了沟通上的很多问题，从而产生了一系列的学生与寄宿家庭之间的矛盾，加上很多学生开始的时候也不习惯西餐，这些对于很多中国学生来说是相当痛苦的一个适应过程。好在人这种动物最自然的一种能力就是适应，大部分学生最终还是可以习惯寄宿家庭生活并与寄宿家庭父母做很好的沟通交流。

此外，学生在学校学习的时间变短了，加拿大的学校教学时间从早上八点半到下午三点就结束了，学生就有了大量的自由支配的时间，但这对很多中国学生和家长来说则变成了一件非常不适应的事情，因为很多学生不知道怎么去安排这些课余时间，此时很多国内的家长也会非常焦虑，原来在国内学生都是每天早上七点一直持续学习到晚上九点，学生一直保持着紧张的学习状态，现在突然感觉学习时间少了，放学之后学校也不管了，总是担心学生的学习成绩会下降，将来要影响其上大学。的确，西方的学生由于从小生活在相对自由的教学环境中，逐步养成的在时间的管理上能力比我们的中国国际学生更强一些，因为我们之前的国内的学习体系学生的时间是被安排的，一旦时间支配权掌握在我们学生自己手中的时候，他们反而无所适从了。这个时候，学习规划能力与时间管理能力就显得非常重要了，西方的大学都是自主招生，学校按照自己制定的录取条件选拔学生，除了要求学术这部分能力之外还要求学生非学术的能力，学生必须通过写自评信（Personal Statement）、推荐信（Recommendation Letter），以及论文（Essay）等来证明自己的非学术方面的能力。所以优秀的学生其课后的业余时间除了完成老师布置的作业之外，更是积极主动地去参加一些社会实践活动，或者是自己喜欢、擅长的体育和艺术等额外的课程学习，或者学生团队活动等，让自己的一些特长得到更进一步的发展，以便未来在大学申请的时候有足够的材料能够证明自己是一个全面发展的人，是一个对生活很有感悟的人。其实，这种对学生多元评价体系的变化对我们的国际学生来说是一个具体而严峻的挑战。西方这种多元的而且过程性的评价看上去比较公平，但是实际上对学生的要求更高了，科学课程除了考试之外，更多地需要学生的动手能力和创造力，因为大量探究性学习要求的就是创造性的实验。语文、社会学等课程也都更大程度地要求学生的想象力和逻辑思维能力以及自我学习的能力，因为大量的开放式的、假设式的问题都会让学生不得不在课后花很多时间去查阅资料，并且需要深度思考才能完成老师布置的任务。以上这些问题是我们很多想要去留学的学生及其家长们都不了解的真实情况，所以往往导致很多留学生到了国外后被现实打了个措手不及。

2010年远播教育集团收购VPEA（温哥华公立教育联盟，Vancouver Public Education Alliance）之后，我自己开始慢慢地了解和熟悉国际教育这个领域，为了帮助低龄学生更快更好地适应国外的教育生活，VPEA在中国与很多知名的中学做了许多1+2以及2+1的国际课程合作项目，帮助学生能够过渡好高中的留学生涯。我也一直想编写一本关于加拿大留学方面的书，以便让更多的人了解加拿大教育的一些真实而具体的情况。之前出了一本《加拿大留学行前指导》，主要是为了帮助即将去加拿大求学的学生们更好地做好留学的准备，但是总觉得这本书都是一些常识性的知识，缺少具体而生动的学生的真实案例。我更喜欢通过留学生自身的故事去启迪学生。知识以及价值观的培养更多地是靠无形的影响力，教育本身也应该是一种个性化的服务，在别人身上很适合的学习方法未必适合自己，于是我想从一些我们认为比较成功和失败的中国国际学生的真实的学习生活的视角记录他们的感想，再加上一些我们对这些真实案例的点评，希望能够给想要去加拿大留学或者已经在加拿大留学的学生以及他们的家长更多的建议，让他们更好地从多个维度视角去了解真实的加拿大教育。

学生选择国际教育这条路在很大的程度上是勇敢的。我们的家长必须知道什么是对自己孩子更适合的教育方式。西方的教育体系强调21世纪技能的培养，为的是让孩子在未来社会中有更强的适应力。中国教育部提出要加强中国学生核心素养的培养，这其实与21世纪技能培养是完全类似的，也都注重学生的全面发展。只不过在中国，由于大学选拔体系导致很多学校不得不最终又回到了高考评价上，在实际教学过程中不得不简单粗暴地搞应试，把检验学生学习能力的手段当成了最终教育的手段。无论中国教育还是西方教育，归根结底都是培养适应和推动未来社会发展的人，我们不能违背这一规律，无论选择在国内接受教育还是留学，都仅仅是教育生涯中不同路径的选择而已。真心希望书中的这些案例能够让更多的人了解加拿大低龄留学的真实情况，从而做出更加合适的选择和准备。

感谢VPEA在加拿大给留学生提供服务的同事们去采编了大量的学生案例，感谢小阳对这些案例的辛苦的整理编辑工作。谢谢!

邹宏宇 Alex

Vancouver Public Education Alliance（VPEA）总经理

目 录
Contents

上篇　加拿大留学故事

通往大学之路

给留学生父母的忠告

下篇 留学生该知道的加拿大

附 录

上 篇

加拿大留学故事

留学前准备

“出国吧”，这简简单单的3个字，无论是从家长口中提出来的，还是在学生心中默默决定的，抑或是从别人那边无意中听来的，都不像看起来的那么简单。出国留学这件事情，其实从有这个念头开始，就要开始准备起来。

首先要明确为什么要出国留学？这一大问题是最基础的，但也是很多学生、家长最容易忽略的。“别人出国留学了，所以我们家孩子也可以出国”的想法，虽然确实起到了一定的作用，但千万不能作为出国留学的唯一原因，因为“跟风留学”并不是一个明智的选择。有的人因为喜欢北美教育方式，所以选择留学；有的人因为不愿承受高考压力，所以选择留学；有的人是为了留在国外生活而选择留学；有的人是为了逃避努力学习才选择留学；有的人因为被父母强行安排，所以才去留学。出国留学的原因没有三六九等之分，但明确自己出国留学的那份原动力，对未来的留学生活有个正确的期待，才是最重要的。

明确了留学的原因之后，再思考如何对留学生活有一个相对正确的期待。如果你是为了通过体验北美教育从而享受更优质的教育资源的话，你就应该多了解一些关于北美教育和世界高等教育的内容；如果你是为了逃避高考，那你就应该多知晓一些关于中外教育体制的差异与优缺点，以及对学生未来发展的影响；如果你是为了以后在国外生活，那你就应该多看看中外真实生活的故事……

本书通过 VPEA 历年来累积的各种学生案例，以留学故事的形式为学生和家长引入和介绍最真实的加拿大留学生活，分享成功案例的经验心得，总结失败经历中的经验教训。出国留学特别是低龄留学并没有想象当中的那么光鲜亮丽、水到渠成，如果没有一个正确的了解和期待，之后的留学之路会非常艰难，甚至被迫中止。我们的第一个故事就想告诫大家，出国留学绝不是说走就走的决定，在此之前，真的应该想好！

想留好学？想好再留

——留学动机分析

有些学生是被父母强制送出国的，学生根本没有想清楚留学的原因。往往这样的学生，留学中的问题，源源不断。

——VPEA 老师

（一）被父母稀里糊涂地推来

“孩子他爸，你看小J的成绩现在这么差，又不好好学习，这可怎么办呀！”小J的妈妈正在房间焦急地和小J爸爸诉苦，“你看这小子又玩到这么晚都不回家！咱俩根本管不住呀。你说以后他怎么能考上大学呀！”小J妈妈叹了一口气，对小J的未来充满了担心。“要不这样吧，我们让这小子出国上学算了。”小J的爸爸展开紧锁的眉头，对小J妈妈说：“我听老李说，他朋友的女儿去年去加拿大上高中了，觉得那边学习环境很轻松，课程没有国内的这么难，而且考大学好像挺容易的，要不干脆就把这小子送那上学得了！”

就这样，小J的父母在没有询问小J意见的情况下，就做出了这一决定。小J在知道这件事的时候，心里非常不开心。“我在国内待得好好的，干嘛突然就要去那么远的地方上学，还要学英语！真麻烦！而且都不与我商量就让我出国！”但父母却对小J说，“我们这是为了你好！你在国内以后也没什么太大发展，先出去学几年好了。”虽然小J百般的不情愿，但在父母的逼迫之下，还是勉强默认了。

接下来，小J的父母就积极地为小J办理高中申请，所以就找到了

VPEA。虽然家长兴致冲冲地觉得送小 J 出去上学是一件莫大的好事，但 VPEA 的老师却指出了这件事的负面影响。“我们了解了一下小 J 的英语水平，也简单地做了测试。但小 J 的英语水平很差，可以说算是零基础了，连基本的对话都完全无法应对。”

VPEA 老师非常担心小 J 以后到加拿大后会无法进行正常交流，所以给小 J 父母提出了一个中肯的建议。“我们建议学生先在国内学习一些英语基础课程之后再出国留学，这样会减少很多留学时的麻烦。”但小 J 父母就是希望小 J 尽快出国，在国外学英语。对于小 J 的英语能力，其父母貌似一点都不担心。“哎呀！学英语嘛！在那个语言环境下更容易学嘛！国内是因为没有那么多外国人所以不怎么会说英语，但出了国待着待着就自己会说了嘛!”

VPEA 老师还是帮小 J 办理了高中申请，并顺利地拿到了加拿大高中的录取通知书，但需要小 J 先去上一些语言课程才能进入学术课程的学习。拿到录取的小 J 父母非常开心，但小 J 却有些反悔了，“天天上英语啊？我不想去，太无聊了。”

为了让小 J 能够同意出国留学，小 J 的父母“苦口婆心”地劝说了小 J 很久。“他们和我说，他们朋友的孩子有些去加拿大上高中了，说加拿大环境美，学业轻松，压力较小；尤其说外国人的高中数学比较简单，很好学！我后来想了想，也行，当出国旅行吧!”很显然，小 J 并没有对出国留学有着一个良好的准备，没有意识到出国留学是一场“为自己而学习的经历”。“我最后同意留学了。因为可以出国玩一玩，而且父母还管不着我，挺好!”最后同意去加拿大上高中的小 J，对出国的“优势”也有着一份自己“独到的见解”。

对于出国留学这件事，小 J 虽然最后欣然答应了，但其实并没有做好十足的准备，“我们和小 J 聊过，发现他对出国留学的目的并不明确，觉得就是出去学英语然后顺便玩一玩的”。

不仅是小 J，小 J 的父母也对留学没有一个正确的期待。小 J 的父母一心认为，出国留学是个比较轻松的任务，只要父母保证小 J 留学的资金问题和安全问题，小 J 出国后就能自然而然地成长。VPEA 老师最常听到小 J 父母说的就是，“出国就会说英语了嘛”“出国就知道学习了”“出国就逼他要独立自主了”。仿佛“出国留学”是一粒“神丹妙药”，只要把孩子送出去，就能治好小J的各种缺点。抱着这样的心态，小J的父母在送小J出国的时候，不像其他家长那样有些担心和不舍，反倒感觉像是松了一口气。

小J在出发前往加拿大的时候，也没有意识到留学路上会有怎样的艰难困苦，还以为留学是一场自由的长途旅行呢。

就这样，小J被边推边哄地送到了BC省的高中，稀里糊涂地开始了他的留学新生活。

(二) 被学校狼狈不堪地赶走

对加拿大留学生活充满乐观想象的小J，在一下飞机的时候就感受到了不妙。

在小J到达加拿大机场与VPEA老师汇合时，见到了自己的寄宿家庭妈妈。当寄宿家庭妈妈热情地问小J“how’s your trip?（旅途还好吗）”的时候，听不懂英文的小J竟然没有任何回答，寄宿家庭妈妈感到非常的尴尬。虽然VPEA的老师马上打圆场，与寄宿家庭说明小J的英语基础弱的情况，但这样的“冷漠”还是让小J给寄宿家庭留下了很不好的印象。

等到寄宿家庭把小J接到家中一起吃晚饭的时候，寄宿家庭成员一连串的问题更让小J云里雾里了。所以小J在餐桌上一直都是用“嗯”“Yes”“No”来回答，让寄宿家庭感到非常不舒服。“我不是故意这样对他们的……但因为我确实听不懂，也不知道怎么回答他们，所以干脆就不说话呗。”

在晚饭之后，寄宿家庭便开始给小J讲解家中的规定。“我当时不知道她在说啥，就听见什么don’t啥的”。尽管寄宿家庭已经用了最简单的词、最慢的语速、最丰富的肢体语言给小J讲解，但小J还是听不明白。寄宿家庭说不许带朋友来过夜，小J满脸问号；寄宿家庭说晚上11点之前必须回家，小J满脸问号；寄宿家庭说不回家吃晚饭要提前发短信通知，小J满脸问号……虽然听不懂，但为了结束这个对话，小J就一直点头，所以寄宿家庭就以为小J明白了他的意思，就结束了第一天的沟通。

小J在开学不久之后就开始违反寄宿家庭的规定，这让寄宿家庭非常生气。小J周末带朋友来过夜，寄宿家庭生气；小J有时夜不归宿，寄宿家庭生气；小J外出吃饭从来不打招呼，寄宿家庭生气……因为这样的事情，寄宿家庭和小J之间充满了误会和怒气所带来的紧张关系。但语言不好的小J又无法很好地与寄宿家庭解释原因，最后寄宿家庭就将小J的不良行为报告了教育局。所以小J在来加拿大的第2个月就收到了一封教育局的警告信。

如果说这些问题仅仅是因为英语不好而导致的话，其实解决起来并不是很难，只要小J认真学英语，通过沟通慢慢修正与寄宿家庭的关系就可以了。但这个问题严重就严重在，小J根本没有解决问题的积极性，拒绝学习。

当VPEA的老师知道小J因为语言问题和寄宿家庭闹出了很多矛盾之后，便赶紧和教育局商讨，为小J多争取了几节语言课帮他更快地提升英语基础。当VPEA老师把这个安排告诉小J的时候，他竟然不耐烦地拒绝了。“我不想学英语。有问题就有问题吧，反正又不是我要来留学的，我干嘛要做这些多余的事情”。

由此看来，语言不好只是小J的一个借口，真正的问题在于小J并不觉得留学是他自己的事情，也没有解决问题的积极性。所以小J依然不与寄宿家庭沟通，依然不认真上课，依然不接受来自他人对他英语学习上的帮助。

每一次学校和VPEA老师讨论如何解决小J的问题时，小J说得最多的一句话就是，“不是我要来这边读书的”。基于这样的情况，VPEA的老师只好从小J父母那边“下手”，希望能从父母那边帮助小J解决问题。VPEA建议小J的父母多了解学生在加拿大留学的真实意愿，多提供一些帮助，甚至可能的话陪学生在加拿大住一阵子，待学生情况都稳定了之后再离开。但小J的父母也表示“无能为力”“国外的情况我们不清楚的呀，孩子的信息我们也很少能掌握，而且我们实在是说不动他呀”。

就这样，拒绝解决问题的小J和其父母，让小J在国外的生活变得越来越艰难。

因为语言不好，小J几乎每一门都挂科，对上课没有一丁点兴趣，对与别人交流也慢慢失去了信心。在学校和寄宿家庭找不到乐趣的小J，便选择在网络游戏中释放自己，借此来逃避在国外留学的痛苦生活。渐渐地，小J开始逃课、不写作业、不回寄宿家庭家中过夜，让本来就与寄宿家庭紧张的关系变得更加敏感，让本来就对小 J 表现不满的教育局对其更加担心。但即便如此，学校还是尽可能地给小 J 提供帮助，让其可以继续学习。

虽然身边的人都在帮助小 J 度过在加拿大留学的困难，但小 J 自己却不愿重视起来。就这样，小 J 虽然在加拿大待了 1 年多，但还困在语言课程的学习中，迟迟无法顺利进入学术课程的学习。每次当 VPEA 和教育局的老师试图与小 J 谈话时，小 J 就变得更加消极、抗拒，“我没什么可改的，反正不是我想来的”。

因为屡次犯错，并且看不到好转的迹象，再加上小 J 态度一直不积极，教育局便开始考虑开除小 J，这让小 J 的处境十分危险。在这样的处境下，VPEA 紧急多次劝说小 J 的父母，“还是派父母其中的一方过来陪读一阵子比较好，或者也可以考虑返回国内，让他继续在国内完成高中学业，不然的话最后如果是被开除的话，情况就很麻烦了。”但小 J 的父母却很坚定地拒绝了，“不行不行，我们是走不开的！而且回国绝对不行！出来再回去太丢人了！怎么着也要在加拿大拿个高中文凭吧！所以麻烦老师和学校多想想办法让他在加拿大顺利毕业吧。”

就在 VPEA 和家长商量对策的那段时间里，教育局还是给小 J 发了开除信。这是小 J 收到的第四封来自教育局的“警告信”，当然也是最后一封。

被开除的话，按照规定学生要立即返回中国；但小 J 的父母却极力地反对：“不行不行，小 J 不能回来，一定要留在加拿大念完高中!”无奈之下，VPEA 只好紧急帮小 J 申请了私立高中和寄宿家庭，让其不用立即回国可以直接入学学习高中课程，继续完成学业。

虽然小 J 终于换了一个新的学校读书，但其学习积极性缺失的问题还是没有解决；他的父母也没有采取其他相应的行动来帮助他渡过困难。所以虽然小 J 辗转到了私立高中，也还是依然保持着之前的习惯。还是依然玩游戏、逃课、与寄宿家庭产生矛盾；依然不积极学习英语，一直停留在语言学习中；依然把那句话挂在嘴边，“又不是我想来的”。

在加拿大待满快 2 年后，小 J 的签证快要到期了，VPEA 老师便催促他赶紧提交材料续签证。但如此大的事情小 J 却一直不支持、不配合，并且又一次表达了他对留学生活的厌恶，“我能不续吗？反正我也不想在这读了，英语学不好，啥也做不了，干脆续不下来让我回国算了。”

最终因为出勤率太差，课程成绩太低，小J的出入境签证续签被拒，最后只得返回中国，狼狈不堪地结束了他的“加拿大之旅”。但即便如此，小J依然还是觉得，这样的结果并不能怪他，因为“又不是我想来的”。

（三）留学是个“苦差事”，想好了再走

其实，小J这样的故事不是个特例。在VPEA管理的数百名留学生中，就有一部分留学生，因为留学动机不清晰导致留学道路障碍重重，最终只得中断了学习，不得不返回国内。而这些留学生中，又有一半的学生像小J一样，是被父母“强迫”出国学习的。这一点非常值得大家思考，因为从上百个留学案例来看，学生的留学动机是决定学生是否可以成功完成留学“大业”的重要因素。

VPEA在帮学生规划留学道路时，不只是与家长沟通，大部分情况下也会向孩子了解情况，并说明海外留学的利弊。这样不仅让家长可以从多个角度考虑孩子的留学问题，同时也会让孩子能够开始思考自己未来的规划。

在VPEA的学生中，大约有60%—70%的学生是有自主留学动机的。无论是想通过留学的方式来更顺利地申请世界名校，或是想提前体验西方教育的环境，抑或是未来有计划移民他国，这些学生的动机是能让留学更加有益于自己的未来，应该主动去推进。所以大部分这样的学生最终都顺利地完成了学业，其中的相当一部分学生还申请到了多所名校。

但剩下30%—40%的学生，是对出国留学没有任何想法的，持不支持也不反对的态度。其中的一半是在不知情的情况下，就被父母强行安排出国的。这其中的大部分学生都是因学习不够好，在国内的发展会有阻碍，所以父母期望他们能在加拿大成功升学。

虽说不是所有这些“动机模糊”的留学生活都以开除这样的结局收场，但绝大多数这样的学生最终都返回了中国。究其原因，说简单也很简单——学生并没有意识到留学这件事是自己的事，所以遇到问题的第一反应是找借口去逃避和推脱，并非去勇敢面对，而且还会非常委屈；说复杂也复杂，因为这其中涵盖了父母的家庭教育，孩子的自我认知，中西方文

化差异等因素，不是单方面的努力就可以完美解决的。

可以看到，在小J的例子里，他自己在国外生活非常痛苦——语言不通，没有陪伴，学习吃力，沟通费劲，连想回国的渴望也被父母硬生生地压抑了下去；小J的父母也没有好过到哪里，总是收到自己孩子表现差劲的通知、报告，还没有办法解决孩子的困境，又不希望孩子回国，觉得丢脸；教育局与VPEA这方也非常为难，想帮助学生成长但被孩子和家长屡次拒绝。

留学生在外留学，并不是一件轻松的差事。学生要经历情感上的孤独，语言上的磨练，文化差异的冲撞，抵抗诱惑的磨砺，甚至是精神压力上的折磨。这其中的任何一个困难，如果没有一个坚定的动机，学生很容易就被打到。

所以在留学前，学生和家长一定要考虑到各方的建议，准备好了再留学。毕竟出了国之后，无论有多少支持和帮助，最终都是学生自己的事。

Alex点评：选择留学是人生中的一个重要决策，需要家庭、学生等一起共同参与，尤其是最终的决策一定要学生自己来做，因为他是最终决策的责任人。父母工作忙，为了推卸责任，认为留学是“为了孩子好”，决策的时候信息也不对称，到底是否适合选择留学，要根据学生自身的学习能力、生活自理能力，以及心理成熟度等因素。老李家、老张家的孩子经历仅供参考，切不可盲目地认为在中国的教育体系中遇到了很多挫折，换个环境就好了。学习本身这个过程在人生的任何阶段都是一个比较痛苦的过程，但是成长必须要坚持学习，国外的学术氛围很多时候更为严谨，也许知识的考试并不难，但是创造性的实验部分对孩子动手能力等要求会更高。总之，留学是一个重大决策，需要充分的准备。

留学加拿大的准备

凡事预则立，不预则废。这句话用在出国留学上极其恰当，之前的故事里也充分说明了这一点。同学们在出国留学前不能认为只要单一地做好语言方面的准备就可以高枕无忧了，更不能过分相信“车到山前必有路”。实际上，在语言、心理、住宿、人际交往、家庭关系等许多方面都需要学生还有家长共同做好充分的准备。那么，如何判断自己是否适合出国，特别是决定出国后需要哪些方面的准备？并且如何去做呢？经验丰富的VPEA老师总结出了一些经验，以期能给学生和家长提供借鉴。

（一）清楚留学动机

每个学生和家长对于出国留学的设想和规划都不同，留学动机一般有为了接受西方更注重个体发展的教育、学习更先进的学科以及专业知识、取得认可度更高的国外学历、在母语环境中提高英语、了解西方文化并与国际学生接触开阔视野、国外就业以及移民等。对于有出国意愿的学生而言，第一步就是确定自己为什么出国？想通过出国留学获得什么结果？只有这样，才能在留学过程中清楚自己的目标，保持积极的学习态度。千万不能盲目跟风或者只是因为在电视和网络上的一份印象或者情怀而草率做出决定。

（二）详细了解目标国家以及学校的情况

有了明确的出国意图后，必须要充分了解目标国家以及理想学校的各

VPEA 学生到加拿大大学游学

VPEA 游学营学生参加户外活动

方面信息，在大环境方面的有教育体制、文化氛围、就业和移民政策，学校方面有留学要求、课堂模式、学校特色科目、师资力量、师生比、国际学生比例、学生课外活动以及硬件设施，以确定是否真正合适。同时，还可以通过一些比较知名的国内外公众社交媒体，在相关学校的留学网络群上向有相关留学经历的人了解真实的留学生活，不能对留学有过高或过低的期待，而是应该有一个正确的认识。除了收集各方面的信息以外，在条件允许的情况，学生可以通过参加国际班、短期游学、冬夏令营等方式提前感受目的国、目标学校的自然和人文氛围，亲身参与到外国课堂中，与当地的老师、学生沟通，通过自身感受来判断自己的选择是否真正适合自己。VPEA 每年都组织全国各地的学生到加拿大中学和大学亲身体验枫叶国的魅力和加拿大教育的优势，帮助许多学生确定自己的目标和方向。

（三）做好费用准备

众所周知，出国留学的费用是不菲的，家长在孩子出国前还是要做好充足的预算，而且在签证的时候已经需要提供一定的资金证明。加拿大相对欧美其他国家来说费用较低，签证前需要准备 70 万元（人民币，下同）左右的资金证明，高中留学每年的费用在 15 万元左右，大学每年的费用在 20 万元左右。

（四）评估自身条件

学校的选择是双向的，当学生在选择学校时，学校也同样在选择合适的学生。很多人会对自己的条件盲目自信，明明在国内成绩并不是特别好，还想轻松申请就读顶尖高中世界名校，这是不现实的。也有同学想通过在准备材料上的润色申请到远高于自身能力水平的学校，国外的学校宽进严出，即使申请成功，但也很有可能因为发现学业难度远远超过预期，而导致丧失信心无法继续。因此学生必须在最终做出留学申请决定前，评估自己的学术成绩、语言成绩以及学习能力，才不至于到国外后面临无法完成的学业窘境。

（五）夯实语言基础

打好语言基础是出国留学最重要的准备之一，如果上课听不懂老师讲课内容，根本不可能取得好成绩，就算是雅思和托福成绩不错的学生刚到国外也要花一段时间适应，才能完全听懂并跟上老师上课的节奏。因此，即使在出国前取得了不错的语言测试成绩，也要继续尽可能提高英语水平，增加英语阅读、听力并且练习口语；另外，对于数学和科学等相关科目也要学习相关的英语术语，以便更好地适应课堂教学。

（六）做好心理准备

出国留学是一次非常好的锻炼机会，对于很多人来说这是人生第一次离开家、离开父母、离开朋友，自己要面对生活中的困难并解决问题，对学生独立生活的能力是很大的一个考验，对国外生活了解的多少和精神上的准备程度，就像一只无形的手，始终影响着留学生活的质量和顺利与否。因此，提前调整好心态，对学业上的困难和生活上的孤独做好心理预期。勇于直面困难、解决困难是非常重要的。

（七）提高学习能力

语言成绩达标只能说明学生具备一定的英语能力，它不能完全代表学生在西方体系的教学模式下能取得好成绩。国内外的上课方式不同，学习方式也不尽相同。课堂上学生和老师、学生和学生之间会有比较多的互动，需要学生主动思考，具备良好的表达能力，课后作业也会要求学生进行自学和自主研究。就培养思考能力而言，出国前学生可以多关心一些国内外热议的社会话题，试着从不同角度思量，再借鉴媒体和专家的观点进行比较，形成自己的见解。自学方面，要学会基本的时间管理和规划方法，同时了解一些主流的信息搜索引擎。此外，提前学习一些国外的网络课程，熟悉国外的上课及考核方式也是一种很好的提前准备方式。VPEA的混合式学习中心就提供了这样线上和线下相结合的加拿大高中课程，想提前感受和了解加拿大高中上课及考核方式、提前学习学分课程的学生可以在国内就做好充分的准备，缩短到加拿大之后的适应时间。

（八）提高生活技能

留学海外，学生远离父母，完全依靠自己管理吃穿住行，人际沟通和自我管理能力就变得非常重要。在寄宿家庭，要学会和寄宿家庭融洽相处，如果对住家的饮食或者住宿规定有意见，学会以礼貌的方式进行沟通，千万不能以主雇关系的概念来定义住家，以自我为中心。同学应该把自己作为家庭的一分子，参与家庭活动甚至帮忙一起做家务，更好地融入寄宿家庭会帮助你更快地了解当地文化、融入当地社会。在留学前也可以学习一些基本的中式烹饪，这样在饮食方面可以自己增加一些灵活性，甚至可以通过对中国菜的介绍增进与住家的关系，以及增加与更多本地或者国际学生认识的机会。在学校和住家中除了日常起居和学习还有许多时间需要自己来支配和管理，所以要学会计划和安排，平衡好自己的学习和放松时间，在完成好学业的同时，安排出一些时间给自己的爱好，有空余时间也可以与同学们一起进行短途旅行，开阔视野。

行李准备与入境指南

除了前文中提到的，留学前要做好充分的心理准备和规划外，初次出国前，家长和学生对于要准备哪些东西往往会比较迷茫。VPEA 老师们根据多年的工作经验和学生们的反馈，特意从出国前、入境时以及到达加拿大后三个阶段总结了需要准备的事宜、材料和注意事项。学生和家长们可以根据自己的需要为将来在加拿大的学习和生活做好充足的准备。

VPEA 学生前往加拿大

（一）行前准备

1. 机票预订

每年七八月间是赴加留学旺季，机位十分紧张，直航机票价钱较高。学生获得预审并通过体检后，可提前预定机票，但不要出票。拿到签证后，方可出票（因出票需要提供护照首页和签证页复印件）。

2. 关于行李

（1）行李信息。每一个航空公司对行李都有自己的标准和要求，具体的行李尺寸和重量请查询航空公司官网。

① 加航：允许乘客免费托运 2 件行李和随身携带 2 件手提行李。

② 国航（只有北京至温哥华的直飞航班）：允许乘客免费托运 2 件行李和随身携带 1 件手提行李。

③ 东航：允许乘客免费托运行李 2 件和 1 件随身行李。

（2）手提行李中建议携带和不能携带的物品。建议携带：入境所需文件（含签证的有效护照、录取通知书、海关通函、住宿安排表等）、一些现金、几件保暖的衣物、最终目的地的地址和电话、个人通信录、个人药品以及打发时间的娱乐用品等。

飞行安全要求不能在行李中携带饮料、酒、利器、发胶、打火机、充气瓶等易燃易爆品，甘草片、奶制品、生鲜水果、肉类等也不可携带入境加拿大。

（3）行李识别。航空公司会提供行李名条供顾客写上联络地址和电话，一旦遗失，航空公司可按照行李名条将行李送回。如果使用的行李箱非常大众化，建议在行李上贴上醒目的贴纸或是系上一条花色的手帕，以便寻找行李。

3. 关于携带现金

（1）海关规定，出境可携带 3 000 加币的现金，必须随身携带。还应准备部分小额现金，以备及时之需，如从机场搭乘大巴到目的地、在机场打电话等。

（2）旅行时携带大笔的现金，不仅不方便，还很危险。最好的办法是去银行以自己的名义开一张银行的汇票以及一些旅行支票，便于携带，也相对安全。到了加拿大后，尽快在所在地银行开立学生账户，然后将汇票存进去。目前国内已经有一些加拿大银行的分支机构，可以办理开设加拿大账户业务，如帝国银行、皇家银行等（具体条款请与各银行联系）。

加拿大帝国银行北京代表处：北京市朝阳区建国门外大街乙 12 号 LG 双子座大厦西塔 1106 室，电话：010－65667071

加拿大皇家银行北京分行：北京市西城区金融街 7 号英蓝国际金融中心 9 层 921，电话：010－58399388

4. 适当准备生活用品

（1）本、笔、专业字典、快译通和专业书籍等学习用品。

（2）洗头水，肥皂、润肤油、牙刷、牙膏等洗涤用品，冬天寒冷的地区可准备一些唇膏。

（3）常用的衣物是必需的。可带上正式的礼服或者西服作为出席正式社交场合用。另外，加拿大的冬天较冷，要准备好羽绒服，但室内有暖气。女生冬天可以准备一双雪地靴。通常家庭的冬天室内温度一般为 21 度左右，有时中国学生对于室内温度不习惯，可考虑多带几件室内穿的衣服，特别是纯棉制品。

（4）笔记本电脑，配万能插板，变压器，充电器，北美地区转换插头。

（5）光盘及常用软件、硬盘、U 盘。

（6）药品。

① 内服药：感冒药、止痛药、止泻药。

② 外用类：跌打活络油、云南白药、创可贴、棉签、纱布、体温计。

③ 如果学生身体出现某种不适，最好是前往医生诊所或医院看病，而不是盲目服用从国内带来的药品。

特别注意：药品在加拿大分为处方药和非处方药，处方药需医生证明才可购买，非处方药可到药店直接购买；加拿大政府对于抗生素的使用及管理异常严格，若想服用此类药物，最好提前咨询加拿大本地医生；果实类的中药不可带。

（7）准备一个文件袋，用来装自己的护照、录取通知书之类的文件。

（8）准备一个水壶，在加拿大水龙头里的冰水都是可以直接喝的。

（9）在加拿大买手机分两种：一是直接买手机，要交税；二是签约机，一般要签 3 年，必须由有驾照或工资证明的人帮你签约才可以。也可以从国内自带一个手机过去。

（10）加拿大的太阳很刺眼，即使冬天下雪的时候也很晃眼，所以准备一副太阳镜很有必要。

5. 不需要携带的物品

（1）电压不符的电器，如吹风机等。

（2）非正版来源的CD、DVD。

（3）纸质书籍（可以下载电子版）。

（二）入境加拿大

1. 加拿大入境手续流程

将手表调整为当地时间—办理入境手续（提供已签证的有效护照、入境卡、入学通知书）—办理留学签证手续—取行李—交入境卡，入关时出具学生海关通函、学校通知书、护照等。

2. 移民局入境检查

下飞机后，跟随人流学生可进入入关通道，这时请选择外国人入境通道，接受移民局身份证件检查。需提供材料：已签证的有效护照、入境卡、通知书原件等。移民官有可能会问一些简单的问题。

（1）移民官通常问题：

问：你来加拿大的目的是什么？（Why do you come to Canada?）

答：学习，在××××学校，学××专业。

问：你住哪里？（Where are you staying tonight?）

答：×××学校（或寄宿家庭）。

问：谁出钱支持你在加拿大的学习？（Who pays for your tuition fee here?）

答：父母。

（2）提取行李。完成证件检查后，即可到行李大厅领取行李。温哥华的机场的左边为行李带，右边很明显的就是移民局 Immigration Office，大家可以先取手推车提取托运行李，然后去移民局换取学习许可 Study Permit。传送带上方标有到达航班号，如果行李丢失，可以去机场行李挂失处报告，并留下自己的联系方式，以便机场人员查找到行李后，能及时将行李送还。

（3）去移民局换取学习许可（非常重要）。“学习许可（Study Permit）”也是我们平常所说的“大签”。第一次拿着学生签证入境的学生，务必在机场移民局将“海关通函”换成“学习许可”，才能够离开机场。

需要转机的学生，也需要在下飞机的第一个机场的移民局（Immigration Office）完成此手续。当然，在入关时移民官就会提醒你。

需提供的材料还有：已签证的有效护照、海关通函、通知书原件。学习许可上会写明你入读的课程及学校的类别，所在省份以及有效时间。

请注意学习许可上的有效时间，并在其到期前3个月到当地移民局续签。

（4）海关行李物品检查。换完学习许可后，需要转机的学生可根据指示来到国内出发大厅（Domestic Departure），无需转机的学生则可离开机场了。无申报物品的同学走绿色通道，有申报物品的同学走红色通道，将填写好的入境卡交给旁边官员即可（在飞机上应该已经填好）。

（三）接机与落地后事宜

1. 接机

VPEA 学生到达加拿大机场

VPEA 工作人员在机场迎接新学生

首次到加拿大留学的学生一般会有人接机，学生可事先联系教育局或者寄宿家庭，以确定接机事宜。VPEA 也会为所服务的学生预先安排好境外接机服务，接机人将手持写有学生汉语拼音姓名的提示牌，在候机大厅出口处迎接学生。一般情况下，寄宿家庭父母也会在机场迎接学生的到来。

2. 落地后事宜

(1) 到达国外以后立即向家长报平安。

(2) 到校报到注册：

请按照入学通知书的规定日期报到注册，逾期有可能被取消入学资格。

报到日期是指 Orientation Day，而非开课日期。

报到注册材料：入学通知书原件、缴费原件、最新的成绩单等。

(3) 到当地中国使馆或领事馆注册。非必需，但最好保存当地使领馆联系方式。

(4) 银行开户：加拿大的金融业非常发达，各大银行的分行遍布城市各主要街道，并为客户提供多种服务，客户可开设不同种类的账户。学生到达加拿大后，应尽快开设银行账户，以避免随身携带大量的现金，同时也方便大笔消费（如房租）的支付。

加拿大主要银行的名称：

ROYAL BANK OF CANADA

CANADIAN IMPERIAL BANK OF COMMERCE（CIBC）

BANK OF MONTREAL

SCOTIA BANK

TORONTO DOMINION BANK（TD Bank）

另外，还有香港汇丰银行（HSBC）可以为华裔提供方便优质服务，也是很好的选择之一。

在上述国内有办事处的银行，学生在拿到签证后，也可以在国内联系他们将账户开好。

(5) 签证续签。请注意，加拿大的学生签证和学习许可都有有效期的，请确保在到期前 3 个月在加拿大境内办理续签。续签时在当地移民局先续大签（学习许可），拿到大签以后，才可在回国时在加拿大驻华使/领馆续小签（visa）。

护照是中国公民在境外的唯一身份证件，如遗失必须立即向当地中国使领馆报告，并办理补办手续。

可能是为了追求更自由的生活环境而选择加拿大；可能是为了体验北美教育体制而选择加拿大；也有可能仅仅是为了逃避国内的高压应试而选择加拿大。无论带着哪一种目的，在加拿大的学习，其实都不比想象中的轻松；但是无论带着哪一种目的，在加拿大留学的这一段日子里，你都能找到对应的答案。

加拿大是人生中转站

加拿大对我来说，就是一个避开国内高压教育体制、适应西方教育体系、追求新学术高度的中转站。

——小 L

（一）远离高考高压，继续音乐兴趣

“这个指法好像有点难，明天再练吧!”小 L 放下已经弹了 2 个小时的吉他，拿起期末复习资料，“哎，要是不考试就能多练几个小时了，就能把这个很帅的指法学会了。”已经兼职做了吉他老师，并拿到多伦多大学录取的小 L，还在努力的练习吉他，复习最后几门课的期末考试。

“当时爸爸让我出国留学的决定，真是明智，”小 L 当初决定来加拿大留学，是身为国内大学教授爸爸决定的，“在国内比较顶尖的高中上了一个学期之后，我爸爸就决定还是让我出国留学。他觉得国内高考的过程太痛苦了，而且觉得中国的教育有很多弊端，希望能出去留学感受一下其他国家教育的好处。”其实小 L 的爸爸早就有让小 L 出国留学的打算，只是到现在才觉得时机成熟了，“我爸说反正早晚要去别的国家上学，不如早点过去的好。”

于是小 L 和父母就着手开始准备加拿大高中的申请。“我爸爸一个朋友的孩子在维多利亚上高中，说那边不错，我们也打算去那里上学。”跟随着爸爸朋友孩子的脚步，小 L 在结束了高一第一学期的学习之后，便来到了 BC 省的维多利亚上高中。

因为当时择校时时间比较紧张，所以小 L 没来得及仔细了解加拿大和维多利亚的城市环境，“我就知道维多利亚是省会，想着应该是个比较酷炫的大城市之类的。”但来到维多利亚之后，小L发现与自己想象的完全不一样，“并不是像国内大城市那样。但是很漂亮，很安静，很浪漫”。

因为加拿大的高中课程不像国内那样紧张，而且在维多利亚这样一个风景优美的旅游城市也没有特别多的娱乐活动。所以，小L在这样的环境下培养出了一个陶冶情操的兴趣——弹吉他。

说起音乐，小L其实是一个“有故事的人”。“我以前一直是练钢琴的，”小L以前并不练吉他，“我从小学习钢琴，对音乐很喜欢。所以本来我想学习音乐专业。”喜欢音乐的小L，从小就有一颗学音乐的心。但后来却因为自己身体的原因无法继续。“我的双耳无法捕捉到高、低频率的声音。虽然这个（指高低频听不到）对日常生活和学习音乐知识没有太大的影响，但会严重影响到我的音准，这样的话我就无法好好学音乐了”。学不了音乐的小L，只能把音乐当作是兴趣爱好来练习。所以小L从小就练习弹钢琴，弹钢琴是他最大的兴趣爱好之一。

因为无法走音乐这条道路，所以小L只能与其他同学一样，为高考而奋斗。因为国内的“高压教育”，小L常常没时间弹钢琴。“我刚上高一的那一个学期，自己没办法好好练琴了，作业实在是太多了。”原来可以每天练上三四个小时琴的小L，在进入高中之后就只能练1个小时左右了。没有时间发展自己兴趣爱好的小L，觉得生活非常无聊，“每天就是学习学习，没意思。”

来到加拿大后，小L就有了大把时间发展自己的音乐兴趣。“这边课程轻松，学校也很鼓励大家发展自己的兴趣爱好，所以就有很多时间来搞音乐。”不过来加拿大之后，小L没有选择钢琴来练习，“在这边有时候要搬家什么的，钢琴搬起来太不方便了，所以就改弹吉他。吉他可以带到任何地方去，这样我就有更多时间可以练习了。”因为时间充裕，小L又很喜欢研究音乐，所以小L还会花些时间研究吉他的流派，并经常学习一些新的吉他曲和指法，“虽然不会当职业吉他手，但既然喜欢，就想多学一些东西”。现在的小L已经是一名吉他老师了，时不时地会教一些初级吉他爱好者弹吉他。“虽然音乐不能成为我的职业，但可以成为我的副业呀！”

（二）“不爱和别人扎堆，我有自己的想法”

除了在音乐上，小L有自己的独特爱好之外，在学校小L也有自己独特的兴趣。“我特别喜欢观察一件事情，透过表面来看事情背后的规律。”所以当小L听说，加拿大的高中不会像国内高中那样会大力宣扬自己学生最后去了哪些名校，所以小L就决定用自己的观察来分析各高中和大学之间的关系。

“虽然加拿大的教育资源都比较平均，高中和高中之间差别不是很大，尤其是公立学校之间差别就更小了。但是我觉得还是会有区别的。”对加拿大教育体制有所了解的小L，决定凭借自己的观察来找到其中的区别。“最直接的就是观察每一届毕业生的去向”，小L刚来的时候就向同学打听上一届学生的去向。“我一开始所在的高中大多都是去UBC和UVic，去东部的多伦多大学和麦吉尔大学的很少”，小L发现了这个突破口之后，就提出了一个大胆的猜想，“不同高中有着不同的大学申请偏好”。

在经过了一段时间的观察后，小L发现，“有些高中申请到多伦多大学的学生好像更多一点”。希望之后大学能去东部名校上学的小L，觉得在这所学校可以得到更多申请东部名校的信息，所以转学去了这所学校。“可能这所学校的学生更偏向于申请东部的学校”，虽然这样的猜测并没有得到证实，但小L在转学后确实了解到了关于东部大学的更多信息。

虽然小L凭借自己的观察，顺利地转到了“偏东部”的高中，但小L似乎并不太开心。“我觉得这个高中的中国人和CBC（土生土长的华裔）都有自己的小圈子，尤其是我这种中间插班进来的学生，对他们这样小圈子的感觉就更明显了。”虽然学生形成这样的“圈子”并不能说是一件坏事，但小L却不是很想参与进去。“留学在外，有一群志同道合的朋友在一起是很正常的。但他们有些价值观我不认同，所以也不太想进入他们的圈子里。”

因为出生于书香门第的小L，认为高中留学生应该和转学前那所高中的学生一样，“大多讨论的应该是一些与教育和自己学习相关的内容。如国内高考是什么样的，出来留学后的感觉，以后去哪里上大学，学什么专业，以后要不要留下来生活这一系列问题”。但在这所高中，有些圈子里的学生却谈论着政治、商业，“会给我一种‘老油条’的感觉，不像是这个年纪的学生应该谈论的内容”。除此之外，小L还感觉得这些圈子里的学生很看重自己圈内的人，不太愿意与“圈外人”接触，“他们愿意与自己相似的人一起共处，不太与别人有交流”。

这些原因让小L选择“独来独往”。“我知道留学生在国外扎堆、聚成小圈子的情况非常普遍。有些学生就会选择一个圈子扎进去，希望自己身边有一些志同道合的朋友；不过我选择不加入任何一个圈子，自己过自己的就好。”

小L是那种不太喜欢扎堆的人，他觉得扎堆这种事情会让自己的行为和眼界很受限制。“与一帮人成为一个小团体之后，就很容易被这些人影响，然后也无法自由地做自己想要做的事情，挺麻烦的”，所以小L在学校经常是一个人出入，“我就自己在教室吃午饭，自己回家，自己学习；如果有些同学稍微调侃我一下，我也不想过多的反应，我不想惹事”。有着自己想法和行为习惯的小L也因此变得越来越“宅”，越来越喜欢学习和“练吉他”。“我顶多会与之前学校的同学出去聚会几次，然后就在家学习、练吉他”。

（三）加拿大是跳板，未来想有更远的发展

经常宅在家中的小L，在练习吉他的同时，也一直在为申请名校努力。虽然自己的成绩已经很优异了，但为了能得到更专业的帮助，小L还是找到了VPEA帮他申请大学。“我一直相信万事都是有规律的，申请大学也不例外。有经验的人自然就找得到其中的‘规律’了，所以就找了VPEA老师帮我申请”。

在VPEA老师的协助下，小L顺利地拿到了几所加拿大顶尖名校的通知书。“我收到了多伦多大学、女王大学等这些学校的通知书，”小L的结果印证了自己之前的猜测，“果然在这个学校的同学大多都申请了东部的大学。”不过加拿大东部大学并不是小L的终极目标，“我其实并不是很想一直待在加拿大，我以后还是想去美国发展的。其实我之前就一直想去美国来着”。

小L在决定出国的时候，第一选择并不是加拿大，与大多数留学生的

目标留学地一样，是美国。“我觉得美国的学术环境可能会更好一些，毕竟世界上的很多顶尖名校还是在美国，很多科研成果也在美国产生的。”但是因为当时去美国需要的英语成绩比较高，听力是绝对弱项的小L就有些担心，“因为耳朵不能很好与听到一些单词在机器中发出的音频，所以听力不是很好，怕成绩会考不好”。所以小L选择了学习难度相对容易一点的加拿大，“可能有点投机取巧的成分吧，想要先在一个相对容易学习的环境下学一阵子再说”。

虽说来到加拿大上学后，小L非常喜欢加拿大的生活环境和轻松愉快的教学方法，但是这些并不足以吸引小L一直留在这里。“加拿大给我感觉吧，竞争意识还是稍弱了一点，相对比较轻松”。对于小L来说，加拿大这个舞台并不够大，并不够广，也不够耀眼，“我可能更喜欢美国这样更有竞争力、有活力的地方，可以影响你的精神状态，推动你去拼搏。加拿大吧，尤其是维多利亚，还是安逸了一些……”

不过小L有时也会对此产生纠结。“但是吧，美国现在的政治局势和社会环境都不是非常稳定，我还是有些担心。”比起美国来说，加拿大显得更加安全、稳定一些，“加拿大无论从食品安全、社会安全来说都会更好一些。而且加拿大学术其实也还不错的”。

小L目前还是打算先在加拿大完成本科课程的学习，然后再根据情况决定是否前往美国发展。不过，小L对自己整体的未来道路规划还是比较清晰的，“我其实想一直在学术道路上走下去的。如本科读完了读研究生、博士、然后再去研究机构之类的地方搞一些研究”。所以小L对学术学习也一直不敢松懈，除了完成加拿大高中的课程，小L还会自学美国的一些课程（AP课程）。“这里高中的课程比较轻松，所以有余力就想学学更难的东西，这样既有助于我的大学申请，也有助于我学习知识。”

对于小L来说，加拿大的历程会是他人生中一个中转站，“我一直都想去一个更大平台去发展我自己的学术，如美国。但是一开始就去美国学习会有些难，所以就想先在加拿大练练英语，适应一下北美的生活，沉淀一下自己的知识。等时机成熟之后，再去其他地方深造”。小L对加拿大在自己人生路上的定位十分清晰，“不过无论以后到哪里，抑或是留在加拿大做学术，加拿大的这一段经历都算是我人生中个的一个跳板，让我追逐更大舞台的跳板。”

在加拿大留学的这段时间里，小 L 也更加清晰地认识到了自己。“以前以为自己是一个比较懒、不喜欢吵闹的人，但来到维多利亚之后觉得自己还是喜欢竞争感更强的地方。”小 L 细数着自己在加拿大学到的东西，“而且我发现我还是很善于钻研东西的，还挺适合搞研究的。同时也发现自己好像不太喜欢与人打交道，更喜欢与自然规律打交道”。另外加拿大的学习经历也让小 L 对其他国家的学习更加有兴趣了，“想看看别的地方的学术到底与加拿大有什么不一样”。

虽然像小 L 这样，在加拿大完学后还想去美国上学的学生比例比较少，但却有不少学生会把加拿大当成一个前往别国深造的“过渡期”。这些学生不满足加拿大的学术、生活环境，认为美国拥有全球含金量最高的学术内容，有着全球最核心的学术竞争力，机会和挑战也比加拿大更多。这些学生可能在加拿大高中上学申请本科的时候，就决定去别国读本科；也可能选择先在加拿大待几年，把加拿大的学术经历当作跳板，在进入其他国家的研究机构进行深造。

无论是像小 L 这样，以后要去别国进行学术深造的学生；还是像大部分学生那样选择留在加拿大继续学习生活的学生；还是说以后回国进行职业发展的学生，在加拿大留学的这段经历无疑给他们创造一个了解北美教育环境，并且正确认识自己的机会。就像小 L 后来强调的一样，“虽然说以后我不太会留在加拿大，但是要是没来加拿大留学，直接从国内去美国或者其他国家留学，可能会更困难，也更加难以适应吧；说不定中途就有可能放弃了”。

小 L 觉得加拿大的留学经历不光是对自己这样的学生有“跳板”的作用，其他学生应该也有相似的感觉。“我的有些朋友因为来了加拿大上学之后，才发现原来国内那么好，所以最后决定之后还是回国发展。我觉得这也算让明白了自己未来的目标和方向，这也算是人生中的一个跳板了。还有一些我的朋友虽然现在还不能确定以后到底去哪个国家，但在加拿大的这段经历也给了他们多个选择，留在加拿大，回国或是去别的国家，这些都可以自由地选择了。”

无论以后去向何处，有着什么样的目标，加拿大的留学经历，都可以成为人生中的一个中转站。对于小 L 来说，“加拿大就是一个避开国内高压教育体制、适应西方教育体系、追求新学术高度的跳板。”

Alex点评：小L是一个非常自律的学生，他也很清楚自己的目标与方向在哪里，包括在高中学习中一些过程性的目标和未来大学升学甚至是职业发展的目标，说明其原来的家庭以及学校对其生涯教育还是比较成功的。这类留学生往往可以获得比较好的学习成果，而且未来的发展也不可限量，他懂得独处，懂得自己业余时间的分配，完全可以根据环境的变化去做出相对正确的决策，并能够为这些决策承担相应的责任，的确算得上是一名优秀的学生。

来加拿大留学，是改变我一生的选择

毫不夸张的说，我觉得来加拿大留学是我做的最正确的选择之一了。真的算是改变我一生的选择。

——Sara

（一）在国内初中没有什么斗志，是个“甩手掌柜”

“我已经报了雅思了，开学回来就尝试考一次。”Sara 现在正在准备雅思考试，因为马上就要申请大学了，她希望能尽快考出 6.5 分的水平。她的目标是多伦多大学这样加拿大的顶尖大学，所以需要做很多准备。从学术成绩，语言成绩到课外活动，一个都不能少。

不过，别看现在在加拿大学习的 Sara 活脱脱是个“小学霸”的模样，但其实在国内上初中的时候，Sara 完完全全是一个不爱学习的“甩手掌柜”，与现在的状态完全不一样。

“我在国内真的是不爱学习，一点都不想用心学习。”Sara 一语道破自己之前的学习状态，“虽然那会成绩其实还好吧，但根本没有太强的上进心，得过且过，考几分算几分，不是很关心自己学成什么样”。Sara 说起以前在国内上初中的情形，用得最多的词语就是“不关心”，那时的 Sara 是一个对什么都不关心的学生。对名次、学习、名校之类的东西一概没有兴趣，“那时我就是什么都不 care（在乎），觉得我就做我自己的事就行了”。

因为这种不在乎的心态，Sara 在国内初中的时候，成绩一直就在中等水准间徘徊、不上不下，而且偏科非常严重。“我就是不爱上什么语文课，历史课之类的文科，好无聊啊，一点兴趣都没。”那会的 Sara 是个个性极强的学生，因为对文科这种死记硬背的学科没有任何兴趣，也不会强迫自己学习不喜欢的东西，所以文科类学科的成绩也一直不好，“不爱学肯定就不想学，不想学自然就不去学，不去学成绩就不好了呗”。Sara 与其他同学不一样，“别人不喜欢什么也可以说服自己去学，但我不行，不喜欢一点都学不进去”。

Sara 虽然对文科一点都提不起兴趣，但对理科学习的热情却是非常的大。“我觉得国内的文科太无聊了！但理科有意思，有解决问题的那种智慧在里面，所以我爱学，甚至可以钻研去学，所以我理科很好”。对于理科的热忱使得 Sara 把仅有的一点学习时间都给了理科科目。所以 Sara 的理科成绩越来越好，与文科成绩的差距越来越大。

即使是如此讨厌文科学习，深知中国考试体制的 Sara 也没有想过要放弃文科的学习。“毕竟中国的考试都要考语文啥的，虽然不喜欢，但我知道早晚也得逼自己学一学”。所以，在每一次的期末考试前，Sara 也会突击一下文科，至少别考得太差。

但 Sara 的这些想法在某一天却突然变了。“有一天语文老师把我单独叫到办公室训话。那次的谈话，真是让我对文科学习彻底失去了所有兴趣和动力”。Sara 的语文老师对 Sara 的偏科现象表示非常的不满，“我语文老师说，‘Sara 啊，你要是语文学不好，你就考不好中考；考不好中考就上不了好的高中；考不到好的高中你就考不好高考；考不好高考的话，你就上不了好大学呀！’天啊，这逻辑我也是服！”Sara 听到这个“推论”之后，非常的反感，“听到这我真的特别烦……说的好像我不喜欢文科，学不好文科的话，就一定前途黑暗，这一辈子就已经注定要失败了一样。这什么逻辑呀！”

Sara 在对文科学科失去所有兴趣的同时，也对国内的应试教育失去了兴趣了。“我知道老师也不是针对我这一个人这样，本来中国考试制度就是这么要求的；所以我从那之后对应试教育也彻底失去兴趣了”。本来就不在乎分数、名次的 Sara，听到老师对她的这番断论，也就更加无所畏惧地继续偏科下去了。“反正已经说我文科学不好就啥也做不好，那干脆就这样算了！”

Sara 除了在学习上万事不关心，在国内时对生活中的其他事情也没有兴趣。“我那时候就是个大甩手掌柜。大部分生活上的事情都是我妈妈帮我在屁股后面收拾的，我基本没自己做过什么事情。”Sara 越回忆之前的自己越觉得不好意思，“那会我真是不独立到我自己都不好意思多说了……我那会什么事情都不想自己做，就算是自己随手可以做的事情都会让我妈帮我。如睡觉前要关灯，台灯就在我床头，我都要想点什么理由，把我妈叫过来帮我关掉。”

对于自己在国内的状态，Sara 又总结道，“说白了，我那时就是什么事情都不关心的状态。不关心学习，不关心生活，不关心未来。”对于当时的这种状态，现在的 Sara 也是有些疑惑，“我其实也不知道自己那会都在干些什么……”

（二）出国留学这个决定，让我充满了斗志

对学习、生活没有兴趣的 Sara，却唯独对这两件事情有着浓厚的兴趣。“一个就是理科的问题，可以动脑子想解题方法的那种。”所以 Sara 的理科成绩一直非常好。“还有就是去别的地方旅游。”

因为喜欢旅游，Sara 在上学期间“不务正业”的去过好多国家旅游。“我之前旅游过几个西方的国家，所以也了解过一些外国的教育体制。”喜欢旅游的 Sara，在旅游的时候对欧洲和美洲的教育体制做了一个简单了解。“那个时候，就冒出了想留学的想法，感觉可能国外的教育方式更适合自己，但没有具体的行动计划。”Sara 把她这个粗浅的想法告诉了父母，“没想到他们竟然觉得我的这个想法非常好，还鼓励我去找一些信息。同时，他们也开始打探留学的事情”。

很快，Sara 就从父母的朋友那里听说，Sara 所在的城市刚好有一个 VPEA 和当地高中合作办的“中国—加拿大”国际班项目。在收集了大量资料后，Sara 最终决定去上 VPEA 中加班。“在国内学习反正也是这种得过且过的状态，不如换个方式重新来过。”对于这个决定，Sara 的父母表示非常支持。“他们很赞同。因为他们也觉得我这样的性格可能更适合在国外的教育体制下成长”。对于父母的支持，Sara 感到非常感动。“没想到我爸妈这么支持我，这么支持我的选择。那时我就觉得，我该好好地为我

VPEA 中加班学生在上课

的决定负起责来。”

就这样，带着决心和信心，Sara 进入了 VPEA 中加班，开始了她全新的学习时光。

“虽然这么说可能有打广告的嫌疑，但真的，到了中加班之后，我突然就有了斗志！”Sara 在进入中加班后，学习态度完全不一样了。“这是我自己做出的选择，我该努力做好才行。”所以 Sara 在保持自己理科成绩的同时，开始努力学习英语，并说服自己去学习文科的东西。“学英语得背单词，背课文什么的。我以前特别不喜欢这种死记硬背的东西，但是因为以后要去英语国家上学不得不学，我也就得鼓励自己要好好学，也就慢慢学进去了。”

除了自身的动力之外，中加班的良好氛围也是激励她好好学习的原因之一。“中加班的氛围真的很好！”因为中加班的学生都有一个共同的目标，就是要去加拿大上高中、升大学，所以整个班级都有很明晰的努力方向。“大家都很上进，都很努力地在学习。特别有那种积极向上的劲。”在这样的氛围中，Sara 的斗志就更高了。“我们大家都是边较劲边支持，然后一起学习。真的有种战友的感觉。”在这样的环境下，Sara 也变得越来越积极向上，“身边的大家都那么努力，我不好好学的话我自己都说不过去！”

在学习 VPEA 中加班原版加拿大高中教材的时候，Sara 对加拿大教育越来越感兴趣。“加拿大的教育是鼓励人的教育，鼓励你发挥自己的长处。我特别欣赏这种方式！”因为对加拿大教育的兴趣越来越浓厚，Sara 就很想尽快地感受一下真实的加拿大课堂。“虽然中加班的教材、教学方式甚至课堂风格都模拟加拿大本地课堂，但我还是很向往真正的加拿大课堂”。带着对加拿大本地教育的好奇和渴望，Sara 跟着 VPEA 参加了加拿大教育局的夏令营项目，提前且切实地感受到了原汁原味的加拿大教育。“之前虽然知道加拿大课堂的氛围轻松愉悦，但亲身体验过后的感觉，那真是不一样呀！”

VPEA 游学营学生

在为期 2 周的夏令营中，Sara 在加拿大与本地教师和学生一起学习一些基础课程。好奇的 Sara 与当地老师交流了很多关于学习方面的问题。“那会我就觉得，哎哟妈呀！加拿大的数学是真简单啊！学习氛围是真轻松啊！老师态度是真不错啊！我特别喜欢！”说到那次夏令营的体验，Sara 眉飞色舞地讲了起来。“在加拿大的教学中，老师不会一直压你（给你压力），要求你这个那个的；他们会鼓励我们说出自己的想法，与我们一起讨论，我们也就愿意主动与老师沟通。”对比国内让 Sara 失去学习兴趣的“高压”教学，加拿大轻松的课堂反而增强了 Sara 的学习主动性。“虽然（加拿大的）老师对学生没有过多的要求，但这反倒更给我一种要自主学习的动力”。

这次夏令营的经历对 Sara 来说就是一剂“催化剂”。“参加夏令营之后，更加坚定我出国留学的信念啦！因为我就喜欢在这种轻松的环境下，自己去探索不同的知识，与老师、同学一起平等地讨论问题，然后选择自己的学习方式去学习。所以在加拿大上学真是太适合我啦！”

决定在 VPEA 中加班学习，让 Sara 充满了斗志。而在中加班学习的过程，则让 Sara 对学习、对未来重新充满了憧憬和兴趣。也让 Sara 开始“脱胎换骨”，重新审视自己和未来。

（三）在国外留学，我成长了太多太多

在国内就已经“脱胎换骨”的 Sara，在到达加拿大学习之后，有了更多、更深的成长和改变。

在学习上，Sara 变成了一个要强、上进、求完美的“小学霸”。“我以前在国内从来不看学得好的同学是什么样的，也没兴趣了解自己和成绩好的学生的差距；我总是爱看那些成绩在我后面的同学有多差多差，然后反而觉得自己还挺好的。但是在这里（加拿大），可能是中加班的‘惯性’所致，我对于学习的斗志和热情一直居高不下，门门科都想拿高分。”Sara 从对成绩“漠不关心”变为现在对成绩“锱铢必较”了，“本来我就擅长、喜欢理科，加拿大的理科学习又相对简单，我简直是每一科都想拿满分！如果拿的成绩不满意，我都会去问老师是为什么的！”不仅是对于理科，曾经偏科的 Sara 对文科的学习也开始“斤斤计较”了。“我也不知道怎么回事，现在就连我不太擅长和喜欢的课 Social Study（社会学），我都想拿高分，不想比别人差。”

因为有着这样的斗志和热情，Sara 的很多学习行为也有了翻天覆地的变化。“以前我真的是……为了让能我多在课桌前待一会，多点时间好好学习，我手机经常被老师或者父母收走。但我还是不学习。”Sara 对之前

自己的学习行为表示非常无奈，“但我那会儿简直……我就是那种宁愿在桌子前发呆整整两小时，也不愿意动笔学习一下的那种人……”不过，现在的 Sara 完全变了。“现在我竟然会自己主动坐在课桌前，安安静静的学习了。两小时、三小时都不带歇的！说实话，我自己都觉得很震惊！”对于这样明显的改变，Sara 既觉得不可思议，又觉得非常开心。“我觉得我现在变得爱学习了，比在国内爱学习多得多。真的！如果用一句网络语来概括就是，学习使我快乐”。

至于为什么会在学习上有这么大的转变，Sara 说出了三点原因，“第一，我觉得出国这条路是我自己选择的，所以我就有那股劲去把这条路好好地走完。我不能对不起我父母的支持，还有那些为我出国所花的钱和他们所给予的信任。第二，加拿大的教育方式我很喜欢，我觉得很适合我。在这边，我感觉我不是在为别人学习，不是在为老师考试，是真真正正地为了我自己学知识而努力学习的。所以我对学习也就逐渐有了兴趣和热情了。第三，我现在的圈子大多还是那些当时在 VPEA 中加班一起学习的同学。所以那种在 VPEA 中加班形成的积极向上的氛围，也一直影响、推动、督促着我去好好努力。”

因为这些原因，Sara 在加拿大的求学之路可以说很顺利。现在的 Sara，已经懂得为自己的未来负责了。才 11 年级的她，已经规划好了自己考名校的学习路径了。“我对我自己以后去哪里上大学已经有了一个大致的想法了，等 12 年级的时候，就可以和 VPEA 的老师一起着手申请了。”

虽然 Sara 学习上的变化非常巨大，但 Sara 觉得自己更大的成长是在对待生活的态度和她的自理能力上。

Sara 的父母都不太会做饭，她自己在国内的时候也从来油烟不沾，“所以基本上我们都是去奶奶家吃饭的。我就是饭做好了过去吃一下，吃完了就回家了，连厨房都不用进去。”但现在的 Sara，可以做出好几道拿手菜了。“在加拿大想吃中餐的话，不是出去吃就是自己做。外面吃一顿太贵，而且也不方便，所以干脆就自己学着做。”从没碰过锅碗瓢盆的 Sara，学做菜是很困难的。“我都是一手拿着手机看菜谱，一手学着做，才慢慢学会的。我一开始连先放油还是先放菜都不知道，但现在可以不看菜谱做上几个中菜啦！”

Sara这样的改变让Sara的父母都赞不绝口。“我和我妈一说起做饭这事，我妈就骄傲地调侃我说，‘Sara很了不起哦！是我们家第一个会做饭的人呢！’我还真的是，哈哈。”

Sara的这些变化和成长，她的父母是看在眼里的。“我以前在家是甩手掌柜。但是现在，我就真的是‘掌柜的’了。我父母来这边旅游，从头到尾，从国内航班，这边的吃住和旅行路线，到回国航班什么的，我都提前规划好，为他们一手操办了。”Sara为自己能帮助父母做事感到非常开心。“以前都是让他们帮我做这个做那个，现在我可以做他们做不到的事情了!”

这也加强了Sara和父母之间的信任。“我妈现在一与别人说起自己的女儿，都是非常骄傲和自豪呢!”Sara感受到，父母的这种夸赞、鼓励，与以前在国内的是不一样的。“以前他们夸我，我知道是在安慰我，我都没信心。因为我那时确实做得不好，我自己知道，但他们也不想让我失去信心，所以就安慰我、夸夸我聪明什么的。但现在我知道她们是真的在夸我，因为我知道我自己做得很好!”

Sara在一次次改变中逐渐找到了自己努力的方向；也在一次次挑战中慢慢认识到了自己的能力，并建立起了真正的自信，“我觉得现在的自己，确实是挺好的，很满意!”

虽然Sara几乎是“一夜之间”，从漠不关心的学生突变成了一个积极向上的女孩，但她也特别强调了一个问题。“虽然对我来说，来加拿大留学是非常适合的，让我很快地成长和改变了，但并不是每一个人都适合中途如此匆忙地来加拿大留学”。

Sara看到过与她截然相反的例子。“别看我来了之后学得很多，但其实在外面上学的诱惑很大。父母不在身边管你，但又会给你很多经济上的支持。如果你没有一个坚定的信念和强大的自控能力，可能结果会比之前更糟糕。”Sara并不觉得所有的留学生都与她一样，“我有一个朋友来加拿大之后反而什么都不做了，最后什么都没学到，毕业都困难”。

Sara特别强调了“出国动机”这一点，“如果没有做好出国留学的准备，自己也没有一个积极的留学动机，出去上学可能会适得其反。毕竟不是每个学生都能在这种轻松的学习氛围中找到自己学习方向的。有的学生可能就适合让中国的老师规划好学习内容才能学好，但有的学生可能就得在独立自主的学习氛围下才能学好。”

无论怎么样，对于 Sara 来讲，来加拿大留学是一个很成功的选择。“真的，毫不夸张地说，决定去 VPEA 中加班学习，然后来加拿大上学，绝对是改变我一生的选择，也是我最正确的选择之一。”

加拿大 BC 省教育局领导与中加班毕业生合影

Alex 点评： 我常常在思考，为什么一个在国内不爱学习的学生到了加拿大之后就逐渐知道自己要什么了？答案是把学习的主动权交还给了学生。这个主动权包括两个方面：一是选课的权利，即学校应该提供一个足够丰富的课程体系让学生根据自己的兴趣爱好去组合自己的学习计划，大部分学生自己做了这个决策之后都愿意去承担这个责任，所以往往能变被动学习为主动学习；二是主动权体现在自由支配的时间上，本身在课堂上学习的时间并不长，学生课后都有大量自由支配的时间，能够去做一些自己擅长和感兴趣的事情，增强了其自身学习和生活的自信心，当学生聚集越来越多的正能量之后就会更加积极主动的学习。中国目前的高考单一选拔体系所导致的应试教育不但磨灭了很多学生学习的兴趣，更扼杀了他们的创造力，因为学生没有可以自由支配的时间，所有的时间都被安排掉了，无法去从事自己真正感兴趣的事情，就无法在这些事情上去做深度思考，逐渐就失去了想象力和创造力。但是并非所有不适应国内教学的学生出国留学就会变好，出国留学还是一件很慎重的事情，类似Sara同学参加的国际冬夏令营或者是国内的国际班都是体验国际教育的办法。总之，在充分体验之后再做出决策，未来留学一定会有更大的胜算。

在加拿大，你应该与老师成为朋友
——如何与学校老师相处

你对老师好，老师也会给你以回报。与老师成为朋友后，不仅是学习上，生活上也可以相互帮助。

——小 N

(一) 我不是学霸，我是“学酥”

如果你听到有一个学生轻松拿到了多伦多大学录取通知书，还是带着 4 000 多加元奖学金的录取，你是不是会觉得这个学生一定是个学霸？“我才不是学霸呢，我就是一个‘学酥’!”这个在国内上海 VPEA 中加班就各门学习成绩优异的学生小 N，来到加拿大后依然保持着各科接近满分的成绩。

明明都已经有了“学霸”的条件，为何小 N 还拒绝这个称号呢？“其实我很懒的。我不经常记单词，也不怎么做题目。”小 N 并不属于特别努力学习的那种学生，但小 N 有自己的学习方法。“我遇见不会的单词就想办法记住，遇见不懂的题就想办法弄懂就可以了。不用额外做其他的题”。

小 N 表示，这些都是归功于在中国学习时积累的扎实功底。“其实中国的基础教育中包含很多知识点，尤其是理科方面的知识点，已经足够应对加拿大的高中课程了。”所以小 N 在国内学到的知识，让他在加拿大理科学习中“偷懒”了不少，“来这没怎么学理科的知识，主要在是学英语”。所以小 N 觉得，如果在来加拿大之前可以把国内的知识扎扎实实地学习好，来加拿大之后只要把语言的障碍扫清就可以轻松学习了；“中国的基础教育内容还是厉害的！国外的（理科）知识点几乎都有覆盖到，只要好好记忆单词、学好英语，能读懂理科的题目和知识点就没有问题了！”

小N基本上把自己七成的精力都用在英语的学习上。“英语我没有把它当成是一门课来学，而是作为一门工具，让我能把学到的知识直接用在这边的课堂里。”小N知道，如果自己英语不好的话，就没办法把自己扎实的知识功底发挥出来。所以从上中加班的那天起，小N都一直在坚持背单词和学英语。“英语毕竟不是母语，要多记才能学好。而且学好了英语，那些知识点才能发挥作用呀。”

对小N来说，每天刻苦学习数小时或者用额外的时间来巩固自己知识不是一个好的选择。小N选择了对自己来说最高效的学习方式：基本上就是“英语学习”＋“知识点”的融合，而且不是用题海战术，是用“弄懂每一道题就可以了”战术。

（二）他不仅仅是老师，更是你的朋友

虽然有了自己的学习方法，但小N觉得在校与老师的相处更为重要，“毕竟是老师教课，老师布置作业，老师给分嘛”。所以小N觉得要与老师形成一种主动的沟通模式，而不是被动的相处，“不要总等着老师在屁股后面催你的时候你再去学、去做，应该自己主动地勤问老师，主动学习。”

如果在学校，你会经常看到小N与老师在聊天、沟通问题。虽然现在的小N非常愿意与别人交流、开朗活泼，但其实他之前在国内的时候并不是这样，“以前在国内不怎么与老师交流，也不喜欢与老师交流”。

“我觉得，国内的师生关系不是严格的等级制度，就是背后的‘亲密关系’。”才十七八岁的小N，连续用了“等级制度”和“亲密关系”这样的词汇形容中国课堂的师生关系。“严格的等级制度”指的是在课堂中，老师几乎是不可挑战的权威，拥有很多管理学生的权利，甚至是判定学生是好是坏的权利；“背后的亲密关系”则指的是在课堂外，老师可能会因为接受了来自学生、家长不同程度的“示好”，而向某些同学倾斜造成的教育资源不对等。

“在中国，大部分学生不愿意与老师交流，包括我”，小N谈起了自

己印象最深的一次“伤害”。“我在初中的时候，有一次一个物理问题不会，就去问我们的物理老师。她看了一眼题目，然后皱着眉头不耐烦的反问我，‘这你竟然都不会？上课没好好听讲吧？你去问别的同学吧！’那一次的情景，我印象真的特别深刻。”小N说到这里，沉默了一小会，“就因为物理老师的这种态度，我物理就一直不好，也不爱学。”

除了在学校受到这样的打压之外，小N在家里也受到了来自父母的压力。

小N在国内的时候，与很多学生一样，考试的时候会粗心大意，经常犯一些低级的错误，“如在草稿上写的68，抄到卷子上就成86这种粗心的错误”。所以小N的爸妈也与中国很多的爸妈一样，用比较极端的方式让孩子不要犯这种错，“小学的时候只要考不到90、100分就会受惩罚，如挨打。因为那个时候的知识很简单嘛，丢分肯定大多是因为粗心。”不过这样的处理方式表面上看起来还是很有成效的，“我怕挨打，疼啊！所以就不敢粗心了。成绩上去了就不挨打了，之后考好成绩就变成了一种习惯”。

虽然这样的“中国式教育”有效又普遍，但其实学生在心底里是抗拒的，“一开始真的会很难过，虽然后来我能理解（父母的行为）一点了，但我并不支持这样的做法。”小N在描述小时候挨打的场景时，表现出一丝无奈和心酸，“其实我并不情愿因为害怕挨打而去好好学习”。

无论是与老师的相处，还是学习的动力方面，小N在接触加拿大式教育后，这些事情都发生了转变。

“首先是与老师的关系，我进入VPEA中加班后发现原来老师也是可以与学生平等、和谐相处的”。小N发现中加班的老师与中国传统的老师是不一样，“国际班的老师还是非常好的！虽然这么说感觉像在打广告，但国际部的英语老师真的超级好！”小N一扫之前的沉默和不快，喋喋不休地说了起来，“中加班的老师很耐心和温柔，对我们提出的每一个问题和想法都持鼓励态度。”也正是因为这样，有很多想法的小N就特别喜欢与老师交流，“我们到现在还是好朋友，平时会聊天，暑假也会约出去玩，出去吃饭。”因为国内中加班的老师受过培训，而且都是以加拿大式教育教学为范本教学，所以小N觉得国内的老师非常温柔、有耐心，愿意平等相处。来加拿大上学之后，就更真实地感受到这样和谐的师生关系，小N变得更加开朗了。

VPEA 中加班

除此之外，因为来加拿大上学之后，没有了高考的压力，也没有了考试排名等这样的攀比，小 N 的父母也不再给小 N 压力了。“在国内整天在比排名、强调分数，所以我爸妈自然就希望我能排个好名次，考个好分数；但在加拿大没有这些，他们也就不太关注这些了”。少了这些压力的小 N，也不再因为害怕被惩罚而努力学习了，而是真正为了自己掌握知识而学习了。

从中加班到加拿大高中，小 N 学习的动力和方式，还有性格，都发生了改变。

以前在国内，小 N 的学习模式是：“怕被惩罚→要考好→要努力学习→考好→被惩罚”；现在在加拿大学习，小 N 的学习模式却是：“与老师是朋友→怕朋友（老师）失望→想考好→主动学习”。在加拿大，老师都会尽量与学生处在同一平等的地位上，“因为老师不会觉得我问的问题是蠢的，都是有价值的；There is no silly question 这句话说得真的非常好！所以我可以没有任何顾忌地大胆提问，与老师一起讨论”。正是因为这样的教育方式，小 N 在提问题时就不再害怕被讽刺或被责备，逐渐愿意提出自己的想法，并与老师一起讨论问题；再到后来，小 N 就把一些老师当朋友一样看，“你想想，朋友为你学习花了这么多心思，你再不努力学好就有点说不过去了吧。”所以本着对朋友的尊重和对自己的期待，小 N 的学习动机变得越来越积极。

在学习上的变化也带动了小 N 性格上的变化，“以前在国内，我就不愿意与人主动聊天，就自己默默地做题和看书。但是现在我会主动地找话题与人聊天，快变成话痨了。觉得每天生活得轻松愉悦，自由自在，嘻嘻。”

（三）“套近乎”又没什么，这是双向的沟通过程

像小 N 这样，把老师当朋友，而且与老师频繁进行沟通互动的行为，并不是每个学生都会有的。“有些中国学生的英语不好，后又不想尝试与老师交流，也没兴趣认真上课，然后成绩就更不好了，就更不愿意与老师交流了。”小 N 指出，这样的问题其实在很多中国学生都存在着，“就像恶性循环一样，越没兴趣越不学，越不学老师越没办法，然后老师和学生都很尴尬”。而且有一些学生觉得与老师交流是“套近乎”的做法，不以为然；但小 N 却持有不同的态度，“这就是套近乎呀！能套为啥不套呢？套近乎又不是什么坏事，你又没有偷偷摸摸，也没有让老师给你做什么拿不上台面的事。就像交朋友一样，互惠互利，你好我好大家好呀！”小 N 觉得，与老师委婉地表达自己的感受，相互建立一个亲近的关系是很正常且很重要的事情。

在小 N 给同班同学制作的“补习材料”中，他提到了几个所谓“套近乎”的例子。“对于一些单元，老师并没有给出很多笔记，并且自己不是很理解，就可以主动问老师要学习资料。你可以说，‘老师您好，这些天学习的知识我没有做足笔记，所以有一点疑惑。您是否方便提供一些复习材料或者是笔记内容让我可以再学习一下吗？谢谢！’一般你这么诚恳的说了，而且态度也很好的话，老师都会给你一些额外的帮助和指导。”小 N 对“套近乎”的理解，主要强调的就是要合适、委婉地表达自己想要学习的良好意愿和态度。

除了平时的学习之外，小 N 还提供了一个关于考试成绩“套近乎”的例子，“如果成绩最后出来的不是很理想，可以试着与老师商量提高分数的方法，其实很多本地学生都会这么做。你可以说，‘老师您好，我刚刚查了我的成绩，发现不是很理想。我真的很努力地学习了这些课程，但是

好像效果并不怎么明显。所以我想问一下是否有其他补救措施可以提高一下这次的分数吗？谢谢！’其实就是与老师卖萌，表现自己作为国际学生不容易，一般情况下老师也会理解，而且还会给一些补救方法，如多写两个小作业来提高分数。”

这些所谓的“套近乎”，小N强调是一定要双向的，“不能总是与老师索要东西，也要懂得给老师汇报。如有时我会与老师唠嗑，聊最近发生的有趣的事情；有时自己带了零食就会与老师分享，问他我今天带了好吃的零食要不要吃。有一次老师吃了我带的糖，之后觉得好吃到惊为天人，但其实就是中国最普通常见的，大白兔奶糖，哈哈哈……”就是这些平时分享的小细节，小N觉得就会让老师感觉到你的关心，拉近彼此的距离，不是简单的上课讲课，下课布置作业，考试打分的冰冷关系。“你对老师好，老师就会给你回报”，说着小N就秀出了一张照片，照片里是一个很大的粉红色家庭自制蛋糕，“这是与我关系最好的化学老师情人节送我的奶酪蛋糕，超级好吃！我那天拿到后，很快就吃完了，哈哈！”

在分享完这些有趣的经历后，小N还郑重地强调了一点，“与老师交朋友，不要就是冲着高分，冲着偏心去，不要目的性那么强。要真的把老师当作一个有经验的朋友来看。”小N极力地强调互动性，“老师毕竟经验多，知识足，你有困惑与他聊一聊，会收获很多，对学习和对生活都有帮助。当然，前提是你要主动地与老师分享自己。”

Alex点评：小N同学未来有做销售的潜质，其要求一个高分数的目标是非常明确的，当然其与老师所谓的“套近乎”本身来说就是一种人际关系的处理能力。因为加拿大高中的分数体制是过程性评价，所以几乎每门学科其过程性的分数占最终成绩的权重都非常大，如单元测验、出勤率、课堂互动性、家庭作业等都是过程性分数构成的重要指标，所以平时给老师留下一个热爱学习、尊师重道的印象是非常重要的。无论国内外，学生与老师的亦师亦友是一种比较好的师生互动关系，这种关系也会带来更多有效的沟通，国际学生得到老师的有效指导总是会少走许多弯路。我也常常给学生们说：“认真听每一节课，在课堂上积极思考，踊跃发言。”就冲着这份认真的学习态度，你的最终成绩也不会差。

加拿大高等教育情况介绍

加拿大拥有世界上最完善的教育体系，拥有世界一流的大学、中学、小学教育。全国推行12年免费义务教育，公民或永久居民及其子女从小学到中学全部免费教育。加拿大政府非常重视教育。加拿大是世界上教育经费最高的国家之一，每年在教育方面的投入占国内生产总值（GDP）的7%左右。政府对高等教育也有很高的津贴。家庭经济状况不佳的大学生，政府有无息贷款资助。目前，加拿大高等教育普及率已达到45%，居世界前列。

加拿大没有联邦教育部或类似的教育机构，教育由各省政府负责，因此全国没有统一的教育制度，学校大多是省立的，各省宪法对该省的教育组织机构、学制、考试制度和监管等都有明确的规定。各省均设省教育厅(Ministry of Education)，负责全省的教育事业。由10个省的教育部长组成的"加拿大教育部长理事会"，负责促进和直辖市各省的教育合作。联邦政府只负责组织、管理印第安人、因纽特人、武装部队人员及其家属，以及监狱犯人的教育。联邦政府向各省提供部分教育经费，并向学生提供"加拿大学生资助计划"，以维持他们的学习。

（一）高等院校简介

加拿大全国约有90所高等院校，都是公立大学，总体水平比美国大学高，且水平比较平均，其中：6所采用法语教学，6所采用英语、法语双重语言教学，其余均用英语教学。加拿大大学中，一般每学年有两个学期，分别为9—12月和1—4月。高等教育的结构共分10个等级：博士学位、哲学硕士学位、硕士学位、执照（指律师或医生合格开业证明）、研究生毕业证书、学士学位、大学毕业证书、特别证书、结业证书和证书。普通学士学位一般修读三年，荣誉学士学位一般修读四年。

加拿大大学按照规模和办学目的分类，分为“医学博士类”“综合类”和“基础类”三大类别，其中：医学博士类大学规模最大、学科最全，以学术研究、培养高端学位人才为己任；综合类大学同样是广设硕博学位，但术业有专攻，可能学科设置不像前者那么齐全；基础类大学的办学宗旨很明确，以务实的本科教育为主。这种分类方式，与大学的教育水准并无绝对的关系。医学博士类大学的门槛未必就高；综合类大学中也不乏北美名校；基础类大学毕业的，不一定就不好找工作。因此，加拿大国内对于大学排名也是同类别的学校进行对比的，在本书附录中即可查看 2017 年《麦考林》杂志对于以上三类大学的排名情况。

选择哪类大学，取决于学生毕业后的规划。对于本科毕业后计划直接工作的学生来说，综合类和基础类大学兴许是明智之选，如果想一路本、硕、博地读下去，将来进行科研工作，医学博士类大学则是一个更高的起点。

（二）学士课程

加拿大大学所提供的学士课程（Undergraduate Programs）是全世界无与伦比的，这一点在各种美国及加拿大大学排行榜中可以得到证明。举例来说，戈门报告（Gourman Report）是一个闻名世界的教育指南，包括了加拿大及美国工程学校的简介及排名。以电子工程为例，大部分的加拿大大学排名皆与美国最好的私立大学并列。最大的差别则在于加拿大学校的学费只有美国最好的私立大学学费的 1/4—1/10。所以，性价比较高的学校，非加拿大的大学莫属。

加拿大大学提供不同形式的学士课程。首先，可以从荣誉学士学位及一般学士学位中选择。荣誉学士学位通常要求学生完成较多学分才能毕业。同时，学生通常需要完成一个毕业计划或者论文，才能完成该学位。如果学生想要进入研究所，大部分要求荣誉学士学位作为最基本的入学条件。学生同时也可选择以三年或者四年时间完成学士学位。许多学位课程及所有的荣誉学士学位课程都需要四年时间完成，但是有些省份也提供 3

年的学士学位课程。所有的3年课程都属于一般学士学位，对于要进入研究所的学生较不适宜。但如果计划在完成学士学位后就开始工作，选择3年的学位课程不但可以较快开始工作，也节省一年的学费。安大略省、新斯科舍省及曼尼托巴省皆提供3年的学士学位课程。在加拿大，有些学位课程需要5年时间完成，通常包括实习机会或学习＋实习项目，如教育课程、会计课程及药剂课程提供实习机会，提供学习＋实习项目的专业有工程、计算机信息及商业学系。

（三）高等教育特点

1. 宽进严出

在加拿大，学生想上大学是比较容易的，不需要过中国高考似的“独木桥”，只要在高中修完大学要求的所有课程并且成绩不错，学生一般都可以被大学录取。成绩好的学生可以同时收到几所大学的录取通知，形成学生挑选学校的局面。学生最终确定了某一所学校后，就要面临学校严格的人才选拔制度和学生之间的激烈竞争。学校的考试制度会淘汰一批学生。所以，在加拿大的大学里，每次考试在某种程度上都可以视为一次淘汰赛，最终的结果是可能有一部分学生无法毕业。

2. 治学态度严谨

在加拿大，大学生每天都要踏踏实实地学习，学生的最后成绩由多方面评定。以一门课为例：满分100分，其中出勤率占10％、课堂参与占20％、平时小测验占10％、期中考试占30％、期末考试占30％。如果平时不认真学习，即使期末考试取得满分，这门课的成绩也不一定会及格。在加拿大大学里，学生入学第一周都会上一堂名为“cheating（作弊）”的课。老师会解释什么行为是“cheating”，例如，写论文引用别人的话或观点而没有标明出处，就是cheating，学校会开除学籍并全省通报，学生两年内不能申请省内任何大学。每所大学定期组织老师学习如何发现学生的“cheating”。所以，要想在加拿大的大学顺利毕业，就得脚踏实地，千万不能存有侥幸心理或考试前临时抱佛脚。

3. 注重能力培养

曾有一个中国男孩高中毕业后到加拿大读大学。起初，他在一所公立学院修读大学转学分课程，一年后转入英属哥伦比亚大学读大二。刚刚进入大二，他就主动找到学校著名的经济学教授，询问他曾经感兴趣的研究中国经济发展和世界政治关系的课题。这个博士生导师并没有因为他还是个大二的学生而对他置之不理；相反，他鼓励男孩研究自己提出的课题，指导他看一些相关书籍和节目。从中可以见得，加拿大大学注重培养学生的独立思考能力和实际动手能力，鼓励学生培养开阔的思维，发挥自己的特长，充分给予每个学生展现自己个性的机会。

加拿大中小学教育情况

（一）中小学教育简介

加拿大的中小学由各省教育厅管辖，省教育厅的职责在于课程的设定及师资的指导，并且有权力规定、检查及颁发执照给公私立中小学。各省的中小学课程设置和高中毕业要求均有不同程度的差别，而学校类型一般分为公立学校、公费私立教育局及私立学校。

1. 公立学校

超过 90%的加拿大居民就读公立学校。中小学公立学校由地区或市区教育局（学区）管理，大多是男女合校，只在白天上课。如果家长居住于学生就读学校的区域，又持有加拿大公民或者居民的身份，学生就可以免费上公立学校。公立学校的最主要经济来源是当地的土地征收税，也有省政府及联邦政府的赞助。现在也有许多公立学校接受国际学生，但政策与费用标准各地不一。

2. 公费私立教育局

在安大略省及魁北克省内设有公费私立教育局，这类学校大多与天主教或基督教等宗教有关，虽然是私立学校但仍接受省政府大部分的经济赞助，受独立教育局管理。除了政府所规定的中学课程，通常在课程中会包含一些宗教教义的教导。

3. 私立学校

加拿大的私立学校也提供中小学教育。私立学校没有接受政府实质上的经济赞助。无论国际学生、加拿大公民或居民，都必须负担全额学费。有些省份的私立学校提供给加拿大公民小部分学费减免。这些私立学校大概可以分为三种：独立学校、国际学校及宗教学校。

独立学校通常被视为传统的加拿大私立学校，提供丰富的大学学前课程及较低的教师学生人数比例。有些学校提供学生宿舍。大部分学校属于加拿大独立学校联盟（The Canadian Association of Independent Schools）会员。希望进入这类学校的学生需要通过严格的考试及面试，所以，有计划申请此类型学校的学生需要有很好的英文水平及在校成绩。

宗教性质的私立学校没有接受省教育厅实质上的经济赞助，有些学校要求学生加入特定的宗教信仰，但有些学校接受来自不同信仰的学生。除了政府所规定的中学课程，学校通常在课程中都会包含一些宗教教义的教导。有些学校为海外学生提供宿舍。

国际学校是较新的学校组织形态，提供中学课程，学生来源主要是海外。如果国际学校的执照由省教育厅颁发，那说明该校的课程符合标准且同时接受省教育厅定期的审核及考察。但是，每个学校的师资及设备因校而异，建议家长和学生在选择此类学校时对学校的执照及设备做一番调查研究。除了中学主要课程，国际学校会提供一些课程及活动，促进海外学生适应加拿大的生活及学习。同时也安排英语训练课程，帮助学生适应新语言及文化。

4. 学制划分

加拿大儿童在 4—5 岁可入幼儿园，6 岁读小学一年级。学年通常从九月份开始，到次年六月份结束，有时一月份也招生。据省份不同，中小学的学制有细微差别，普遍实行 12 年制义务教育，魁北克和纽芬兰地区为 11 年。中学毕业以后，学生不需参加类似国内高考的升学考试，直接凭借高中课程成绩申请进入大学或学院就读。加拿大对于高中毕业年龄有一定限制，一般要求学生在 18—19 岁之前完成高中毕业，若不能及时完成，则需转入成人高中就读以完成高中学业。

中小学一般实行六三三制，入学第一年称“幼儿园”（Kindergarten），入学第 2—7 年的 6 年，属于中国的小学阶段；第 8—10 年的 3 年是中国的初中阶段；“高中”（High School）阶段 3 年。安大略省为 6 年小学、2 年初中、4 年高中，至高中毕业共需 12 年，学生毕业时可拿到中学荣誉毕业文凭（Secondary School Honor Graduation Diploma）。有此文凭能优先进入大学。

5. 课程设置

加拿大的小学共计 10 门课程，包括语言艺术、数学、科学、社会学、法语、艺术、音乐、戏剧、计算机、体育。小学生的作业全部在学校完成。学校注重寓教于乐，将社会教育与启发式教育相结合，如组织学生参观博物馆、图书馆等。由于加拿大是双语国家，英文及法文都是官方语言，所以在一般的小学，学生从四年级开始学法文。

加拿大的中学教育沿用选课方式和学分制，学生必须完成一定学分才能中学毕业，相当于中国的普通高中。必修课通常包括英语、数学、科学、社会学，选修课包括商科类、艺术类、技术类等。年级越高可选课程越多，通常学校有辅导老师专门帮助学生选课或改选课程，未来的不同发展方向主要通过中学期间的选课来实现。在某方面有专长和天分的学生可以与辅导老师商量选择适应个性成长和能力发挥的课程。一般中学可供选择的课程非常多，课程总体上重视学术、智能、人际关系、社会发展、技能及职业培训。不准备上大学的学生可选择绘图、木工、计算机操作等，相当于中国的职业高中，希望上大学的可选择学术课程。学生就读期间，学校会每学年给家长反馈数次成绩报告，一般有正式书面形式的，也会有非正式的各种形式的，每门课程的任课老师都会给每个学生的具体情况写出评语和需要改善或努力的方向。学生高中毕业时，也会获得正式的完整成绩报告以用作申请大学等用途。

（二）高中毕业要求

由于加拿大没有全国统一的教育制度，高中教育由各省教育厅负责，各个省的学分体制和课程设置也不尽相同。本章节将详细列出主要几个省份的高中课程要求。

1. 英属哥伦比亚省（British Columbia）

英属哥伦比亚省，简称 BC 省，学校选择众多，城市发展完善，是家长送孩子赴加拿大就读高中的首选。BC 省高中 3 年，学生修读 10—12 年级，必须修满 80 个学分（每门课程 4 个学分），其中包括 44 个必修课学分，职业教育 8 个学分，以及 28 个选修课学分，并参加英语读写能力测试和数学能力测试，成绩合格者可以获得 BC 省教育厅颁发的高中毕业证书

(Dogwood Diploma)。由于 BC 省高中毕业要求近两年正在改革过程中，以上所提到的两项考试的固定考试时间尚未明确，学生需要具体咨询学校的选课老师。具体的学科名称和学分如下表 1 所示。

表 1　BC 省课程项目

必修课程	
学科名称	学科学分
英语 10、11、12	12
社会学 10	4
社会学 11/12	4
自然科学 10	4
自然科学 11/12	4
数学 10	4
数学 11/12	4
体育 10	4
艺术或应用技能 10/11/12	4
职业教育（两门）	8
合计	52 学分
选修课程	
各类选修课程 10—12	28
总　计	80 学分

2. 安大略省（Ontario）

安大略省是加拿大政治经济文化的中心，教育资源和质量都相当雄厚，多伦多大学、女王大学、滑铁卢大学、约克大学、麦克马斯特大学都位于安大略省。与中国和 BC 省不同，安大略省的高中为 4 年制，获得安省高中毕业文凭 OSSD 的要求为修满 30 个学分（其中 18 个学分为必修课程，12 个学分为选修课程，每门课程为 1 个学分）；通过省读写能力测试；以及完成 40 个小时的学生志愿服务。具体课程如表 2 所示。

表 2　安大略省课程项目

必修课（18 个学分）
英语类 4 个学分（9—12 年级每个年级 1 分） 对于国际学生来说，选择 ESL/ELD 课程（英语作为第二语言）最多只能换取 3 个学分，剩下的一个学分必须通过完成 1 门 12 年级的英语类课程而获得
数学类 3 个学分 其中一个学分必须通过完成 11 或者 12 年级的数学课程而获得
科学类 2 个学分
艺术类 1 个学分
9 年级加拿大地理 1 个学分
10 年级加拿大历史 1 个学分
法语 1 个学分
体育 1 个学分
职业规划学习 0.5 个学分
公民学 0.5 个学分
另外，3 个必修学分需要通过完成以下三组每组中的一类课程（可选择）而获得，每门课程 1 个学分 组别一：英语类，法语类，古典语言类，国际语言类，原住民语言类，加拿大和世界研究类，原住民文化研究类，社会科学人文研究类，职业规划指导类，学习实习融合类课程 组别二：法语类，艺术类，商业研究类，生理健康教育类，学习实习融合类课程 组别三：法语类，科学类（11 或 12 级别），计算机信息类，技术教育类，学习实习融合类课程 注：法语类课程最多只能获得 2 个学分，学习实习融合类课程最多只能获得 2 个学分，即选择并完成超过 2 门此类课程，仍只能获得 2 个学分
选修课程 12 个学分 根据学校或教育局开设的本土化选修课
语言读写能力测试 学生将在 10 年级参加安省读写能力测试，通过即达到毕业指标之一。未通过的同学可以在第二年参加考试或者参加安省高中读写课程，成绩合格即视为达标

3. 阿尔伯塔省（Alberta）

阿尔伯塔省是继魁北克省、西安大略省和不列颠哥伦比亚省之后面积第四大的省份，在过去 10 年之间，阿尔伯塔省每年平均的经济成长率达

3.5%，是全加拿大经济成长率最高的省份。阿省的基础教育质量在加拿大是名列前茅的，在2012年的PISA测试当中，成为加拿大基础教育前三位，阿尔伯塔省的高中阶段为3年，高中毕业要求很高，学生需要修满100个学分学生（除特殊课程外，每门课程5个学分），并完成4门12年级学术科目。具体学分分布情况如下表3所示。

表3 阿尔伯塔省课程项目

必修课程
ENGLISH LANGUAGE ARTS-30 LEVEL (English Language Arts 30-1 or 30-2) 12年级英语类课程
SOCIAL STUDIES - 30 LEVEL (Social Studies 30-1 or 30-2) 12年级社会学类课程
MATHEMATICS - 20 LEVEL (Mathematics 20-1, Mathematics 20-2 or Mathematics 20-3) 11年级数学类课程
SCIENCE - 20 LEVEL (Science 20, Science 24, Biology 20, Chemistry 20 or Physics 20) 11年级自然科学类课程
PHYSICAL EDUCATION 10 (3 CREDITS) 10年级体育类课程（3学分）
CAREER AND LIFE MANAGEMENT (3 CREDITS) 职业生涯规划类课程（3学分）
还需要从下列课程里面获得10个学分
Career and Technology Studies (CTS) courses 职业与科技研究课程
Fine Arts courses 艺术类课程
Second Languages courses 第二外语类课程
Physical Education 20 and/or 30 体育类11/12年级级别
Knowledge and Employability courses 就业能力知识类课程
Registered Apprenticeship Program courses 实习项目类课程
Locally developed/acquired and authorized courses in CTS, fine arts, second languages or Knowledge and Employability occupational courses 与以上课程相关的校本类课程
还需要获得10个学分的12年级课程（除了12年级英语和12年级社会学之外的课程）

（续表）

30 - level locally developed/acquired and authorized courses 12 年级的校本特色课程
Advanced level (3000 series) in Career and Technology Studies courses 12 年级职业科技研究课程
30 - level Work Experience courses 12 年级工作体验课程
30 - level Knowledge and Employability courses 12 年级就业能力知识类课程
30 - level Registered Apprenticeship Program courses 12 年级实习项目类课程
30 - level Green Certificate Specialization courses 12 年级环保课程
Special Projects 30 12 年级课外项目

4. 曼尼托巴省（Manitoba）

曼尼托巴省东靠安大略省，南接美国，西临萨斯喀彻温省。曼省境内最著名的学府为曼尼托巴大学（简称曼大），其医学院、农学院和工程学院是加拿大最好的学院，阿斯博商学院、科学学院、艺术学院、音乐学院、教育学院等学院均在北美名列前茅。在中学教育阶段为 9—12 年级，每门科目 1 个学分，为取得高中毕业文凭，学生需要最少修满 30 个学分，其中包括 17 个必修学分，13 个选修学分，并且需要通过 12 年级英语和数学的统考（见表 4）。

表 4　曼尼托巴省课程项目

必修课程（17 个学分）				
	9 年级	10 年级	11 年级	12 年级
语言艺术	英语 10	英语 20	修读其中一门： • 综合英语 30 • 文学 30 • 商务英语 30	修读其中一门： • 综合英语 40 • 文学 40 • 商务英语 40
数学	数学 10	修读其中一门： • 核心数学 20 • 核心数学 25 • 微积分入门 20	修读其中一门： • 应用数学 30 • 核心数学 30 • 核心数学 35 • 微积分 30	修读其中一门： • 应用数学 40 • 核心数学 40 • 核心数学 45 • 微积分 40
体育	体育 10	体育 20	体育 30	体育 40
科学	科学 10	科学 20		
社会学	当代加拿大 10	21 世纪地理 20	加拿大历史 30	

（续表）

选修课程
需要从以下科目类别中修读至少 13 门课程： 英语语言艺术类、数学类、科学类、社会学类、法语类、艺术类（视觉艺术、音乐、戏剧、舞蹈）、职业发展类、心理学类、信息科技类、科技教育类（生态、商业市场、工业设计艺术）

科目的数字 10、20、30、40 分别代表 9、10、11、12 年级的科目；选修课至少有 1 门为 11 年级程度，2 门为 12 年级程度。

生活在加拿大

在中国想象加拿大留学生活，可能是新鲜的、精彩的，同时带一点对未知世界的不安；来到加拿大学习生活后，才逐渐发觉，这里的留学生活是不同的、有趣的，同时带一些需要独自克服困难的。但无论怎样，这样的经历一定会是人生中最浓墨重彩的一笔，因为我们努力成长过。

把生气的时间花在沟通上，问题就解决了

事情发生了，生气没有用，怎么解决才是最重要的吧。把生气的时间花到沟通上，问题就解决了。

——Zoey

（一）还没开始留学就遇到如此多挑战

在决定要出去留学之前，Zoey 对加拿大留学生活有着各种各样的猜想。也许是非常惬意的：维多利亚的海风吹着，海鸟飞着，海浪拍着；也许是非常忙碌的：一边是英语学习，一边是课外活动，一边是与寄宿家庭的频繁沟通。不过无论是哪一种对未来留学生活的想象，Zoey 都做好了百分之百的准备，去应对在加拿大的一切了！

让 Zoey 没有想到的是，她猜到了去留学可能遇到的问题，却猜不到在这之前所面临的各种困难。Zoey 留学的挑战，不是像其他留学生那样从到达国外开始，而是从在 VPEA 中加国际班上学的时候就开始了。

在中加班时，VPEA 的老师和 Zoey 详细的商定好了加拿大的留学规划；从前期咨询、学校申请到递申签证、寄宿安置等。甚至对于进入加拿大学习之后的日子，也大致有了一个规划：2014 年 9 月顺利入读维多利亚的高中 11 年级，努力学习并参与实践活动，最后申请加拿大名校。按照这样推算下来，Zoey 应该在 2014 年早些时候就应该顺利的拿到签证，然后安心准备去加拿大上学。所以在提交完学签申请之后，Zoey 剩下的就是等待学签然后即刻出发。

事情好像并不是 Zoey 想象的那么顺利。在经过漫长的数周等待之后，Zoey 等来的不是那张写有她名字的“Study Permit”（学习许可），而是一封拒签信。拒签的理由竟然是因为银行存款证明中的金额不够。明明与其他同学是一样数额的资金证明，别人都通过了签证申请，但是自己却被拒签！这事让 Zoey 又气又无奈，“我听说加拿大移民局有的时候会阴晴不定的拒签申请人，但我没想到是我自己”。虽然被拒签让人十分恼火，但学还是要上的，生气也无济于事。在 Zoey 平静了自己的心情之后，VPEA 的老师再一次帮助 Zoey 重新申请学签。

就这样，Zoey 又开始了第二次的漫长等待。但是，第一次被拒签的阴影还没有消散，第二次打击又接踵而来。Zoey 的第二次签证又被拒了！还没等 Zoey 对这一消息做出反应，VPEA 老师就马上与 Zoey 即将入读的加拿大教育局联系。毕竟这个时间已经离最后入学时间不足 1 个月了，按时入学应该是不可能了。幸运的是，教育局对此表示理解，“毕竟这次的签证问题不是人为可控的”。最后，Zoey 得到了延迟两周入学的许可，同时 VPEA 的老师也继续帮 Zoey 申请第三次学习签证。

此时的 Zoey，面对两次被拒签的结果，又气又急，根本无法把注意力集中在问题的解决上。“我当时都气狂了！别人都去上学了，但我还在等签证！还是因为一些奇怪的原因！”Zoey 觉得自己被针锋相对了，还没开始去留学就已经遇到了这么多困难，“我想不明白！我真的想不明白！”但在 VPEA 老师和父母的安抚下，慢慢的 Zoey 也不再气愤和抓狂，接受了被两次拒签的事实，“既然如此，就当是提前感受留学生活的艰难困苦了吧。光生气也没有用”。

幸运的是，第三次申请的签证顺利通过了。当 Zoey 拿到那一张印有自己名字的学签时，除了激动之外，还带有一丝感谢，“觉得即使之前经历了那么多不顺，但最后还是得到了想要的结果”。

因为要延迟入学，所以 Zoey 不能与其他正常入学的小伙伴一同来加拿大了。经历过两次拒签的她，已经对未来留学生活中可能发生的困难有着充分的准备了，包括独自一人的国际长途旅行。“不能与大家一起去，那就我自己去呗！”

虽然 Zoey 自己已经做好了准备，但毕竟是自己一个人第一次到一个完全陌生的国家，还是需要得到一些必要的帮助。所以 VPEA 的老师在温哥华机场和维多利亚市区都安排好了接机事宜。Zoey 只要按照准备好的路线坐船、坐车，就可以被顺利地接到寄宿家庭中。

与预想的一样，Zoey 顺利地从中国登机，到达温哥华机场，与 VPEA 老师碰头，被送上机场大巴。但在机场大巴向码头行驶的过程中，出现了让 Zoey 哭笑不得的事情。“那个大巴在路上坏了！”Zoey 提到这件事的时候，露出了万般的无奈，“我旁边的一对加拿大老夫妇说，他们坐了 30 年的大巴，都没遇到故障！我是第一次坐大巴的人，竟然就遇上了！”大巴故障导致的结果就是，“我拿了 3 个行李箱，两个包。本来这些可以不用自己拎，直接托运就行的，车一坏，什么都要自己拎上船了。”除此之外，“更尴尬的是，当我想与大巴司机确认情况的时候，我发现我完全听不懂那司机大哥浓重的印度口音啊！我只能微笑着装作自己好像听懂了……”

虽然现在的 Zoey 可以面带笑容地描述当时的情形，但可以想象，被拒签两次、摊上几十年不遇的大巴故障和完全不能理解印度英语的她，当时是有多么的尴尬和无奈。不过即使如此，当 Zoey 被问到当时的心里活动时，她还是表现出非常积极的一面，“虽然真的很尴尬，但我竟然没有任何沮丧，依然对加拿大留学生活充满了兴奋感！”

未开始加拿大生活前就遇到这么多的困难，但 Zoey 却把她们视为宝贵的试炼，带着些许的骄傲讲述着这些当年的尴尬。

（二）“对付”寄宿家庭，我有独特的方式

虽然在前期经历了这么多的困难，但其实对于之后 Zoey 的留学生活来说，上面所说的那些都不是大问题。因为对她来说，在留学生活中遇到的最大挑战，就是与寄宿家庭的相处。Zoey 在加拿大高中的两段寄宿家庭经历让她感触颇深，也学到很多。

Zoey 第一个寄宿家庭是一个“Big Family”（大家庭式），“是标准的西方家庭‘标配’，爸爸、妈妈、两个男孩和一个女孩……哦！还缺条狗，哈哈。”初到这家寄宿家庭的时候，Zoey 就感受到了加拿大人的热情，“他们知道我是中国人，英语肯定不是很好，所以也很耐心地与我交流，询问我的反馈。”

Zoey 与这家寄宿家庭的成员相处得非常融洽，但就吃午饭这一点上会

有一些分歧。“因为家里成员比较多，尤其是小儿子非常小，大概二三岁吧，所以寄宿家庭妈妈忙着照顾小孩子们，就很少准备午餐给我了”。虽然 Zoey 对此表示理解，但有一段时间 Zoey 的胃不太舒服，还是提出了请求，希望寄宿家庭妈妈天天帮其准备午饭。但寄宿家庭妈妈因无暇顾及就拒绝了她，“我知道她很忙很忙，但我是真的中午想吃点饭”。后来，Zoey 就把这个烦恼在与寄宿家庭爸爸聊天的时候提了出来，真诚的表达了自己的需求，“我就如实说自己胃不舒服，希望中午能吃一点家里的饭。我寄宿家庭爸爸是一个很和蔼的人，当时听到后就告诉寄宿家庭妈妈，让她晚上多煮一些饭，这样我第二天就可以带着前一天的晚饭去学校吃啦”。

从这件事中，Zoey 学会了一件事，“有问题就说，而且要多与家庭中的各个成员沟通，说不定就能抓到解决问题的方法呢!”

从这之后，Zoey 就找机会多与寄宿家庭沟通，“这家人多，而且大家都很忙，想要坐下来好好聊天的机会是很少的”，经过数月的相处，Zoey 已经“摸清”了这家寄宿家庭的情况，“但是机智的我发现了一个机会，那就是，吃完饭之后帮他们洗碗!”

这个方法真的是很“绝妙”，因为如果是寄宿家庭成员都很忙的情况下，很多同学就“顺水推舟”，干脆就不与寄宿家庭沟通，甚至趁着家里没人管就“做自己想做的事”；在相同情况下，Zoey 却能发掘出其中的机会来与寄宿家庭沟通。“他们家因为人多，所以洗碗机常常堆不下，我 11 年级又刚好比较空，所以就几乎天天帮他们洗碗。寄宿家庭爸爸不好意思地让我不要洗，但我就是愿意帮忙洗一洗，毕竟也吃人家的饭，也能与他们聊聊天。”

因为 Zoey 这种“暖心”的行为，让寄宿家庭即使很忙也会尽量照顾 Zoey。“虽然午饭没有太多时间准备给我，但他们每天都会准备丰盛的晚餐给我吃，而且会主动叫我一起吃晚饭呢!”说到晚饭，Zoey 觉得自己就像家中的一分子一样，很有参与感，“家里那 2 岁小弟弟还会很可爱地跑过来，用刚学会的英语对我说‘I'll leave the door for you’（我会给你留个门），真的是太可爱啦!”说这句话的时候，Zoey 脸上满是幸福。

这样“美好的寄宿家庭生活”随着这户人家退出寄宿家庭项目而改变了，“因为他们孩子多，家里住不下，所以就搬家了，不再做寄宿家庭了”。第二年，Zoey 不得不更换寄宿家庭。这次 Zoey 被安排到了一个退休护士的家庭，“这与我第一户寄宿家庭的家庭构成完全不同，就只有一对老夫妇和另外一个寄宿学生”。在与这户寄宿家庭的相处中，Zoey 学到了更多的东西，只不过这些道理都是从矛盾中学到的。

Zoey 与这户寄宿家庭的矛盾，并不是什么类似于不给吃饭、不让晚归的大问题，而全部来源于一个小问题——洗澡。“别看就是一个小，但其实这是一个比吃饭问题还要让我尴尬 100 倍的问题！”Zoey 说到这件事的时候，开始表现出了一些激动的情绪。“我在国内的时候喜欢洗澡久一点，一个小时左右吧。VPEA 的老师和父母其实也早就提醒我，在国外要快点洗，不然会被外国人说是浪费水。所以我在这家寄宿家庭里洗澡的时候，已经很注意洗澡时间了；少则 10 分钟洗完，多则 25 分钟搞定。”说到这里 Zoey 还算比较平静，但随后却激动了起来，“但你知道吗？我寄宿家庭的老婆婆知道了我洗澡的时长后竟然说，她平生从来没有见过一个人洗这么久的澡！她说她看到了 Monster（怪物）！说我洗澡是 Monster！她觉得洗个澡只要 5 分钟就可以！”Zoey 又好气又好笑地讲述着这件事，并且手舞足蹈、滔滔不绝地整整说了 40 分钟。“我真的是使出我浑身解数去说服这位老婆婆。好在最后她同意让我洗久一点，但要去楼下洗，而且洗完要把浴室彻底擦干，不能有一点水汽”。

虽然洗澡的问题暂时解决了，但 Zoey 却感觉自己被针锋相对了。“我与老婆婆说我一周想洗两桶衣服，本来应该是一周一桶的，她同意了。但当我两周周日各洗一次，每次各两桶的时候，她竟然说我一周洗了四桶！因为她说周日到周日是一周！Oh My God！”Zoey 万般无奈地把老婆婆的这番话称为“周天论”，“我试图用各种方法向她解释这个问题；我还耐心的给她用日历画图说明，但就是与她说不通！”

与洗澡时间一样，Zoey 发现这户寄宿家庭老婆婆其实并不想通过讲道理的方式去解决问题，“她活了六七十年了，想法已经固化了，我说什么也很难改变她的想法了，就像她觉得周日到周日是一周一样。”想明白了老婆婆为什么这样做的原因之后，Zoey 就不再那么在意与老婆婆“一争高下”了，而且开始想办法如何避免这些没用的“争执”。

“如果她说了什么我不同意的观点，虽然我心里有点气，但我还是说，好好好，行行行，是是是，对对对，然后自己默默地去做我自己的事情就好了”。Zoey 觉得，对待这位老婆婆，最重要的就是不要发生正面冲突，“她也不是非要我照着她的方法做，她就是不愿意我与她较真、讲道理”。如果有些时候老婆婆说的话实在让Zoey受不了的话，Zoey也不会就此“忍气吞声”，“那我就把我自己怎么想的对她说，我好好说，我有礼貌地说，我不骂人，我不当面对她生气。等我回房间了我再偷偷说她，顺顺气，疏导一下自己情绪，然后就好了。”说到这里，Zoey露出了一个狡黠的微笑。

在必要的时候，Zoey也会用证据让老婆婆不要再与她争执。“我洗澡进浴室前都会把手机计时器开了再洗澡，然后出来按掉。如果她乱说我，我就截图发给她。这样我就有理有据，令人信服”。

渐渐地，Zoey掌握了老婆婆的“习性”，同时自己也学会了如何管理自己的情绪。“一开始遇到这种事情的时候，我生气、难受、哭诉，但后来又发现这样其实没什么用，不如好好想办法避免这样的事情；实在避免不了就想一些办法疏导自己的情绪，别让自己总生活在气愤之中呀。”

虽然在第二户寄宿家庭中，Zoey有过很多的不愉快，但现在说起这些往事，Zoey还是把他们当作“宝贝”。“我的脾气从那以后越来越好了。即使我在生气，我也不会太激动地与对方争论了，重点都会放在如何解决问题上”。在这一点上，Zoey还有些感激那位老婆婆，“没有与她相处的这段经历，我恐怕也不会理解，原来不是所有人都愿意与你讲道理的，原来自己有时候也不必太较真。控制好情绪才是关键啊！”

（三）通过沟通我掌握了老师的打分“套路”

虽然在寄宿家庭中不甚得意，但在学校学习中却是处处开花。Zoey在更换了两次寄宿家庭，与第二户寄宿家庭“斗智斗勇”的情况下，依然保持着优异的学习成绩。最后在VPEA老师的协助下，Zoey被多伦多大学的商学院顺利录取。

Zoey的成绩好是有目共睹的，但在中国学生的大弱项——12年级的英语中拿到高分这件事还是让人觉得有些小惊讶的。当被问到为什么中国学生学不好英语课程，她的分却拿得比较高时，她很自豪地说，“她的套路我清楚呀！平时没作业，期中期末的时候，她就会看你平时写的小东西给分；到最后还会问你想要几分，最后综合给分啦！”

看到 Zoey 如数家珍似的把老师的打分“套路”讲出来的时候，大家也就理解了，为什么 Zoey 看起来天天都在吃喝玩乐，但成绩却依然非常好。“我觉得英语课最后的分数不是看你学到了多少东西，说白了最后的分数其实就是老师对你这个学生的看法和评价。你完全可以在一开学的时候就对老师摆明你的立场，说我这门课想拿 A，然后谦虚的、态度积极地与老师询问，自己可以从哪方面下手来得到好成绩。”Zoey 觉得，表明自己良好的学习态度，加上积极努力地按照老师的建议去学习，就可以得到好成绩。

不过学校的老师通常都非常忙，很少能抓住机会问老师很多问题。但 Zoey 不会因此放弃提问题的机会，“我围堵呀！我就到教室门口堵老师提问题。不过有时候老师确实忙不过来不能回答我的问题，那我就发邮件，发邮件她总有空回呀。”就这样，Zoey 向老师询问了很多问题，也得到了很多指点。

在数次的询问中，Zoey 也明白了为什么学校老师普遍给中国学生的分数会偏低，“老师们会觉得，说中文的学生英语省考成绩肯定不会高，为了让分数相差不那么大，所以平时成绩也不会给太高。”了解了这一点之后，Zoey 就在 VPEA 努力补习英语 12 年级的省考，并在 4 月份就去省考了一次（一般学生 6 月份省考）。没想到省考分数相当不错，学校老师给的分数也自然就高了，“12 年级省考出来之后，她（老师）觉得我考得好过她的期望值，所以平时给分就没什么顾忌了，给分也就挺高的。”

虽然 Zoey 成功地与她的英语认可老师沟通了课程分数的问题，但并不是所有的学生都能做到像 Zoey 这样的程度。“我表妹现在就在上英语课，与我同样的课程，同样的老师。不过我表妹总抱怨老师歧视亚洲学生、不爱理会中国学生，所以对英语课一点兴趣都没有，分数也不是很好。”对于这样的情况，Zoey 觉得表妹可能对老师有误解，需要与老师真诚地沟通。“我觉得这里的老师都还是比较好说话的。如果你觉得老师不理你，那你也可以选择不理老师。但你最后的分数，终究还是她给你的。”

Zoey 在加拿大高中的学习让她始终相信，“遇事要沟通。就要与他人正确地表达自己的需求和想法，得到他人的回应后，再去思考下一步该如何做，而不是自己猜，这样很容易引起误解。”虽然 Zoey 有时候遇到个别问题也会“沟通失败”“气急败坏”，但随后就会自己安抚好自己的情绪，集中注意力在如何解决问题上。

直到现在，当 Zoey 身边有些朋友和同学，生气、抱怨很多留学生活中发生的不快和困惑时，但 Zoey 都会给予这个真诚的建议，“事情发生了，生气没有用，怎么解决才是最重要的。把生气的时间花到沟通上，问题就解决了”。

Alex 点评： 我们从 Zoey 同学的身上可以看到，留学的经历让这位同学更加成熟了，对留学过程中存在问题的看法和处理都越来越成熟。现在的中国学生大多来自独生子女家庭，从小在父母的关注和宠爱之下成长，所以在沟通方面往往比较自我，也几乎没有认真地思考过情绪管理的问题。从教育上讲，我认为沟通能力、情绪管理能力等是未来社会更加看重的，比学习记忆力更高阶的能力。Zoey 在寄宿家庭的经历磨练提升了她的沟通能力和情绪管理能力，这些都是将伴随其一生的宝贵财富。她在很多问题的处理上之所以显得成熟，一是可以站在别人的立场考虑问题，首先想到的是能否先改变自己；二是对于一些事情并非一味的忍让，而是有理有据地试图说服对方，表现出良好的跨文化沟通的能力，始终以解决问题的心态在不断提升自己。

她在学习上的技巧可以说是句句真言，可以让很多类似处境的留学生少走弯路，过程性评价使加拿大的老师对于成绩有很大的话语权，所以平常多与老师沟通，多参与到老师的教学中，与其时刻保持良好的关系，我相信一定会让自己获得一个满意的过程分数。Zoey 很棒！

寄宿家庭不应该只是住宿的地方

——如何与寄宿家庭相处

也许是我比较幸运遇到了好的寄宿家庭，也许是因为我比较喜欢与人说话，所以沟通多；但我觉得，在这里住那么久，寄宿家庭绝不应该只是一个住宿的地方。

——小 Z

（一）不是所有的寄宿家庭，都是你期待的那样

“一对白人夫妇，带着二三个小孩，然后还养着一条狗！一大家子其乐融融地笑着。”这是阿 T 在出国前对加拿大寄宿家庭的一个描述。相信在没有到加拿大留学之前，大部分学生和家长对加拿大的寄宿家庭印象都会像阿 T 描述的一样。“不只是我一个人这么想，很多同学来之前也是这么认为的”。

正因为如此，大部分的学生和家长在寻找寄宿家庭的时候都有着些许不切实际的期望。等真正地到了加拿大后，才发现原来很多寄宿家庭并不是纯白人家庭，很多家庭不养宠物，很多寄宿家庭并不是这么活力四射。

阿 T 就是这其中的一员。“我以前经常看《成长的烦恼》，就觉得好像北美的家庭都是那样的。白种人爸妈，几个小孩，每天吵吵闹闹嘻嘻哈哈的”。没来加拿大之前，阿 T 就尽情地按照电视剧里的样子勾画了自己寄宿家庭的形象，“我觉得妈妈应该是有着一头金黄色卷发的 30 多岁女士，爸爸是高大健硕的白人爸爸，然后一个 10 来岁的白人女孩和一个七八岁的白人男孩，可能还有一条狗”。

然而，当阿 T 从维多利亚机场出来见到寄宿家庭一家人的时候，就有些蒙了。“来接我的确实是一对白人夫妇，不过年龄比我想象的要大很多。而且他们的孩子好像哪里不太对劲……仔细一看原来是 3 个黑人小孩！”这样的寄宿家庭组合让阿 T 满头问号。“我当时真的是挺震惊的！我反复看了看寄宿家庭的妈妈和爸爸，没错啊都是白人！但为什么孩子都是黑人，而且没有一个白小孩？”阿 T 在心里猜测道，“基因突变肯定不可能……那孩子可能是寄宿家庭领养的了。”

加拿大寄宿家庭在机场接机

在住进了寄宿家庭之后，阿 T 发现自己猜的果然没错。寄宿家庭的这对白人夫妇确实领养了 3 名黑人小孩，他们自己没有孩子。“因为一些原因，寄宿家庭爸妈没有自己的孩子，所以就决定领养几个孩子。”说到这样的组合，阿 T 觉得既幸运又骄傲，“所以我家真的是很 multicultural（多元文化的）。白人夫妇，黑人孩子还有亚洲学生。”

不仅是阿 T，他很多同学的寄宿家庭也都不全是以白人家庭为主的，有许多是亚洲人或是其他国家移民而来的家庭。“之前只是在书本上听到加拿大是个移民国家，但脑袋里浮现出来的还是白人国家的样子。”阿 T 在真正地入住加拿大的寄宿家庭后，才对加拿大这个国家有了一点客观的认知。“在我与寄宿家庭聊天的时候，我了解到了加拿大寄宿家庭的构成原来是多种多样的。他们与我讲加拿大的历史和移民故事等。”

除了从寄宿家庭那里听到了很多故事之外，阿 T 在与同学的交流中也了解到了加拿大寄宿家庭的真正“原貌”。“我一个朋友是个菲律宾住家，5 年前移民加拿大的；还有一个朋友是墨西哥移民过来的。反正真正的本土白人寄宿家庭不多。”

这时阿 T 对加拿大的寄宿家庭才有了一个正确的理解。“现在终于知道加拿大的寄宿家庭的组成有各式各样的。不仅是白色人种，黄皮肤的、黑皮肤的都一样地在这个地方生活。”由此阿 T 也真正地体会到加拿大文化是多元的，“我真的是来了之后才知道这个‘移民国家’真正形象是什么样的。不是我在电视剧里看到的那样，而是有着各色人种，各种民族，各种文化背景的国家”。

（二）与寄宿家庭相处，一定要敢说，要多说

虽然现在的阿 T 可以与寄宿家庭中的每一个成员都谈笑甚欢，但回想起第一天入住寄宿家庭时的情形，阿 T 还是觉得有些尴尬。“虽然我的口语不算差，但是第一次在纯英语环境里与外国人如此亲近地谈话还是第一次”。阿 T 第一天在寄宿家庭的晚餐中与家庭成员有了第一次的交流。“寄宿家庭妈妈对我说的很多话，我都没听懂。而且我也听不懂两个孩子之间谈论的话题，有点尴尬……”

阿 T 寄宿家庭的成员们都很耐心，也很热心，让阿 T 不至于太紧张。“他们看我听不太懂，就会把语速变慢，把句子改成比较简单的、我能听得懂的词语来与我说。”在寄宿家庭的鼓励下，阿 T 慢慢放开了自己。“她们经常鼓励我说出自己的想法。如果我说错了她们也不会嘲笑我的，会微笑地纠正我的错误，所以我也不害怕说错，也就敢与他们聊天了。”

当克服了初步与寄宿家庭聊天的困难之后，阿 T 还想更加从容地与寄宿家庭展开沟通。“毕竟还要一起在一个屋檐下生活很久，所以还是很想融入寄宿家庭的生活中去。”于是阿 T 开始尝试主动与寄宿家庭成员交流。“对于我感兴趣的话题我会主动与寄宿家庭一起聊天，如加拿大哪里比较适合旅游呀，中国是不是真的人口那么多呀，哪里的餐厅好吃呀之类的。

要是对于不太感兴趣并且也不太熟悉的话题，那我就静静地听他们怎么说，记下他们的表达，下次尝试使用一下就行了”。就是凭借着这样与他人沟通的渴望和主动性，阿 T 在练习英语口语的同时，也长了见识，而且还了解到了很多寄宿家庭的有趣故事。

“我的寄宿家庭妈妈是德国长大的，后来去了法国留学，在哪里遇到了土生土长的法国帅哥，就是我的寄宿家庭爸爸。”阿 T 就像讲自己爸爸妈妈相遇的故事一样讲着寄宿家庭男女主人的故事。“寄宿家庭妈妈被法国小伙子的浪漫热情所吸引，经过一段时间的相处，两人就在一起了。他们两个人非常喜欢旅游。所有有一次在两人来加拿大旅游的时候，被这边美丽的风景和怡人的气候所吸引。然后两人就很开心地决定定居在这里。”阿 T 觉得寄宿家庭父母的故事非常的浪漫，“这简直就是一队小情侣来了一段说走就走的旅行呀!”

“来到加拿大之后，两个人因为一些原因没有生孩子，所以就领养了 3 个非洲裔的小朋友，也就是现在家里的小姐姐和小弟弟们。”阿 T 说起这三个寄宿家庭的孩子时，露出了兴奋的表情。“这 3 个孩子都特别有意思!因为他们是非洲裔，父母又是白人，现在又与我这个亚洲人在一起，所以经常会讨论关于政治、种族的问题。”对阿 T 来说，寄宿家庭的饭桌上常常是他们讨论“世界大事”的地方。“寄宿家庭弟弟特别喜欢谈论政治，经常与姐姐对一个时事新闻进行辩论。虽然我自己对这些不是非常感兴趣，但是也会听到一些他们的话语和观点，让我有的时候也不免开始思考这些深奥的问题。”

与寄宿家庭这样的交流也帮助了阿 T 的“课程学习”。“因为学校有一些文科课程是要讨论时事政治的，所以我就会在吃饭的时候把这些问题拿出来与他们讨论，听听他们的想法，这对我完成作业很有帮助，哈哈。”就这样，阿 T 与寄宿家庭的交流变得越来越娴熟，关系也变得越来越好。

阿 T 与寄宿家庭这种融洽的关系不仅让阿 T 的眼界更开阔、口语更流利，还有一个让阿 T 更开心的地方。“我寄宿家庭妈妈在当地的福利机构工作，为残障人士提供各种服务。所以我也沾了她的光，参与了很多当地的志愿者活动。”因为加拿大的高中都要求学生做满一定时长的志愿活动才能毕业，所以这也算帮阿 T 解决了这一问题。“别人都在发愁怎么凑满那么多的志愿者时长的时候，我早就完成了任务，多亏了寄宿家庭妈妈。”

完成志愿者时长只是一个很小的部分，与寄宿家庭妈妈一起参加志愿者活动给阿 T 带来最大的好处就是，“我能更深刻地了解到加拿大社会是如何帮助弱势群体的。这让我感受到了加拿大是个高福利的国家，对每一个人都会尽量做到平等。”这让阿 T 深有感触，“如果不是做志愿者活动，我还傻乎乎地以为那些流浪汉就像中国的街头乞丐一样呢。但其实人家被国家‘照顾’得挺好的呢!”

得到寄宿家庭成员帮助的阿 T，觉得自己也不能总是只获取不付出。“他们帮了我很多，我也就想要给他们回馈一些什么。除了偶尔帮他们做做家务，出去玩时带带礼物之外，阿 T 还回馈他们以“文化的礼物”。“她们想让我教他们中文，他们对中文特别感兴趣”。因为阿 T 的寄宿家庭是特别“国际化”的家庭，所以家里的成员都会说英语、法语和德语，“我近水楼台先得月，所以从他们那里学了一些法语，反之他们也想学中文。”

阿 T 充当起了“家庭中文小教师”的角色。“他们的学习热情很高，尤其是寄宿家庭妈妈，她会很认真地把我给她写的中文字抄下来，准确地说应该是画下来，然后收好放在自己房间”。阿 T 觉得学习中文的寄宿家庭妈妈特别有趣，“她还会与朋友 show off（炫耀）自己‘画’下来的中文。当有朋友来的时候，她就会从房间里拿出她的中文学习笔记，然后挥舞她的笔记对朋友说，‘看！这是 Harry（阿 T 的英文名字）教我的中文！我给大家念一下!’然后就迫不及待地用蹩脚的中文念了起来……”阿 T 讲到这里的时候不禁笑了起来，“其实我当时有点尴尬又有点想笑，觉得住家妈妈一下子可爱了很多。”

对于这样美好的寄宿家庭体验，阿 T 分享了自己的诀窍。“沟通这个东西必须是双方的，要两方面都愿意分享和交流自己东西的时候，关系才能建立起来。从寄宿家庭的角度上来说，她们不一定会主动地与你进行交流，所以作为一个来访的客人，你一定要敢说，要与寄宿家庭多说，并且保持互动，这样才能建立好关系，才能真的学到东西。”

（三）寄宿家庭又不是旅馆，为什么不去主动交流呢

与寄宿家庭相处得像阿 T 如此愉快的，对留学生来说其实不是一个特

别常见的场景。大多数留学生因为各种各样的原因，很难与寄宿家庭“成为一家”。“我的有些同学其实与寄宿家庭相处得都比较一般，我这样真的算比较少的了。我甚至有一个朋友，与住家的关系差到对话只有 yes 和 no，其他的话都不会多说一句的。”

有不少留学生，因为英语能力不好、不善于与外国人交流或者习惯家人宠着自己等这些问题而把寄宿家庭视为“旅馆”，甚至是“监禁”。“我一个朋友特别不爱回家，他觉得回去反正也就是把自己关在自己的房间里，只能玩玩电脑，刷刷手机，别的什么也干不了”。这样的类似情形有很多，“我还有些同学每天起来就去学校上课了，然后下课就去各种地方玩耍，等到晚上回去就睡个觉。”有部分留学生就是像阿 T 这些同学一样，把寄宿家庭视为旅馆一样的存在。

神奇的是，阿 T 从来没有这样的感觉。“在这个寄宿家庭里，我感觉自己特别 involved（有参与感），真的就像家庭中的一位成员一样，大事小事都有我的份。”阿 T 在这个寄宿家庭中感受到了满满的关爱，“他们什么家庭聚会都会邀请我。”

阿 T 经常受邀参与寄宿家庭的各种活动，小到周末派对，大到假日聚会，寄宿家庭总会叫上阿 T。不仅如此，寄宿家庭还非常关心阿 T 的生日。“有一次我过生日，想与朋友一起办个生日派对（party），但是考虑到在家里办会麻烦寄宿家庭爸妈，所以就告诉他们我打算出去过。但是他们非让我把朋友叫到家里来过，主动帮我邀请朋友来家里，布置了生日装饰，准备了礼物，寄宿家庭爸爸还特地做了法国大餐！哇！超丰盛、超感动的！”当朋友知道寄宿家庭与阿 T 的关系之后都感到不可思议，“他们都不相信我的寄宿家庭会一手帮我操办生日派对，都说我是吹牛呢。”

这样的互动和关心，让阿 T 觉得自己就是家里的一份子，“我并没有觉得自己是个来借住的外人。”所以阿 T 会用对待自己家人的态度对待自己的寄宿家庭成员。“我回国的时候也用心准备礼物，回来的时候带给他们。我知道住家妈妈怕冷，就带了中国式的披肩；知道住家爸爸是法国人，就带了几瓶香水给他；知道住家弟弟喜欢运动，所以就买了一些运动器具给他；知道住家姐姐正是爱美的时候，就买一些小首饰给她。虽然都不是什么贵重的礼物，但也是表达心意的一种方式嘛，就好像回国时在这边给家人买礼物一样的。”阿T的这些心意寄宿家庭非常“买账”。“我送给住家妈妈的手绘，现在她还挂在她卧室墙上呢!”

即使阿T与寄宿家庭的相处这么好了，但还是会有一些冲突和不快。“在家里你与爸妈住一起也会吵架斗嘴呢，何况在寄宿家庭里呢”。

“有一天晚上我在房间玩游戏有点激动，说话的声音有点响。第二天寄宿家庭妈妈就在饭桌上很严肃的让我以后晚上不要发出这么大的声响，要考虑到家里其他人的感受，并且规定我晚上不能太晚玩游戏。我当时有一些不高兴，但过后也就没事了。”而且有的时候寄宿家庭妈妈会等阿T回来之后再把饭餐端上桌一起吃；但有的时候他们就先吃了，等阿T回来之后就剩下一些他们吃完的菜了。

对于这些，阿T并不觉得是什么问题，也不会过度解读，不会觉得寄宿家庭妈妈是在故意针对他，“其实这就与我在家时我妈对我的态度一样啊，她心情好的时候对我也是很热情，嘘寒问暖的，不好的时候真的是理都不想理我，哈哈，这都是很正常的。”

阿T相信，只要积极沟通，与寄宿家庭的相处就不会太难，并且通过亲身实践也成功了。阿T就常鼓励身边的朋友去与寄宿家庭沟通，“既然来到加拿大这种多元文化的国家留学，就要好好地去经历，去感受嘛！这么好的机会！不要错过了才对呀!”所以阿T对于那些经常抱怨寄宿家庭这不好那不好、与寄宿家庭关系不和谐的同学，会有一些“恨铁不成钢”的心情。“我觉得很多中国学生就是太自私，太娇气，觉得自己给了寄宿家庭费用了，寄宿家庭就要对他很好，要像自己的父母一样对他才行；不然就是针对他，对他有偏见，然后整天抱怨”，阿T无奈地摇摇头，“总觉得寄宿家庭对自己不好，又管这个又管那个，这个不帮那个不帮的……自己又不是生活不能自理，而且寄宿家庭也不是你的管家呀，能自己解决的就自己解决嘛！不能解决的就与寄宿家庭沟通呀！关在屋里抱怨能解决什么呀!”

对于与继续家庭相处融洽的经验，阿T总结道，“面对与不同文化的人，真的要适当地放开自己，要走出去交流，这样才能收获更多。尤其是在寄宿家庭里生活，虽然有个别寄宿家庭是有他们自己的问题的，但大部分的问题，通过聊天和参与都能解决。”

对于留学生来说，一定要改变“寄宿家庭是个睡觉的地方”的观念。

“你要与寄宿家庭一起生活好几年呢，所以寄宿家庭绝不应该只是一个住宿的地方，更是一个学习的地方，一个相互关爱的地方。”

Alex 点评：国际留学生80%以上的问题都会出现在寄宿家庭中，原因就是无法与寄宿家庭进行有效地沟通与相处，因为文化背景、语言能力等都会导致沟通的问题。这个案例中的阿T同学情商很高，所以很快适应寄宿家庭的生活，并与寄宿家庭的父母以及兄弟姐妹们相处得非常好。中间肯定也会有一些沟通上的问题，但是自己用一种积极的心态去面对，彼此信任总是可以把问题很好地解决掉。寄宿家庭不是酒店，它本身就是一个磨炼国际学生语言能力，沟通能力以及学习西方文化价值观、规则的重要场所，彼此的相互尊重也是一个重要基础。

加拿大寄宿家庭介绍

学生在加拿大读高中期间多数会住在当地的寄宿家庭，就像前面留学故事中的主人公一样，一是提高英语水平，二是熟悉西方生活习俗，更好地融入当地社会。寄宿家庭每月费用约 800—1 000 加元不等，包含了水电膳食等。学生被视为家庭成员，比一般的房东与房客更为亲密，不同的寄宿家庭有不同的相处方式，提前了解相关情况有助于学生尽快融入住家的生活。

加拿大公立教育局的寄宿家庭是教育局通过公益组织推荐，经过警察局审核，并经教育局上岗培训合格后筛选出来的，均由教育局直接管理。教育局的工作人员会根据每一位国际学生的要求，为学生匹配合适的寄宿家庭，确保学生有一个高素质、安全和舒适的环境。

此外，学校还专设寄宿家庭协调人员岗位，专职负责学生在寄宿家庭的妥善安排和适应指导，并协调解决出现的问题，通过紧密的联系、清晰的交流，让学生得到安全保障和悉心照顾。

（一）学生的房间

寄宿家庭的房子类型是多种多样的。有些房子设计比较现代，也有的比较传统。一般寄宿家庭都会为学生提供单独的卧室、床、床上用品、毛巾、衣橱、桌椅，学生也可以享用寄宿家庭的其他家庭设施。

（二）寄宿家庭饮食

寄宿家庭往往会为学生提供一日两餐或三餐。如果两餐，学生早餐和晚餐在家里吃，午餐自己解决。如果提供三餐，学生早餐和晚餐在家里吃，午餐由家庭的主人会做好了打包交给学生，让学生带到学校去吃。至于加餐或点心，不同的家庭情况不同，学生也可以根据自己的需求自行准备。

周末和节假日期间，有些家庭会将早午餐合在一起吃。在有些家庭里，家庭成员会各自准备自己的早餐，他们或许会鼓励学生也这么做。大多数家庭会将晚餐安排在下午5—7点之间，学生应该按时与寄宿家庭一起共进晚餐。

早餐：工作日一般包括果汁、谷类食物、吐司面包、鸡蛋、咖啡、茶或牛奶；周末的早午餐一般包括熏肉、鸡蛋、薄烤饼、华夫饼干、水果和饮料。

午餐：一般是三明治、饼干、水果和饮料。有些学生会将午餐带到学校自助餐厅或语言中心，用微波炉加热。学生可以提前告诉寄宿家庭希望午餐吃什么，请他们帮忙准备。

晚餐：不同家庭晚餐食品也有所不同。晚餐对加拿大人来讲是最重要、最丰盛的，因为这时一家人可以在一起共进晚餐。

加拿大家庭的饮食会与我们国内的饮食有很多不同，或许有些学生需要一段时间才能适应，这对留学生来讲也是一种挑战。如果学生在饮食方面有所禁忌，可以直接告诉寄宿家庭的主人。如果学生想使用厨房做自己想吃的食物给自己加餐，也请征得寄宿家庭的同意。使用完厨房后，一定要清洁干净，并将物品摆放整齐后再离开。学生也可以帮助寄宿家庭主人准备饭菜，饭后帮忙洗刷打扫卫生，这也能使学生和寄宿家庭成员的关系更融洽。

（三）寄宿家庭生活守则及注意事项

（1）每个寄宿家庭都有自己的规定和习惯，请在到达第一时间与寄宿家庭沟通好并遵守和尊重相应的规定和习惯。

（2）如果对某些食物有过敏性的反应，请在入住寄宿家庭时第一时间告知房东。

（3）可以把自己的饮食喜好告诉寄宿家庭，寄宿家庭会尽力满足，但不要有过多要求，如果你住在非华人家庭，要明白这就是他们的日常饮食习惯，他们没有义务为了你学做中国菜。

(4) 未成年人（19 岁以下）不允许饮酒、抽烟。

(5) 尽量在饭厅用餐，不要将碗碟带入卧室，若带入卧室，用餐完毕需要及时将碗碟放回厨房清洗；不要存放任何无包装的食物在衣橱，抽屉里，食物很容易腐败导致腐蚀家具。

(6) 注意垃圾分类，在住家指导下，学会把厨余、可回收、不可回收垃圾分开放置。

(7) 入住时，学生需要检查卧室内家具状况是否良好，如果有需要修理的家具，需要立即告知住家修理或更换。如果是学生自己原因损坏了家具，学生需要主动承担家具修理费或更换费。

(8) 未成年人不允许夜不归宿，请在寄宿家庭规定的时间内按时回家，为了你自身安全，不要太晚回家，尤其是冬天，天黑得很早，晚上也没有想象的那么安全。

(9) 在未经寄宿家庭允许的情况下，不可以让自己的朋友或探望的家长在寄宿家庭留宿。

(10) 尊重寄宿家庭成员及其他寄宿学生，尊重他人隐私，不能随意进入他人的房间。

(11) 尊重每一位家庭成员，不要有言语或肢体冲突。除了握手和拥抱外，不要随意和他人有不恰当的肢体触碰（如推肩膀、触碰别人隐私部位，这在加拿大定义为侵犯，会有被刑事起诉，立刻驱逐出境的风险）。

(12) 每个月 1 号按时交房租，不要拖欠。讲信用在加拿大非常重要，房租一天都不要拖欠。

(13) 不要随意给寄宿家庭小孩食物，给之前先征得其父母同意（加拿大的小孩很容易过敏）。

(14) 不要随意给寄宿家庭的宠物喂食。

(15) 不许虐待小动物（伤害和折磨动物，在加拿大是重罪）。

(16) 晚上 10 点以后不要在家大声喧哗，保持安静，不要打扰他人休息。

(17) 积极参与寄宿家庭活动，主动与寄宿家庭交流。

(18) 若有违反加拿大法律的行为，寄宿家庭有权立即终止寄宿合同并且不退余额；肇事人可能需要承担相应法律责任。

（19）保持房间和卫生间的干净整洁，住家没有义务帮学生打扫房间卫生，学生需要自己定期打扫房间。

（20）加拿大人基本每天睡前和早上洗澡，基本每次不超过 5 分钟，所以一定要洗快一点，女生洗后一定要清洁好头发。

（21）加拿大人一般把衣服积攒一周再洗，洗完之后基本不需要晾干，而是用烘干机，入住到寄宿家庭后，可跟住家学习如何使用洗衣机。

（22）如果遇到紧急的人身安全受到威胁的事情或是重大疾病突发需要立刻救治，请第一时间拨打 911（拨通之后可以直接说中文，接线员会帮你转到中文服务）。如在非紧急情况下需要帮助，请联系在加拿大的监护人，不要打 911。

恋爱可载舟，亦可覆舟
——浅析高中生恋爱现象

遇到喜欢的不能不去追；但恋爱这种事情，不是全部，它不是青春路上缺不得的东西，但自己的未来是真缺不得的。

——小 G

（一）恋爱让人盲目

留学在外，孤身一人，除了学习和朋友，能陪伴自己的可能就是一位让自己开心的恋人了。所以恋爱这种事，对有些学生来说，就显得越发的重要了。

在阿 Q 的高中生涯中，他有过 3 任女友：一位是初恋、一位是学姐、一位是学妹。虽然数量不少，但是很可惜，没有一位女生能与阿 Q 走到最后。不仅如此，阿 Q 也因为这三段并不成功的恋爱而失去了自己大好的未来。

阿 Q 刚来加拿大的时候，虽然算不上是各科成绩都十分拔尖的学生，但对编程特别感兴趣的他，理科成绩还是非常突出的。那个时候，只要有同学、朋友的电脑坏了，阿 Q 都会积极地帮忙去修一修。基本上常见的小问题阿 Q 都能不费力地修好。按照这样的势头下去，顶尖名校不敢打包票，阿 Q 去上个理科专业拔尖的名校还是绰绰有余的。

只可惜，这样的良好势头随着阿 Q 第一次恋爱经历的失败，戛然而止。

阿 Q 在来加拿大第三个月的秋天，认识了他的初恋小 S。可能因为维多利亚比起国内的大城市来说，生活相对单调，加上留学生们的生活圈子本来就比较小，所以阿 Q 与小 S 认识没多久，就与其初恋发展成为男女朋友关系。因为是第一次恋爱，又是在无人陪伴的异国他乡，没有恋爱经验的阿 Q 对小 S 表现出了十二万分的投入和重视，连他的朋友们都很明显地感受到了阿 Q 对小 S 的在乎。“阿 Q 谈了恋爱就不管我们了，天天上课下课就是与人家聊天，陪人家到处玩！”

如果说只是课余时间陪陪自己喜欢的人，倒也就罢了；可阿 Q 谈起恋爱来就极度地投入，几乎把大部分的心思都放在了小 S 身上。陪她吃，陪她玩，逗她开心，以至于小 Q 根本无法静下心来去做其他的事情，甚至包括他最重要的学业。原来小 Q 每天在学校上课的时间在 6 个小时左右，下课回家后也会学习二三个小时；但自从谈了恋爱以后，小 Q 不仅下课之后不再花时间学习，就连在学校上课的这几个小时，他也心不在焉，偷偷地与小 S 聊天。长此以往，小 Q 既不好好听课，也不好好写作业，自然就导致了他成绩不断下滑。

学校老师、阿 Q 的父母，包括 VPEA 的老师都多次与他沟通过，希望阿 Q 可以更加专注于学业，把儿女情长放在次要的位置上，“我们明白现在的高中生，在异国他乡会对感情有很强烈的向往，我们也不是绝对反对学生追求情感上的安慰，但是我们要引导学生明确自己的主要任务，好好学习”。可是听到各方的劝说之后，阿 Q 非但不领情，反倒激动地反驳起来：“你们什么都不知道！我喜欢她的这种心情你们是不能理解的！我自己的事情我自己知道，不用你们管太多！”

虽然家长、老师都对阿 Q 花太多心思在恋爱上的行为有些担心，但凭借着国内良好的理科知识基础，阿 Q 的成绩却也一直保持在一个比较不错的水平，每次考试时也能用突击的方式顺利得分。但是，再深厚的“老本”也经不住长时间的“腐蚀”。在 2 个月几乎不学习的状态下，阿 Q 的成绩开始出现了严重的下滑。

成绩不如意，阿 Q 还不是特别在意，但是感情不如意，阿 Q 却如临大敌。因为一次严重的吵架，阿 Q 和小 S 在交往 5 个月后分手了。面对这突如其来的感情打击，阿 Q 又气愤又伤心，找了朋友诉了好久的苦，“他特别难过，说他自己什么事情都不想做了”。

虽然阿 Q 对与小 S 分手这件事失落万分，但这并没有让阿 Q 就此停止对恋爱感觉的追逐，他决定用新的恋情治疗旧的伤痛。阿 Q 的朋友们对他的行为都看在眼里，“这小子前脚刚与小S断了，后脚就找了个学姐在一起了！”

在与第二任女友在一起的时候，因为想要弥补上一次失败恋爱的痛苦，阿Q更加投入地与女友恋爱，因此成绩又出现了严重下滑。比他大一些的学姐，看到阿Q因为谈恋爱而不好好学习，觉得阿Q很不上进，为此与阿Q大吵一架。阿Q交往了2个月的恋情又宣告结束。

上一段恋情越是不如意，阿Q就越是想寻找一份新的恋情来代替。所以阿Q在与第二任女友分手之后，在暑假里又迫不及待地找到了学妹恋爱。有了前两次的失败经历，阿Q觉得要好好地对待女朋友才能维持好的恋爱关系。所以这一次，阿Q不仅投入了自己的心思，还投入了自己的金钱。“他几乎把自己的生活费全部都拿来宠他女朋友了！动不动就买礼物，请吃饭什么的！都忘了我们这帮子哥们了”。

在恋爱的气氛的包围下，心思没有放在学习上的阿Q，不仅成绩越来越糟，自己百般疼爱的女友也另寻新欢。对此阿Q深受打击，无法接受事实。“我真的就不明白了！我对她那么好那么好！我到底是哪里差了！”严重怀疑自己能力的阿Q，一下子失去了努力的动力。于是阿Q开始逃学、厌学、甚至是违反校纪校规的抽烟、喝酒，和各种社会人士一起厮混，夜不归宿。

最终阿Q的成绩下滑到多门不及格，因无法顺利高中毕业而被迫转去成人高中。

（二）恋爱让人进步

阿Q的经历虽然让人惋惜，但这并不是说所有的高中恋情带来的影响都是负面的，都是应该敬而远之的。因为还有很多的高中恋情，让身在其中的人，逐渐成为了更好的自己。与阿Q在同一所学校读书的阿M，同样也有一段高中恋情，但却与阿Q有着不同的结局。

阿M和阿Q在高中时几乎是同一时间开启了自己的第一段恋情，但与阿Q不同的是，阿M的这一段恋情从高中开始，一直到现在都在顺利地进行中。

阿M的女友小R是他的高中同班同学，现在两人在同一所加拿大名校不同的专业上大一，而且这是他们在高中时就一起决定的选择，“我们高中的时候就说要一起上大学，现在实现了这个愿望”。

回忆起之前两人的相遇，阿 M 还有些不可思议。“我觉得我就是一个很普通的男生，虽然也不差吧，但她对我来说是一个各方面都很优秀的女生，当时从没有想过能与她在一起呢”。因为是同班同学，两个人也都有相同的圈子，所以一来二去，两个人就渐渐热络了起来。

“那会的我，其实是个没有什么太大野心的人”，阿 M 刚来留学的时，是个比较随和的人，过日子秉承着“得过且过”的原则。“我虽然知道自己什么时候该做什么，但其实没有什么具体的目标和动力”。不过，当遇到小 R 的时候，阿 M 感觉自己像充了电一般，突然有了一股莫名的动力。“我遇到小 R 的时候，也不知道怎么了，就突然有了目标，也就多了一份努力的动力。可能因为她学习很好，让我觉得我要更努力地多学一些，变得更加优秀，才能去教她东西”。所以高中的时候阿 M 和女友小 R 经常相互讲题也暗暗“较劲”，“她英语好，就帮我补英语，我也就努力跟上；我理科好，就帮她讲理科的题，她也不愿拉下”。这样“男女搭配，学习不累”的经历，让阿 M 和小 R 的成绩都逐渐上升到一个很高的水平。

除了学习上的帮助之外，阿 M 觉得在国外，有一个正能量的女朋友是一件非常“收心”的事情。“有些人听我这么说肯定会觉得很诧异，谈恋爱竟然还可以收心？但对我来说确实是这样的”。阿 M 解释了这一观点的原因，“大家都知道，留学生的生活其实是有点乏味的，尤其是在维多利亚这种‘村’，留学生真的没有太多的娱乐活动可选择。人一觉得无聊，就会想办法做一些打发时间的事情。”确实，在地广人稀的加拿大，并非所有的地方都能让学生在中国那样夜夜笙歌，“每天下课就与朋友去市区吃吃东西，逛逛街，聊聊天什么的。”但自从有了小 R 之后，阿 M 觉得生活突然有趣了，“与她在一起，就觉得维多利亚是个非常有意思、非常美丽的城市。有很多的地方可以去探索”。阿 M 为了与女朋友一起增进感情，经常去维多利亚的各个地方游玩，“我们会去海边看夕阳，会去树林里 Hiking（徒步陆行），会去山顶看日出。在这之中，我们也会谈谈人生，谈谈理想，哈哈!”阿 M 与小 R 一起，把维多利亚这个世界闻名的魅力城市探索了一遍。“有了女朋友之后才知道维多利亚原来有这么多好看的风景呢!”说着，阿 M 有点不好意思地笑了起来，“没她的话，维多利亚算是白待了”。

在与小R一起的时光里，阿M觉得自己的状态非常的积极。“之前就是无聊，除了学习，对其他事情都不怎么上心，但是谈恋爱之后就特别喜欢与小R一起研究各种新的东西。”所以对阿M来说，“谈恋爱是一种很正能量的事情。其实我们之间没有太多言语的支持，如像电视剧、小说里演的那种甜言蜜语、你好我好的肉麻对话。主要是双方相互影响吧。”

说到相互支持的事情，阿M变得严肃了起来，“很多朋友或者家长觉得好像谈恋爱是一件非常浪费时间的事情，而且会影响学习，觉得两个人在一起就是在瞎玩。但其实并不是这样的。”阿M并不认同情侣之间相互影响学习的这种“刻板印象”，“虽然我们是一对情侣，但我们在一起并不是卿卿我我的。”阿M觉得与小R在很多时候更像是朋友。“我们把在一起学习时间看得很重要。如我们会约定好，完成好某一个作业之后才可以一起出去玩。”阿M和小R在一起有时候是相互监督相互帮助的，“我们相互之间都希望对方变得更好，所以相互鼓励，相互监督。如那天我说好周六之前完成作业，周末与她出去逛街，我没完成，她就让我把作业带到外面咖啡馆，监督我做完之后我们再出去玩”。对于这样的相互支持，阿M觉得很开心，“没想到被人管也是一件很开心的事情呢。”

虽然现在的阿M和小R相互配合得十分默契，但他们这种互帮互助的状态不是刚谈恋爱的时候就有的。“其实一开始还没有磨合好的时候会觉得，哇！谈恋爱好像很浪费学习时间啊，有很多事情需要两个人讲来讲去，很伤神。其实后来发现，只要两个人都稍微调整一下状态和期望，相互达成统一的意见，相互监督，并不会影响自己该做的事情。”阿M认为，如果能找到一个与自己一起努力的恋爱对象，浪费时间，影响学习等这些问题，都是可以避免的。“如果你找到一个愿意与你一起努力的对象，你们自然会一起进步；但如果对象不上进，你自己也拉不起来对方，那说明不是一路人，也就不需要浪费太多时间在这个上面了。”

对于阿Q的遭遇，同在一所学校的阿M也是有所耳闻。“我其实很支持男生遇到喜欢的女孩子就去追求，不然多可惜啊”，阿M并不觉得阿Q谈恋爱这种事是什么问题。“但是如果恋爱这件事情看得比其他事情都重，不断地深陷其中而迷失了自己的话，我觉得就不妥当了”。对阿M来说，谈恋爱是为了让自己的人生“锦上添花”，并不能“主次颠倒”。“因为我觉得感情这种东西，是挺重要的，但是比起自己的未来还是次要的。毕竟，自己的未来是不可或缺的。”

正因为阿 M 对待感情有着准确的认知，所以与小 R 的相处也就成为帮助他越变越好的一个动因了。“与小 R 这样独立、上进、有思想的人在一起，能开心地生活，也能相互进步。多好啊。”

（三）恋爱不是全部，未来不可或缺

在中国家长的传统观念中，中学生恋爱会被视为影响学生学习、影响孩子成长的早恋行为，轻则干涉阻挠，重则生气责罚。但随着时代的发展，尤其是留学生这一群体的恋爱行为逐渐变得普遍，中学生恋爱这个话题，也逐渐开始进入大家日常讨论的范围中。虽然现在有各种各样、形形色色的观点，但如何对待恋爱这个话题，在留学生中依然还没有一个成熟的定论，尤其是远在万里之外的家长，虽然十分想了解孩子的心理动态，但也不知道应该如何参与到孩子的恋爱活动中去。

有一些学生在没有完全意识到自己留学的目的和主要职责时，就盲目地投入到恋爱中，使自己的留学重心发生变化，从而影响自己的学业，甚至对自己的自我认知产生非常负面的影响，就像阿 Q 一样。如果已经对自己的状态和自己所处的阶段有一个比较清晰的认知，那么恋爱的经历可能会起到正面的推进作用，像阿 M 一样。

恋爱这种亲密关系，对于成年人来说都是一个难以把控的事情，对于留学生来说更是一种挑战了。身在异乡孤独生活的留学生，面对诸多从未遇见的挑战，面对家人支持无法及时到达的无助，很多留学生都急于寻找一个可以在身边支持、陪伴自己的人。这个人可能是朋友，可能是老师，但很多情况下可能是恋人。毕竟恋人的身份比其他身份更加亲密，带给留学生的陪伴会更多。

身处加拿大这片地广人稀、安逸休闲的地方，来自中国纷繁城市的孩子们，就更希望找点什么来打发自己无聊的时间，陪伴自己度过孤独无助的空白时段，恋爱这种方式就是其中之一。除此之外，在国内没有接触过男女亲密关系教育的孩子们，面对西方国家的“约会文化”，自然又多了一层对男女恋爱关系的好奇和向往。他们看到西方文学作品中对爱情的描述，看到西方影视作品中对男女约会的描写，看到其他西方同学对异性进

行邀约时，自然会有一种想要尝试一下的冲动。再加上身边没有家长的束缚和看管，留学生对恋爱这件事变得更加有兴趣，更加愿意尝试，也会催生各种各样的留学生“恋爱故事”了。

面对这些“恋爱故事”，作为学生家长，既不要像如临大敌一般神经紧张；也不要任其发展不管不问。首先作为一个成年人，家长自己先从一个更加成熟的角度来看待这件事。孩子在青春期时对异性有爱慕是正常的，如果孩子对感情和学业之间的认知是准确的话，就可以适当地与孩子放松地聊一下两人的日常互动，保持关注；如果孩子对感情有着不正确的期待和沉迷，那么可以深入沟通，甚至是请求 VPEA 老师与孩子多沟通一下，明确学生目前的状态，并给予足够的关爱。当学生能够感受到来自家人真诚的关心时，外部温暖的吸引力就会相对减弱，学生可能也会慢慢冷静下来审视自己的行为。

对于学生来说，能够正确认识感情，树立一个正确的爱情观也是非常重要的，同时也是非常复杂的。但无论是哪一种原因，哪一种爱情故事，对于主要任务是顺利完成学业的高中留学生来说，明确自己在加拿大留学的目的才是更加重要的。

希望独自在外的留学生，能够正确地看待感情这件事。因为毕竟“恋爱不是全部，但是未来真的是不可或缺的。如果能与对方一起努力，你会既有青春，也有未来。”

Alex 点评：人在每一个阶段都有自己最核心的一些目标，高中阶段的主要目标依然是学习，这是毋庸置疑的，所以无论恋爱与否，关键是不要影响学习。学生在青春期比较容易受异性吸引是正常的心理现象，加上国际学生远在他乡的一种寂寞与孤单，也比较容易陷入一段青春期感情的寄托中。两个案例是完全不同的两个结果导向，第一个案例中的主角最后是情场考场双输，要知道作为一个学生，很多的时候魅力在于你对学习和生活的积极乐观态度，因为恋爱而导致自己变成一个学渣，只会让别的同学瞧不起，所以这个度一定要掌握好。此外每位同学都应该树立一个更为长远的人生以及职业目标，高中也好，大学也好都只是一个为这个目标而奋斗的过程而已，爱情也许只是这个过程中的调味品，需要坦然处之。

留学中的逆境，可能成为崩溃的导火索

——聚焦留学生心理问题

出来留学，学生的生态会发生变化，甚至是剧烈的变化；若无法正确解决，有可能让学生在逆境中崩溃。

——VPEA

（一）各类不顺，终于点燃崩溃的炸药桶

当听到“留学”这个词的时候，大多数人肯定觉得这是一个积极正面的词语。因为对留学生来说，在他国生活学习不仅可以让自己学到一门外语，而且还能在逆境中历练自己，并快速成长。这个过程虽说会有些艰难，但对绝大多数学生来说，最终还是迈过了这道坎，或多或少地获得了成长；但对于有些学生来说，这道坎却让他们狼狈地绊倒在地，满身淤青，最后草草收场。YY 就是其中的一个例子。

YY 是一个比较文静、内向的女孩子，虽说有些娇气和挑剔，但也是比较守规矩的，很少惹事和抱怨。在她刚来到加拿大的时候，VPEA 的老师觉得她与其他留学生一样，没有什么不一样的地方。YY 与其他学生一样，按时乘车上学，放学按时回家吃饭，作业按时写按时交，平时与朋友出去玩一玩。但唯一让 VPEA 老师在意的就是，这个女孩子不太善于表达自己的心里想法，每次向她询问当前情况的时候，无论是开心还是不开心，都会得到同一个回答“挺好的”。所以这让 VPEA 的老师很难及时地了解学生当下到底是什么样的心理状态。

就是这样一个安静、内向的女孩子，在众人没有准备的情况下，突然做出了让所有人都震惊的事情。

暑假开学的前两天，YY 应该乘坐从中国来的航班返回维多利亚。正在等待 YY 平安短信的 VPEA 老师却等来了医院的电话，通知她马上前往医院，她的一位学生在轮渡码头做出异常举动——在现场突然大喊大叫，摔砸公物，四处冲撞。VPEA 老师放下了手头的所有的工作，带着焦急和疑惑立即赶往医院。

在医院，VPEA 老师发现这位学生就是平时安静内向的 YY。躺在病床上的 YY，意识是清醒的，和往常一样安静、沉默，没有异常的举动，身上也没有伤痕，但就是拒绝说话。VPEA 的老师小心翼翼地与 YY 交谈，询问事情的来龙去脉，但 YY 面无表情，缄默不言。无奈之下，VPEA 老师只好向陪同 YY 回来的父母和医生了解情况，这才发现，YY 心中已经积压了很久的怨气无处排解。“YY 她考试没考好，没申请到理想的大学，而且她发现一直交往的那个男孩子也不是那么喜欢她，这些都让她非常气愤”，YY 的父母边抹眼泪边诉说，“学业、个人感情不顺，我当时说了一两句可能不好听的话，让 YY 在机场一下子崩溃了”。

平时不善言语的 YY，发生了情绪崩溃的事情，让 VPEA 老师十分心疼。但因为之前一直都没有发现 YY 有反常行为的 VPEA 老师，又感觉很疑惑。为了弄清事情的来龙去脉，也为了帮助 YY 稳定情绪，尽快返回学校去上课，VPEA 的老师决定与 YY 的父母还有医生一起研究 YY 的情况。

（二）从小没能形成正确的情绪排解机制

因为教育局十分重视学生在学习过程中的身体和心里健康情况，所以准许学生可以请假数周，并且一直派人参与医院有关于 YY 案例的各类会议，VPEA 的老师也基本全程都在医院陪同 YY 和其父母。

在医院的多方会诊中，VPEA 老师、学生家长和医生一起将学生的经历梳理了一遍，在长达数小时的会谈中，YY 情绪崩溃的问题和原因慢慢浮出了水面。

YY 的父母与其他很多孩子的父母一样，从小非常宠爱这个可爱的女儿，一直都是视为掌上明珠，家里的小公主。“我们就这么一个孩子，而且她出生比较晚，所以很疼爱她”。虽然父母对孩子的宠爱无可厚非，但其程度却让 VPEA 老师和医生大为震惊。“我（YY 爸爸）和她妈妈从来不会对她说一个不字，她想要的东西我们不会不给她买，她提出的要求我们不会不满足。我们很怕她生气，怕她受委屈”。虽然 VPEA 老师见过很多宠爱孩子的家长，但这种程度的溺爱倒还是第一次见到。但 YY 的父母并不认为这有何问题，“做家长嘛，又是女孩子，当然希望她不受欺负和委屈了。而且我们一直是这样保护她的，也没有发生过很糟糕的事情”。不过这次宝贝女儿出现这样的事情后，YY 的父母开始意识到，也许他们真的宠坏了女儿，他们对女儿的保护不是长久之计。

“可能真的是我们宠坏了她，所以她变得有点偏执了吧”，YY 的爸妈开始慢慢反思起来。“YY 有的时候会对得不到的东西有种极端的偏执，她会想尽一切办法得到她想要的。”据其父母所说，YY 小的时候经常使用我们所说的“一哭二闹三上吊”的方法来迫使其他人迁就她，满足她的各种要求。“在国内，我记得有一次有个同学惹她不高兴了，她就让我们去告诉他们家长，让那个同学的家长责罚他们孩子”。即使这样，YY 父母也没有严肃地责罚过女儿，“有时候知道她的做法有一些过分，但是就是狠不下心来惩罚她”。就是这些儿时的成长经历，形成了 YY 一个处理问题的独特机制——“不给我就闹，我使劲闹，反正最后你总会给我的。”

以前的 10 几年，YY 都用这样的方式得到了她想要的东西，小到玩具、零食，大到金钱、宠爱，所以日子也就这样一天天过来了。当 YY 来到加拿大，失去了父母对她的保护，遇到了很多不顺心之事，而且一切困难都要自己面对的时候，YY 就无法接受了。被心仪的人直接回绝，被理想的大学无情拒绝，再加上寄宿家庭不能满足自己对美食和住宿的各种需求。种种的“忤逆 YY 之愿”的事情让她无法再用之前的方式去处理，一时间不知如何是好的 YY，最后上演了本文开头描述的那一幕。

在 YY 崩溃事件的前后，VPEA 老师也回忆起了 YY 家长的一些行为。其实早在 YY 发生“轮渡崩溃”事件之前，VPEA 的老师就注意到 YY 的情绪有些不一样，经常联系不到人，而且学校也反馈她的学习状态有一些心不在焉。但当 VPEA 老师约谈 YY 了解情况时，YY 却用消失的方式不予理会。无奈之下，VPEA 老师想从家长那边获得 YY 的信息，但 YY 的父母也是一带而过，告知 VPEA 老师一切都好，不予谈论 YY 的精神状态，甚至还帮着 YY 隐瞒她感情不顺的事情。在这样的情况下，VPEA 老师很难掌握真实情况，从而无法及时给出相应的解决措施，以至于到了医院后才发现事情的严重性。

在了解了整件事情的前因后果后，YY 的医生们开始为其进行了数天的心理干预。

“加拿大的医疗体系很发达，他们对 YY 的照顾和治疗非常全面周到。”VPEA 的老师在医院的这几天里协助医生和家长一起对 YY 进行照顾。“一开始 YY 拒绝与我们交谈，但是后来在我们的引导下，慢慢地愿意与人说话，情绪也渐渐稳定了”。

最终在 YY 情绪较稳定了之后，医院同意其出院，但医生建议她目前最好先休学，因为其情绪还未完全稳定，不能正常继续学业。学校也觉得学生的身心健康是第一位的，建议 YY 先回国修养，并且给 YY 留着名额，等她好转之后，可以让她直接回来继续学业。最后，YY 和爸妈一起离开了加拿大，带着沉重的心情，回国进行修养。

（三）当自己的“生态”发生变化时，留学生怎么办？

看到自己的学生是因为情绪问题而被迫休学时，VPEA 的老师们心情十分沉重。并且也反复地在思考，学生在留学道路上，为何出现各种各样心理问题的例子越来越多？怎么做才能正确地解决这些问题，让学生的身心能够健康成长呢？

VPEA 老师十分理解加拿大留学生的难处，“我们知道，很多学生从国内大城市来到加拿大中小城市读书、生活，从味觉上、听觉上、视觉上都无法与国内相比。吃不到好的，没有娱乐活动，不能驾车的他们只能乘坐不够发达的公共交通。所以他们的很多要求无法满足，他们生活中出现了很多‘空白’。除了学习之余，他们也没有其他的方式去利用自己的时间。再者，因为失去了国内父母的支持，在获得‘自由’的同时，也失去了一个解决问题的依靠，以至于那些‘空白’无法填补，只得寻找其他的精神安慰。”在这样的无助中，很多学生成长为一个坚强、成熟的人，但也有些学生在这样的“空白”中迷失了自己，甚至不知如何处理事情，从而情绪崩溃。

而且最值得注意的是，留学生在国外不愿意接收学校提供的心理干预服务。“很多留学生对心理治疗有抗拒心理，或者根本没有意识到自己可以去接受帮助”。有些学生是因为觉得接收心理干预，就好像告诉大家自己是精神病一样，觉得丢人而不愿接受；有些学生是因为不相信外人可以理解自己的处境而拒绝咨询；有些学生则不觉得自己是心里出现问题，觉得忍一忍就过去了，从而不考虑接受此类帮助；更多的学生是担心自己语言不通，连说清楚自己的情况都有困难，更别说通过聊天的方式接受治疗了。

种种现象表明，留学生在国外时，面对最大的困境就是：“离开了家庭的有力支持，生存的生态环境发生了巨大改变，突如其来的自由空白，不知道应该如何去面对”。

要想解决这些问题，并不是一个简单的事情。“这些不是留学生自己去了国外留学之后就能自然而然学会的；也不是家长一味地迁就和安抚就能解决的；更不是依靠学校、他人的管理和监督就能搞定的。这是一个包含了家庭教育、学生成长、学校管理、文化冲突等一系列复杂问题的困境。”

家长在学生留学前，应该充分了解孩子的性格和思维，对学生留学之后可能遇到的困难应当有所准备。如果学生在国内就暴露出一些性格上的问题，那就要与加拿大当地的学校或管理学生的老师提前沟通，不要隐瞒问题，让多方力量一起关注学生，并协助其解决。学生在留学前，也要充分考虑自己未来可能遇到的困难，并诚实地将自己的情况及时的向学校或管理人员反馈，不要害怕他人求助。当然，作为学校和管理学生的一方，教育局和 VPEA 老师一直都比较重视留学生的心理变化，努力了解学生的真实状况并及时给出建议和协助。归根结底，要学生、家长、校方三方一起努力。

随着近年来留学生心里问题的逐渐曝光，留学生所面临的困境也逐渐浮现出来，并开始引起各界重视。留学生在外求学，各方都应该正视留学生的心理问题，不要认为这是一个丢人的现象而不予讨论。

面对留学生的心理困境，每一方都应该好好去思考，作为家长、老师、同学、朋友，都应该全力帮助留学生克服心理问题，渡过难关。

Alex点评：从这个学生的案例中可以意识到，现代教育应该重视学生的心理健康而不是分数。情绪管理、时间管理和策略组织能力等这些高阶的学习能力比记忆力、逻辑推理更为重要。在异国他乡爆发情绪上的问题，可能会给我们的国际学生带来很多不必要的麻烦，甚至可能被定义为精神疾病被遣返回国。我们日常的家庭教育更要注重学生品格的塑造，培养一种坚毅的品质。如果有了一个强大的内心，留学中面临的这些挫折都是未来人生美好的回忆。

留学，身心健康是首位

保证留学生在加拿大的身体及心理健康是第一要务，这比学习成绩更为重要。

——加拿大教育局

（一）优秀的女生，有自己的坚持

“如果学生都像阿 Z 这样优秀的话，我们就没什么可以做的事情了，” VPEA 老师刚接触到阿 Z 的时候，就发出了这样的评价，“很懂事，很省心，是一个非常典型的优秀学生。”阿 Z 在国内读高中时是班里数一数二的尖子生，各项成绩优异；家里的成员也都是知识分子，对阿 Z 有着严格家教；所以阿 Z 的性格非常坚毅，对自己要求很高且自律性很强，并且明确地知道自己应该做什么不做什么。

因为阿 Z 的懂事和乖巧，在 9 月份来加拿大留学初期，VPEA 老师一直没有“发挥作用”，“因为她一直很积极的配合，没有出现任何状况，所以我们也只能是帮助她处理一些比较琐碎的事情，其他真的都没有操过心”。除了生活，学习上阿 Z 也让 VPEA 老师非常省心，“来之前就考过雅思 6.5 了，已经符合加拿大大学申请的要求了，而且刚来加拿大学习的第一次考试，她就是班里前几名了”。这样“完美学生”让 VPEA 老师们连连惊呼，“少见！太省心了！不仅在我们这里她显得出类拔萃，在教育局也绝对是少见的优秀学生。”

像阿 Z 这样优秀的女生，大多都有一个特点，“很能坚持自己的原则，不会轻易改变。有时候连父母的规劝也不会全盘接受，很有自己的想法”。

VPEA 老师觉得这是一个很大优点，“这说明学生自己有想法，而且有动力去为之努力”。所以 VPEA 老师都非常欣赏阿 Z 这样的特点。“她任何事情都力求做到最好。学习上一直要求自己的成绩要达到班级前列，生活上也要求自己懂礼貌，保持身体健康等”。

与此同时，VPEA 老师也注意到了这样的性格给阿 Z 带来的一些影响。“她对自己要求非常严格，所以心理压力总是很大，不能接受自己有一点点做得不好的地方”。如阿 Z 有一门课程的作业得分没有达到自己理想的分数时，阿 Z 就会焦虑起来，立即与老师一起讨论问题所在，并告诉自己下次不能再出现同样的错误。当 VPEA 老师安慰她的时候，阿 Z 也不会改变自己想法，“我自己这一次做得确实不是很好，只有自己多努力、多注意，才能下次不再重犯类似错误。”

VPEA 老师对阿 Z 这样的性格有一些隐隐担心，因为阿 Z 的自控能力很强，所以 VPEA 老师也就没有太过担心。但是 VPEA 老师没有料到，阿 Z 这样的优点，会成为之后事态发展的关键。

（二）10 多年的饮食习惯，成为了一种“病”

阿 Z 的优秀来源于对自己严格的要求，来源于对自己原则的坚持。这种坚持不仅体现在学习成绩上，还有一大部分体现在饮食习惯和健康管理上。“她对自己的身材管理是近于苛刻的”，VPEA 老师用了“苛刻”这个词来形容学生的自律能力。“她要求自己保持很瘦的状态，不能胖，所以对自己的饮食和健康提出了很高的要求，并严格执行”。

阿 Z 的饮食习惯是“非常健康”的，“她基本上不吃红肉，黄油、奶油；芝士、牛奶和过甜的零食也很少吃”。这种饮食习惯是在家里从小养成的，“她从小就喜欢吃水果、蔬菜、豆腐、鱼类、米粉类。”这一点让 VPEA 的老师看了都非常的“自愧不如”。“很多成年人都做不到对自己的饮食如此严格地控制，但是阿 Z 却能做到。”

正因为这样的饮食习惯，阿 Z 的肠胃就会有些难以适应西式那些“厚重”的食物，“她的家人和她自己都认为，阿 Z 不太适应西餐的吃法，牛排呀黄油啊什么的，吃多一点就会身体不舒服”。所以在纯西方寄宿家庭生活的阿 Z，依然坚持着自己的饮食习惯，少吃或者不吃家中的食物。

阿Z这样的行为让寄宿家庭疑惑和不解，因此在开学第一个学期之后，VPEA收到了来自教育局负责寄宿家庭经理的邮件，上面是寄宿家庭描述的一些关于阿Z营养摄入、饮食习惯的内容。其中提及学生的饮食和寄宿家庭不太一致，并表示了对阿Z身体健康的担心。因为中国留学生到了西方家庭中，对饮食有一些不适应是十分正常的，所以学校、VPEA以及学生都没有对此予以过多的重视，“学生只是简单向学校和寄宿家庭解释一下，这是自己长期以来的饮食习惯”。

本以为告知了寄宿家庭之后，这件事就烟消云散了。但不久之后，教育局负责寄宿家庭的经理突然紧急要求学生、寄宿家庭和VPEA来学校开一个碰头会，对阿Z的饮食内容做一个商讨。“我们接到通知的时候，感觉事态好像还挺严重似的”，VPEA老师满脸疑惑地前往教育局，“阿Z这么乖巧的女孩子会出什么事呢?”VPEA老师完全猜不出到底发生了什么事。

VPEA老师赶到教育局的时候，寄宿家庭妈妈正在激动地说着。“在会上，寄宿家庭表现得非常着急，反复强调阿Z的饮食摄入量非常少。而且肯定这些食物不足以支撑她的日常活动，表示出对学生的身体的极度担忧”。VPEA老师对寄宿家庭的反应有些意外，“我们从不觉得阿Z有什么饮食问题，但寄宿家庭却觉得这个学生有厌食症，而且问题很严重”。当阿Z听到自己的寄宿家庭这样评价她的时候非常激动，对此表示非常不理解，她很疑惑甚至有些气愤，为何自己常年坚持的健康饮食习惯，反倒在加拿大人眼里就成了病?

在反复解释了这是阿Z自己长期以来的饮食习惯之后，寄宿家庭还是不相信。“他们（寄宿家庭）很害怕阿Z在他们家里会出现问题，所以非常焦虑。”在会议最后，寄宿家庭同意再多观察一下阿Z的情况，阿Z也同意多吃一些食物以保证能量的供应。

虽然双方最后达成了一致的意见，但从这次会谈之后，阿Z与寄宿家庭的关系却开始变得有些不和谐了。尤其有一次寄宿家庭看到阿Z根本没有吃自己做的晚饭后，就更加确信了。“寄宿家庭认为阿Z就是有厌食症，而且坚持安排医生给阿Z看病。但阿Z坚持认为自己的饮食习惯很好，无需改变，更不要提什么看病了”。

VPEA老师试图与寄宿家庭、教育局沟通此问题，但也无果。“因为教育局也确实认为学生营养摄入过少，而且不希望学生身体健康出现问题，所以对寄宿家庭带阿 Z 就诊持有积极态度”。因为教育局给学生申请了 MSP（省医疗保险），这一系列就诊的费用都不用支付；没有了费用的顾虑，寄宿家庭和教育局也就更支持学生去就诊。

拗不过寄宿家庭和学校的阿 Z，勉强同意去诊所看一看。“但因为厌食症不是很好判断，所以医生听到寄宿家庭的描述后，也倾向于阿 Z 有厌食症这一结论”。就这样，寄宿家庭就更有理由带阿 Z 去诊所了。

因为去诊所不仅浪费时间，还给阿 Z 造成了很大心理负担，所以在频繁就诊的这一段时间，寄宿家庭与阿 Z 的关系十分不和谐。“一方面，阿 Z 因为压力大，本来吃得不多，现在吃得更少了，而且也不愿意配合教育局和寄宿家庭，强烈拒绝就诊，态度十分不好；另一方面，寄宿家庭也不相信阿 Z 没有问题，并坚持带她看病；双方关系一度降到冰点”，VPEA 老师从中多次尝试协调，均以失败告终，“两方都坚持自己的观点，谁都不退让”。

这样的僵局持续了数周，VPEA 老师了解到阿 Z 的身心状态已经到了非常疲惫的状态，“那时已经是 12 年级申请大学的时候了，本身就给自己很大学业压力的她，再加上这种事，已经是非常疲惫不堪了”。看着阿 Z 如此痛苦，VPEA 老师认为这个问题不能再这样恶化下去，所以决定再次和教育局协商，彻底解决这个问题。

（三）身心健康是首位，问题不能不解决

教育局一直比较倾向于寄宿家庭的说法和做法，VPEA 老师也没有十足的把握说服教育局和寄宿家庭不让阿 Z 继续就诊。“毕竟对加拿大这边来说，阿 Z 的饮食记录还有其他种种迹象确实与一般人很不一样，而且也有医生的诊断证明”。

在这一次协商中，VPEA 老师着重描述了学生精神压力过大，而导致学生难以进行正常的生活和学习的情形，“我们最后给教育局出了个主意，如果双方都僵持不下的话，那就换一个寄宿家庭，可能会更好”。当教育局了解到这件事情已经给阿 Z 带来了很大负面影响的时候，也同意了 VPEA 老师的建议。“他们觉得这样下去对学生的精神状态确实有很大的

负面影响，而且寄宿家庭与阿Z的关系也确实不太和谐了，所以最后决定给阿Z换个寄宿家庭”。听到这一决定，阿Z、寄宿家庭和VPEA都松了一口气，“至少事情不会继续恶化下去，说不定在新的寄宿家庭中，一切都会很快好转”。

果不其然，在换了一个新的寄宿家庭之后，阿Z的状态很快就好了起来。“阿Z入住新寄宿家庭的第二天就已经没有了之前的焦躁情绪了”。因为新的寄宿家庭了解到阿Z的情况之后，决定给她提供一个比较宽松的环境，“新寄宿家庭比较随和，不干涉阿Z的饮食习惯，所以阿Z也就渐渐地放松了，吃的东西也逐渐恢复了正常”。

在新的寄宿家庭里，阿Z还是保持着自己之前的饮食习惯。她始终认为自己的饮食是没有问题的，所以到了新的寄宿家庭后也没有想要改变自己的饮食。不过经历了之前的寄宿家庭事件，阿Z开始尝试吃一些西餐了。“以前在国内不吃肉是因为我觉得国内的肉类不够健康和安全，但在加拿大是很安全的，所以我也渐渐开始尝试吃一些了。”

慢慢地，阿Z的饮食回归到了正常，心情也好了起来。阿Z后来也表示能理解前寄宿家庭的做法了。“说到底还是因为文化差异，外国人的饮食和中国人差很多，尤其是碰上阿Z这种吃得少、吃得清淡的孩子，她们会感到万分疑惑。除此之外，外国人对疾病的预防意识非常强。不像很多国人一样，等到有病了才想着去看医生；她们都是希望早发现、早治疗，把疾病扼杀在摇篮里面。”

所以在搬进新的寄宿家庭之后一个月，寄宿家庭向教育局反馈说，阿Z并没有出现之前所说的厌食症。“新的寄宿家庭觉得阿Z一切正常，给教育局的反馈也是积极正面的，这让阿Z和她父母，还有我们感到非常欣慰”。

没有了负面的反馈，教育局也就不再要求阿Z就诊看病，也不再认为阿Z有厌食症，但仍然需要观察一阵。“教育局虽然没有从新的寄宿家庭那边得到其他关于阿Z饮食不好的反馈，但基于以前的表现和对阿Z身心健康的担心，他们还是希望寄宿家庭和我们（VPEA）能多关注一下学生的状况，保证学生的身心健康”。

虽然阿Z之前的寄宿家庭弄出了这么一个“厌食症事件”，但阿Z知道这不是加拿大寄宿家庭的常态。“阿Z心态其实还是非常好的。她知道前寄宿家庭这样做，并不代表所有的寄宿家庭都是这样的，所以阿 Z 在更换了新的寄宿家庭之后就迅速地调整了自己的状态。”留学生在寄宿家庭中遇到一些波折是很正常的，“虽然与前寄宿家庭有过不愉快，但在新的寄宿家庭中，我过得非常开心。”

在接下来的几个月中，心情放松下来的阿 Z 也逐渐听取了 VPEA 及寄宿家庭的建议，摄入的食物逐渐变多，把心思重新投入到学习上。“阿 Z 知道自己的主要任务是什么。”VPEA 老师和学校也不再纠结之前的事情，让阿 Z 专注于学习。“阿 Z 现在的状态非常好，重新回到了之前的良好状态。前不久她已经拿到了一所名校大学的录取通知书”。

通过这件事，VPEA 老师也与教育局进行了一次沟通。“我们当时询问教育局，为什么会认为这么优秀的阿 Z 会有厌食症。”在 VPEA 老师看来，阿 Z 是会照顾好自己的那一类学生。教育局解释说，他们判断一个学生身体、心里健不健康不仅仅是通过成绩或者其他的学校表现。“学习好的学生也有可能出现身体或者心里问题。尤其是留学生，在面对环境的变化，语言沟通的压力，还有其他一系列的困难时，有可能会出现问题。”

VPEA 的老师和 SD62 的国际处老师交流

对教育局来说，学生在学业上能考几分，以后能上什么大学其实都不是最重要的。相比起学生的学业来说，教育局会把学生的身心健康放在首位，“让学生顺顺利利、健健康康地从加拿大高中毕业才是教育局的终极目标”。

这样说来，为什么寄宿家庭和教育局会对阿 Z 的饮食有如此“激烈”的反应也就情有可原了。“寄宿家庭和学校作为学生在加拿大的监护人和责任人，担心学生的健康出现问题”。所以，倔强的阿 Z 遇上谨慎的寄宿家庭，就会出现上文提到的那些情况了。

这些事件也反应出加拿大教育局的一个优点，“保证留学生在加拿大的身体及心理健康才是第一要务，这比学习成绩等更为重要”。

Alex 点评：VPEA 的老师们为阿 Z 同学的这个事情前后不知道开了多少次会，我们也是第一次遇到这样的情况，好在圆满地解决了这个问题，而且阿 Z 同学后来也成功地申请到了多伦多大学，可以说一切皆大欢喜，但是这种经历的痛苦还是让 VPEA 老师头疼了好长一段时间。当初如果医生判断阿 Z 同学有精神疾病的话很有可能会被要求休学或退学。因为我们知道她在学习上是一个非常努力的孩子，也非常喜欢加拿大的留学生活，如果因为吃饭问题而被退学就太冤枉了。但是这边的整个社会就是对女性、对孩子保护得很好，一旦发现怀疑学生有心理或者精神上的疾病，教育局也会非常严肃和慎重地处理这样大的事情，因此 VPEA 老师反复地与教育局、寄宿家庭沟通和争取，最终才帮她留在了加拿大继续学习。我们可以发现其实阿 Z 同学有很多优点，坚毅的品质，良好的自我控制能力，我想这是她在国内和国外都可以学习优秀的主要原因，她很清晰自己的目标，也能够自我激励朝着目标去奋斗，这是很多学生不具备的品质，也是值得很多人学习的地方。但由于不了解加拿大文化，以及对自身饮食问题不重视，导致与寄宿家庭以及学区之间的一系列矛盾，对其自身来讲也是一个经历教训，希望此案例能够让我们的留学生更加关注身体与精神上的健康，更加了解一些加拿大的医疗规则，减少留学道路上的阻碍，顺利完成学业。

伤害可能来自看不见的地方

——如何保护自己

留学在外，学业、未来都是其次，保护自己的身心安全才是第一。伤害不是总来源于你看得见的地方，更多的是在察觉不到的地方悄然出现。

——VPEA

（一）规矩，就要遵守

加拿大，一提到这个国家除了想到“移民”这个词，最多的就是“安全”了吧。因为在多年的“世界上最安全的国家”排名榜上，加拿大总是名列前茅，所以这个“与世无争”的国家也就逐渐吸引了世界各地的学生来此留学。留学生们觉得在加拿大生活，人与人之间相互信任，食品安全可以得到保障，环境污染少之又少，社会治安甚至可以说是可以“夜不闭户”了。

这样的美好不是随随便便就能得来的，这是建立在加拿大人“人人都遵守规则”的前提上的。如果你遵守规矩，则万事安好；若你破坏规矩，遇到了伤害也无从说理。在这之中，就有一些留学生因此受到了“伤害”。

在中国，行人闯红灯这件事不值得提倡，因为闯红灯的行人数量巨大，所以司机在过路口行车时都会十二万分的注意，所以行人闯了也就闯了；但在加拿大，行人闯红灯，却不是一个常见的事，甚至很容易导致严重的后果：就像小 K。一天夜晚，小 K 穿着黑色外套在大雨中快速行走，想要快一点回到家中换掉自己湿漉漉的衣服。走到一个十字路口的时候，正好遇上行人红灯。“好烦啊……还要等一分钟才能过去……本来马上就能到家了!”回家心切的小K粗粗地瞟了一下两边的马路，发现好像没有车辆往来，“好！就趁现在”！小K举起书包撒开腿朝马路对面奔去，这时候一辆转弯的车急速行驶过来！因为车辆这边是绿灯可以正常行驶，所以就没有注意到雨夜中狂奔的小K。“刺啦——”疾驰的车辆转弯之后看到有人在跑立马急刹车。因为刹车不够及时，车辆将小K撞倒。不过幸运的是，刹车时车辆与小K的距离较远，小K只是轻微擦伤，并无大碍。然而虽然是车撞了人，但小K的医药费却部分要自己掏腰包。因为经警察判定，虽然车主有过错，但主要原因是小K没有遵守交规硬闯马路而导致此次事故，所以小K负主要责任。小K这下是赔了加元又受伤。

比起在公共场所受到伤害的概率，在寄宿家庭中受到“伤害”的可能性会更高，毕竟学生住在寄宿家庭中，是除学校之外待的时间最长的地方了。

从一个加拿大人陌生的中国文化进入到中国人陌生的文化，中国留学生和寄宿家庭都面临着重重挑战。虽然这样的碰撞十分正常，但若没有处理好尺度，也可能会造成一定的“伤害”，尤其是不遵守寄宿家庭的规定，与他们“对着干”的时候。小N在自己家里是一个“小公主”，父母什么都不让她操心，并且有求必应。所以在来到加拿大的寄宿家庭后，小N也是表现得我行我素，而且不关心寄宿家庭里的任何事情。但小N的寄宿家庭却十分重视家庭规矩。在小N来的第一天，寄宿家庭主人就告知小N，“如果你想要带自己的朋友、家人来家里，我们不会阻止你，但需要你提前告知我们一下”。小N虽然嘴上答应，但心里并没有重视这件事情，“我觉得不是什么大事，他们（寄宿家庭）不会拿我怎么样的”。所以小N经常隔三岔五地带朋友来家里玩，而且从不告知寄宿家庭，被寄宿家庭发现后也从不接受批评，“这房间我付钱了的，想怎样就怎么样”。有一天晚上，小N带了一位异性朋友来家里玩，因为外面刮风下雨，天气恶劣，所以小N就让朋友在自己的房间过夜。在他们俩聊的正嗨的时候，小N的寄宿家庭急匆匆地冲到小N房间对其大发雷霆，“小N！这是我家！你总是不提前打招呼，就把陌生人带回家，甚至过夜！对我们来说，这是很不尊重的行为你知道吗?”怒火中烧、忍无可忍的寄宿家庭主人当即将小N和她的朋友赶了出去，不许进屋，并报告了教育局中断与小N的寄宿家庭协议。

这样被寄宿家庭赶出去的例子虽然不是多数，但因为不遵守寄宿家庭规矩而被“伤害”的例子还是有相当一部分的。而学生与教育局之间的“不愉快”所导致的后果可能会更加严重。

在国内，小T是在父母的高压“监控”下成长的，一来到国外，没有父母和老师的严厉监管，一时间小T感觉自己在加拿大这片土地上可以“自由飞翔”了。在无人看管、寄宿家庭和学校管理不严格的情况下，小T天天旷课、逃课，与朋友一起打游戏，甚至还撒谎欺骗学校和寄宿家庭，从而整晚整晚地夜不归宿。数次口头警告无效之后，教育局发出了数封书面警告信，希望能引起小T的重视，让小T反省自己过错并遵守校纪校规。但小T竟不以为然，“我学的好不好是我自己的事情！我又没少交学费，也没影响其他同学正常上课，学校凭什么管我！”正是这样无视校纪校规的态度，教育局最后决定将其除名，并要求他立即离开学校和寄宿家庭，马上返回国内，并且不再接受小T以后的任何留学申请。

以上三个例子只是留学生不遵守相关规定的冰山一角，而且导致的后果也不是最严重的。在国外留学，每年总有一些学生因为不遵守各类规定，或多或少地受到伤害。在以上的例子中，如果后果更严重一些的话，小K可能会命丧车轮却无法得到足够的赔偿；小N被寄宿家庭赶出去后可能在夜晚被不法分子侵害；小T如果不马上离境，就成了“非法滞留”人员，可能会被遣返甚至5年内不许入境。

（二）不该这个时候做的，别做

如果说以上例子还算是“有迹可循”并且“有法可防”的话，那下面这些例子会让你受了伤害还无处诉说。

小D在学校是个品学兼优的好学生，与老师关系密切，上课积极回答问题，作业按时完成，课业成绩名列前茅。与她不熟的人会以为她是一个爱学习的“安静美少女”；熟悉她的人都知道，她是个十足的“social queen”（社交女王）。未满19岁的她，已经有着一帮社会上的“兄弟姐妹”了。虽然社交对留学生来说是一件有益的事情，但如果喜欢“非法”的社交活动，可就是一件不太妙的事情了。

在加拿大，未满19岁的青少年在法律上是不允许吸烟和喝酒的，所以商店也不允许售卖烟酒给19岁以下的青年。但小D有个“好哥们”，虽然未满 19 岁，但已经有了一张 24 岁的“身份证”。所以小 D 与她的这些朋友们经常找时间一起嗨，一起喝酒，一起“享受青春时光”。可能是因为嗨的太过头，也可能是因为禁不起朋友的怂恿，小 D 在朋友的聚会上，因为酗酒过多导致酒精中毒，被紧急送进了医院，而且是两次因酒精中毒被送进医院。

在医院期间，她的“朋友们”没有一个在她身边，只有警察、医生、教育局和 VPEA 老师，在问起她记不记得，酗酒时是否有人对她实施侵害时，小 D 表示完全没有记忆。直到现在，小 D 的那帮“朋友”也没有被警察抓到，而她酗酒期间发生的事情也无人知晓。

小 D 所受到的伤害已经触及法律层面，如果确实受到了侵害，是可以通过法律途径来获得一定的保护；但像小 Q 受到的伤害，却无法用一种确切的方法来获得保护。

小 Q 是一个爱美的女孩子，非常热爱时尚圈里的一切事物。才 16 岁的她，化妆、打扮的技巧已经比同龄人高出一大截，有些时候甚至可以媲美 20 多岁的美女了！“爱美之心，人皆有之”。本来会打扮这件事也并非是什么坏事，但这却吸引了一些只想贪图小 Q 美貌与身体的人。由于中国性教育的缺失，使小 Q 在国内从来没有接触过正式的性教育；高中时期的加拿大也早就过了性教育阶段了，所以小 Q 对“男女之事”并没有一个正确的认知。在与一些追求者交往的时候，未成年的小 Q 竟染上了妇科病。当小 Q 偷偷摸摸地去医院治疗的时候，“干好事”的那位男生早已消失不见。

对于以上的两个例子，VPEA 老师们听到后又心疼又气愤。心疼的是，留学生孤身在外，受到这样的伤害时是非常孤独无助的，而且也不知道用什么样的方式来保护自己；气愤的是，这些学生所受到的这些伤害，并不是来自不可抗力，而自己本来可以很容易就避免的。

（三）保护自己，从知道底线开始

虽说加拿大是个相对比较安全的国家，但对于长期生活在国内的留学生来讲，无论留学的国家多么安全，多么友好，对他们来讲，也是一个陌生的地方。而离开自己的熟悉区之后，就失去了原来有力的支持，失去了原来有效的经验，将自己暴露在了一个未知的环境中。在这未知的环境中，如何保护自己，就变得十分重要。

在中国，大家都比较偏向于“试试不成文的规定”，规则之外的事情，也是可以尝试并且有时也是有效的，而北美的国家都比较偏重于“遵守规则”，所以只要你在规则内活动，至少可以保证自己面临伤害时也能得到有效的保护，这样的差异，让留学生在外学习生活的时候，屡屡碰壁。

需要引起重视的是，任何事情都需要“入乡随俗”。当不熟悉一个环境到底会对自己产生什么样的影响时，遵守规则往往是保护自己最有效的方式。如果小 K 在马路上耐心等待绿灯的话就不会发生事故；如果小 N 在带小伙伴来的时候就提前与寄宿家庭打好招呼，就不会在雨夜被赶出家门；如果小 T 不旷课，尽量遵守校纪校规，就不会被教育局无情的遣返；如果小 D 不在 19 岁之前酗酒就不会不省人事地被送去医院；如果小 Q 能学习一些加拿大的性教育就不会一个人去治疗病情。

在国外留学，虽然我们不能预料别人会对我们造成什么样的伤害，但如果能知道自己行为的底线，把被伤害的几率减小到最少，那么安全留学就会是一件非常容易的事。

Alex 案例点评：整篇都是讲规则意识，我们的小留学生们的确会有一些规则意识不强的情况。在中国的基础教育中，我们对规则意识的教育相对缺乏一些，学生与社会的独立接触也不多，除了学校的一些规章制度之外，并不熟悉一些常见的社会规则，甚至是法律规则。在一个法制社会中，法律就是人人都不能去触及的一个底线行为准则；在学校，学校的规则管理制度就是学生的行为准则；在寄宿家庭，寄宿家庭的一些明文规定的守则就应该大家共同遵守的行为守则（也包括对其文化的一些尊重），这些行为规则都会告诉你什么行为是不可以做的。也许很多同学觉得这是限制我的人身自由吗？大家要知道，正是因为有了这些规定，你的自由才能得到最充分的尊重和保障，因为除了这些规定之外的事情，你去做了都不会有问题的，这就是最大的自由。所以行前指导对留学生以及家庭来说都是非常重要的，不仅告诉你目的地的天气如何？饮食如何？如何入关？更重要的是那边的一些社会文化规则，以及我们常常会忽略的一些规则，思想上如果做好准备，可以避免事故的发生。

如何快速适应加拿大生活

当学生第一次到达加拿大之后，不可避免地会发现许多与国内不同的事情，许多人会有些陌生、迷茫、孤独和沮丧，也会因为环境、天气、语言、文化甚至是时区的改变而感觉很难承受，这也就是人们常说“文化冲击”。

新留学生们通常会经历四个阶段：“蜜月”、“敌意”、“接受”和“适应”。克服文化冲击最好的方法就是了解每个阶段，并且理解各个阶段所产生的情绪都是正常的。

“蜜月”阶段：刚到加拿大时，一切新的不同的事物都显得美好和有趣。这个阶段是很多旅行者所经历的，这个阶段短则数日或数周，长则数月，时间的长短取决于外部环境和个人情况。

“敌意”阶段：第 2 或第 3 个月的时候，学生开始意识到将长期离家在外，而之前觉得有趣的文化差异也显得不再轻松，开始遇到新环境里令自己不那么愉快的事情和问题。当自己沟通不畅或者无法解决问题时，可能会感到沮丧、愤怒或者乏力。这个阶段里，学生可能会觉得“诸事不顺”，也会非常想家。不过，学生要提醒自己不能绝望，这些情绪等自己熟悉之后自然就会消失。

“接受”阶段：等到半年左右之后，学生开始发现并欣赏新环境里有优点，会重新获得自信并且开始能够合理安排自己的生活和学习，还会发现刚到加拿大时遇到的问题变得不那么难以解决。

“适应”阶段：最终，学生可以在新环境里生活自如，并且获得生活上的满足感和学业上的成就感。

当然，也不是每个人都经历上述阶段。有的学生抵达以后立刻就开始

VPEA 老师向学生介绍教育局人员

想家，有的学生来了以后从来没有经历过“敌意”阶段的沮丧，很快就跳到了“接受”阶段。每个人的情况不同，应对的方法也不尽不同，关键是要意识到自己的状况并及时做出应对，以排解心理压力、解决遇到的问题，学生可以根据自己的情况借鉴和尝试以下的方法，以便尽快适应当地的生活和学习：

（1）提前准备。在出国前可通过提前了解加拿大的情况，让自己做好心理准备。

（2）开放思想。加拿大不同的文化和环境是许多学生出国留学的原因之一，因此在遇到文化和事情处理方法不同的情况时，要挑战自己学习不同的做事方法，不要认为不同的做事方法就是不对的或不好的。

（3）把握时间节奏。适应新环境是需要时间的，刚开始做每一件事的时候，都要给自己足够的时间，留出适应和调整自己的空隙，不要强迫自己一天完成太多的事情，尽量轻松，不给自己太大压力。

（4）保证充足的睡眠和良好的饮食。刚到加拿大的学生会因为时差和长时间旅途的辛苦导致精神不济，只要注意休息和饮食才能保持好的身体和精神状态应对异国的新挑战。

（5）与家人朋友保持联系。在异国他乡，家人和朋友可能无法帮忙解决实际的问题，但是心里安慰和支持也是非常重要和有效的。

（6）及时寻求帮助。如果在加拿大遇到不能解决的问题，请及时寻求帮助。加拿大当地人大都是很友善的，如果学习和生活上的具体问题，要及时向寄宿家庭成员、寄宿家庭协调员，以及学校的老师反馈并请他们帮忙解决，VPEA 的学生一般在出国前都会提前知道加拿大负责该教育局的老师的联系方式，也可以及时与其联系并获得帮助。

（7）积极参与。适应一个新环境的最好方法就是，与当地人沟通并参与到当地人的活动中去。新到加拿大的学生要主动与寄宿家庭成员、学校里的老师和同学沟通，积极参与到学校的各项活动中，特别是体育运动或者学生社团，等在当地交到朋友之后，自然就能适应当地的生活和学习了。

VPEA 老师与学生一起举办圣诞活动

来到加拿大求学的小留学生，都会走到申请大学的这一步。虽然避开了国内竞争激烈的高考，虽然与国内的同学走了完全不同的升学道路，但加拿大的大学申请，并没有想象的那么简单。加拿大大学申请，说到底，是个正确认知自己的过程。在这过程中，获得的不仅是一张录取，更多地是一个全新的自己。

申请大学，是个重新认识自己的过程
——加拿大大学申请案例分析 1

我申请大学的时候，才知道之前对自己的认知是有偏差的。但是现在我能更清楚地知道自己是什么样的人了。

——小 P

（一）自我感觉良好？可能是错觉

“想在加拿大上大学，那是无比轻松的呀！”小 P 微微一摆手，一脸不屑地评价着在加拿大升大学的难度。其实，像小 P 这样想法的人不在少数。因为在加拿大，从高中升入大学无需像中国高考那样，要经过统一的考试，只需要提交相应的成绩单等材料，就可以申请任何一所或数所加拿大大学。正因为如此，这样看似简单的录取过程，听起来让人觉得要比中国的高考轻松、容易很多呀！自然而然，很多人认为在加拿大上大学是一件轻松无比的事情，因此对自己的期望和认知就会有些偏高，小 P 就是其中一个典型。

“我不需要找谁帮我申请（大学），我觉得我成绩挺好的！没啥问题！”小 P 被家长带来 VPEA 进行大学咨询的时候，对自己十分自信。举手投足之间充满了对加拿大大学申请的不在意，“我就打算去 UBC 的商科，我觉得没什么问题”。

虽然小 P 对自己信心十足，但 VPEA 老师看到小 P 这般自信飞扬和胸有成竹的状态时，感到的并不是开心，反而是疑惑。因为就 VPEA 多年的大学申请经验来说，在加拿大申请商科的难度并不亚于在国内考取名牌大学的难度；尤其是名校商科的申请难度，就算平均在 95 分以上也难保可以申请到，所以很少有学生可以如此这般，绝对自信地认为自己可以申请到商科。为了更准确地分析小 P 的情况，VPEA 老师要来了小 P 的成绩单和选课表，想看看这位学生到底是怎样的一个“学霸”。

当 VPEA 老师看到学生 11 年级的成绩单时，心中的疑惑马上变为担心。小 P 在 11 年级的时候修了 6 门学术课程，其中比较重要的英语 11 课程只有 68 分，数学 11 课程也只有 85 分，其他的课程平均分也只有 90 分左右。“你 11 年级的成绩其实非常一般，申请商科的难度应该会非常大”。当小 P 听到 VPEA 老师的分析时，并没有被吓到，反而觉得是在吓唬他，“我的成绩又不差，说得这么吓人干什么呀”，小 P 心不在焉地反驳着 VPEA 老师的话，把这样的评价看作是一种“吓唬”。“我看我有些学长学姐，也差不多这水平，也都去了名校呢。况且，我还比他们成绩好得多呢!”

此时的小 P 觉得，自己在同学里成绩算不错的，而且 11 年级成绩不

VPEA 老师为学生大学申请讲座

够拔尖的原因，也仅仅是因为没有全力去学习而已，只要 12 年级好好发力，平均拿个 95 分一点问题没有。“11 年级成绩又不那么重要，我 12 年级好好学一下就 OK 了呗!”很显然，当时的小 P 对自己的现状依然没有一个正确的认识，并且也没有十足的紧迫感。虽然小 P 明白 12 年级成绩对大学申请的重要性，但他并不知道很多的加拿大名校，尤其是名校的热门专业（如商科、工程等），对 11 年级的成绩还是非常看重的，有些甚至对 11 年级的科目和成绩都做了要求。所以 11 年级的成绩，决定了学生何时能拿到录取，甚至决定了学生是否能拿到录取。这些知识小 P 是不知道，也是不甚相信的，“12 年级分提上来就行了嘛!”

这时候的小 P，既缺乏对加拿大大学申请难度的了解，也缺少对自己能力所处位置的正确认知，只是凭着自己“听说来”的少量信息，给自己营造了一个“自我感觉良好”的错觉。而这样的错觉，让小 P 一开始对自己的大学申请有了不太合适的期待；同时也会影响小 P 在 12 年级的学习动力。

（二）一点点看清自己的能力

不过“知子莫若父”，虽然小 P 一副自信飞扬的样子，但小 P 的父母却非常担心。“我们知道小 P 总是对自己过于乐观，”怀着对孩子的担心和期许，小 P 的父母决定把小 P 的大学申请交给 VPEA 老师管理，“我们还是对他不放心……因为他总报喜不报忧，我们仅凭他自己说的没办法掌握真实的情况。”除了对小 P 的“过于自信”有所担心之外，把小 P 交给 VPEA 最重要的一点还是，“他不把事情拖到最后一刻他不做的!”深知自己孩子有拖延症的父母，期望着有专业的人士“催”着他在各个重要的时间点完成任务，不要耽误事情。

从小 P 的父母那里了解到了情况之后，VPEA 老师就心里有数了，“对自己期望过高，那就多给他看看真实案例；拖延症严重，那就早一些要求他完成任务”。对小 P 有个大致的了解之后，VPEA 老师开始仔细分析小 P 的情况了。

“由 11 年级的成绩单可以看出，小 P 快速学习的能力还是比较不错的。因为小 P 的 11 年级课程里几乎包含了所有申请需要的学术课程，甚至还包含一门小语种课程并且取得了不错的分数。这说明小 P 学习起来并不吃力，而且是有余力可以应对多门课程的学习的。另外在每学期的最后一次考试中，小 P 总能考出比较高的分数，瞬间拉高总成绩。这说明小 P 知识基础还是可以的，考前复习之后就能得到满意的分数。”至此，一个贪玩但聪明的学生形象在 VPEA 老师的脑海中建立起来了。

不过，单从成绩单中还不能足够地了解小 P 的“特性”，于是 VPEA 老师与小 P 谈了谈。“11 年级嘛，我就看着哪个科目不错我就选，哪个学得轻松我就学哪个咯!”在谈及如何选课的时候，小 P 表现得十分随意，并且也不太在意成绩。“11 年级的课程嘛！我觉得不是很重要啊。考前冲刺一下，考个差不多就行了!”在谈及平时如何学习和做作业时，小 P 就更是无所谓了，“要交作业的前一天写一写就完了呗!”通过这一系列的对话，VPEA 老师对小 P 的不足有着更深的认识。“小 P 的拖延症其实真的挺严重的，是个没有规划意识且自律能力稍弱的学生。”

在看到了小 P 的缺点后，VPEA 老师如实地将这些告诉了小 P，希望小 P 可以逐渐意识到自己的优劣势，并且对自己的大学申请有一个正确的期待，以此进行精准的规划和申请。“其实我们当时与小 P 沟通了很多东西，目的是为了了解学生的水平和他对大学申请的期待，以此来确定方案。”当然，在沟通中小 P 也会时不时地质疑我们提出的问题，“他经常会告诉老师自己听说有的学长学姐以什么样的成绩到了什么样的学校，然后接着问为何自己与他们差不多却被我们说成是很难申请到的。”像小 P 这样的质疑，VPEA 老师已经在不同的学生中听到过很多次了，“他们其实对听说来的信息并没有一个详细的了解，他们不知道那些学长学姐具体多少分，选了什么课，上了什么专业。仅凭一个模糊的信息就觉得自己也是差不多的，但事实可能并不是这样”。

因为小 P 对自己的认知和期待有些过高，所以 VPEA 老师就告诉了小 P 以往真实案例的学生数据，“我们告诉他，往年录入 UBC 商科的学生，大多都是平均分 93 分以上。并且还要看他的其他‘软件’因素，如社会实践等。我们有平均分 99 也被 UBC 商科拒绝的情况。”在降低小 P 不切实际期望的过程中，VPEA 老师也不忘鼓励一下小 P，“但是 UBC 其他很多专业的录取要求并没有像商科这么高。”

在与小 P 商量制订大学申请计划时，VPEA 老师感受到了小 P 的变化，“能感觉到，他慢慢开始思考了”。例如，当 VPEA 老师将小 P 理想大学、理想专业的具体录取条件一一讲解给小 P 听时，小 P 沉默了一会说，“我之前从来不知道大学里还分这么多学科，有不同的录取条件”。而且当小 P 看到自己的成绩只是符合大学官网上那个最低分数要求的时候，便开始重新思考自己的定位了，“之前真的没有想很多，一直觉得是个很简单的事。但当真的开始准备大学申请的时候，看到真实的数据时，才开始对比自己的情况，有所思考了”。就这样，小 P 的紧迫感陡然增长，决心在 12 年级的时候奋发图强，踏实学习，弥补之前分数够突出的劣势。

然而，12 年级课程的难度并没有想象中的那么简单，小 P 拿高分着实有些吃力，经常流露出很急躁的心态，“老师！我这次考得没我想象中的那么好！怎么办!”这时，VPEA 老师就会问他的成绩，并给予建议。除了学习上有些吃力之外，申请名校商科所需要的文案内容也让小 P 抓狂了很多次，“我不知道原来申请大学，申请商科这么麻烦！我以为直接填表，交钱申请就可以了呢！现在每个学校还要我回答数百字的问题！这些问题我不会写啊!”在小 P 焦躁的时候，VPEA 老师只好安抚他，让他沉下心来完成任务，“别急躁。你哪个不会写，我们一起看一下。等你写出初稿，我们会帮你一起完善的”。

在学业和申请的双重压力下，小 P 一扫之前的自信状态，变得急躁起来。“很烦，经常想起来就很烦”。

为了让小 P 能沉下心来好好完成任务，VPEA 老师帮助小 P 规划自己的学习。“你得把注意力集中在数学 12、英语 12 这几门重要的科目上，其他的可以适当平衡”。因此，小 P 也开始有的放矢地学习，慢慢地不再那么浮躁。而且，有了 VPEA 老师的指导和监督，小 P 也清楚了自己的主要任务是哪些。“老师，那我就等你说我什么时间该交什么就好了。剩下的时间，我就好好学习了!”在滤清了自己的主次任务之后，小 P 的学习变得高效了。在 12 年级第一学期的第一次考试中，基础本来就还不错的小 P 就考出了多门高分。这对小 P 是一种极大的激励，同时也让他对之前自己的随意更加地惋惜，“哎，这么难的考试，我努力都能考得不错，当初 11 年级我干嘛不好好学呢……”

虽然小 P 对自己以前的状态有所遗憾，但事已至此，VPEA 老师还是鼓励小 P 向前看。“11 年级成绩也没办法了，我现在 12 年级的成绩还是很好的，老师说我申请到理想学校的可能性还是很大的，哈哈！”

就这样，随着申请进度的推进，小 P 逐渐地摆正了自己的位置，从轻飘飘地在天上飞，到慢慢地落到地上，一步步地向着自己的目标学校靠近。

（三）焦虑中拿到录取，遗憾中得到成长

由于 VPEA 老师时刻跟进小 P 的进度，并一遍一遍地催促着小 P 完成任务，加上小 P 对自己大学申请的事情也有了很强的紧迫感，最后小 P 成功地克服了拖延症，在截止日期前顺利地完成了 5 所学校的申请。“要不是老师催着我，我这么忙，也这么爱拖延，可能真的就错过申请时间了”。深知自己有着严重拖延症的小 P，对 VPEA 老师的督促表示非常的感谢，“因为让老师申请的都是 BC 省这边的学校，所以本来我想自己申请多伦多大学试试的，但到现在我连账号还没注册呢……”

在提交完所有的申请后，小 P 便开始期待自己的录取通知书了，“我觉得我这样的成绩应该可以很快地拿到 offer”。基于这样的期望，小 P 开始天天询问 VPEA 老师，有没有 offer，情况怎么样了。但因为小 P 11 年级的成绩实在没有太大竞争力，学校都表示会在小 P 提交 12 年级的第二次考试成绩之后，再决定是否录取。“虽然说我知道我自己的成绩竞争力不是很大，但看到学校不是这么积极地录取我，还是有些难过的。”

难过归难过，课程还是要学的。小 P 努力让自己平静下来，边等待录取消息，边继续努力学习。直到自己的一个朋友拿到了第一个录取，“啊！我的一个朋友拿到了 offer！我还没有消息！”面对这样的对比，小 P 突然急躁了起来，“我朋友一个一个都开始录取了，但我一个都没有……说真的，面对这样的对比，我真的很急。开始怀疑起自己的能力了……”

在焦躁的等待中，VPEA 老师不断安抚小 P，“大学的录取是一批一批发放的，别人下来自己没下来是很正常的事情。通常大学的录取发放会持续数月呢。”但即使是这样的安慰，也不能让小 P 冷静下来，“虽然我知道我自己不是顶尖学生，但再差也不至于拿不到 offer 吧！但是，等的时间越久，我心里就越没底……”

在等待的焦虑中，小 P 反反复复地审视自己，在自我激励和泄气难过之间反反复复。“我怀疑自己可能录不上了……”“但我成绩又没那么差啊！拿到 offer 总是没问题的吧！”“那为什么别人都有 offer 我还没有？”“再等等就会有个大惊喜的！”

在长达一个月的无数次纠结中，小 P 终于迎来了他的第一个录取通知书——UVic（维多利亚大学）的商科。虽说不是小 P 梦想中的名校，但被商科录取也是一个极大的激励，暂时缓解了小 P 心中的不安。“哈哈哈，商科 offer 棒棒的！看来我的成绩还是很受认可的嘛！”小激动中带着一丝骄傲，但骄傲中带着一丝失望。“但是，为什么不是 UBC 的 offer……”

在短暂的被激励后，小 P 又陷入了等待的焦急中。“毕竟对更好的大学有更大的期待。有了 UVic 的这个 offer，对 UBC 录取的期待就更强烈了，也就更着急了。”

在拿到 UVic 的录取后，又过了 1 个多月的焦急等待，小 P 接连收到了 SFU（西蒙菲沙大学）和卡尔加里大学的 offer。不过这个时候，小 P 已经对自己有一个比较正确的认知了。“其实拿到这两个 offer 的时候，没有像拿到第一个 UVic 录取时那么激动了，好像知道他们要来一样”。因为在接受 offer 的过程中，对自己的定位有了越来越清晰的了解，所以在拿到 UBC 录取的时候，小 P 露出了一副“我早就猜到了”的表情。“UBC 的商科与想象的一样录不上，被第二志愿录进去也是意料之中。”

“我现在知道我在众多的加拿大高中生中是个什么样的位置，这样的结果我很满意，也是符合我情况的”。所有的录取都尘埃落定之时，小 P 也仿佛完成了一场蜕变，对自己有了一个比较准确的认知。

现在的小 P 已经完成了所有高中的课程，所有申请的学校都拿到了 offer，一切都在井井有条地进行中。现在的小 P 还打算以后转学去东部的名校试试看，所以正在做关于大学转学政策的研究。“我正在试图联系各大学校，看他们的转学政策是什么样的。不过不管怎么说，大一我一定要好好学的，毕竟转学的话，大一的成绩是一定要优秀的”。说这番话时候的小 P，比起当年刚来 VPEA 时的他，虽然少了一些傲气，但多了许多稳沉，连发型都从不羁的中长发变成了干净利落的短发。“其实挺后悔 11 年级没有特别重视学习，太‘轻敌’，对自己的估计有点高。不过这样也好，现在我知道自己是个浮躁的人，那以后就多提醒一下自己，要踏实下来好好做事”。

回顾小 P 大学申请的心路历程，我们可以看到小 P 对自己、对未来慢慢有了准确的认识。从一开始掌握的信息少、模糊而过高地估计自己；到有了一些了解后开始思考自己的位置和未来；再到明确自己位置和目标后的奋发努力；再到焦急等待检验自己成果时的纠结；最后到一切结论出来时的欣慰和安心。

这些变化都是在大学申请这短短的 10 个月发生的。所以大学申请其实不仅仅是一个看看专业、申申学校、收收录取这样简单的过程，而是一个提升自我认知、思考自身未来的一个过程。而这样的一种成长，带给小 P 的不仅仅是大学的 offer，更多的是一种信念，“我应该踏踏实实的努力”。这样一种认知，会让小 P 在未来的路上，越走越远，越走越好。

Alex 点评：北美大学申请的确是一个非常专业的事情，每个大学的学院都有自己的录取标准，申请的难度与当年申请的人数也都有关系，没有绝对保证能够进入到 XX 大学 XX 专业这种说法。在高三申请大学的时候，11 年级的成绩是非常重要的；后续补成绩单的时候，12 年级上学期的成绩也是异常重要，毕竟成绩代表了自身的学习能力和高中阶段的学术水平。排名靠前的大学一定是综合性研究性大学，对学生也是百里挑一，所以高中每一科的成绩都马虎不得，都是未来申请大学的砝码。除了学术成绩这部分之外，还有非学术的申请材料，也就是通过义工、社会实践等来证明学生是一个全面发展的优秀人才，这就涉及整体学习规划的问题。除了学校 Counselor 要求的义工之外，我们的同学一定要给自己更高的要求，多参加一些课外社会实践活动，有针对性地去锻炼一些未来大学相关专业领域所需要的学习能力，以提升自己大学申请的成功率。小 P 同学是幸运的，虽然没能直接进入 UBC 的商科这一自己最向往的学校和专业，但是 UVIC、SFU 以及 UBC 之间是可以转学分的，中间可以考虑换学校，当然还有就是未来研究生可以考虑到 UBC 去读商科，也是进入理想大学的一条路径。总之，加拿大的高等教育体系非常灵活。

VPEA 2017 大学录取榜（1）

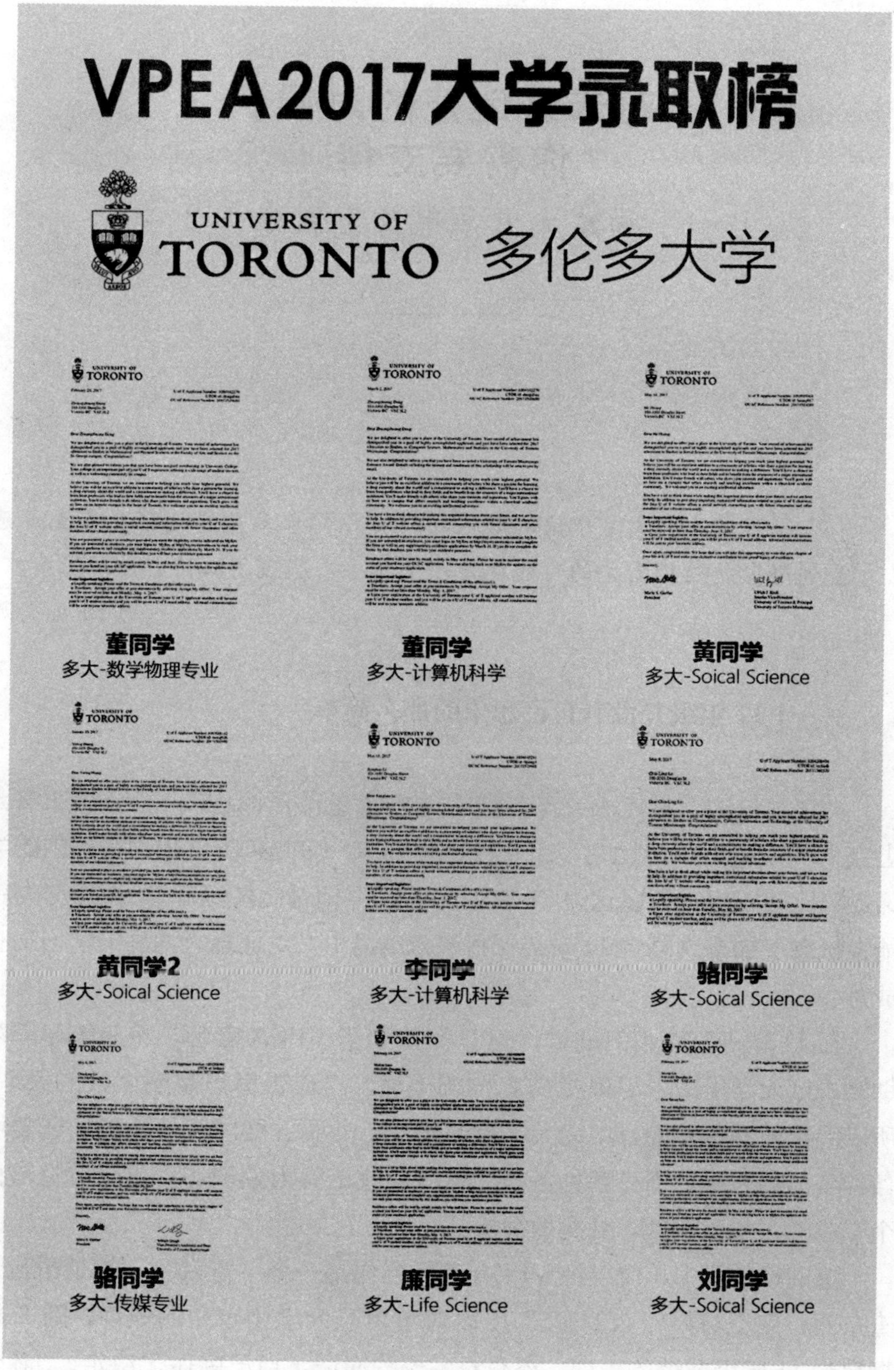

VPEA 2017 大学录取榜（2）

对未来迷茫的时候，你需要支持

——加拿大大学申请案例分析 2

很多学生在大学申请的时候，对自己的未来都很迷茫，甚至是感受到恐慌。她们需要的可能就是一个支持，恐慌的心情就会好很多。

——VPEA 老师

(一) 12 年级并没有自己想象的那么简单

“还是这边上学轻松一点，难的地方就是英语而已”。已经在加拿大上完 11 年级的阿 L 对加拿大的课程发出了如此的感叹，“因为在国内的学习还算比较不错，所以这边 11 年级的课程都相对比较简单。”稍作努力就能轻松拿下加拿大高中 11 年级课程高分的阿 L，对加拿大的高中学习胸有成竹。

在 11 年级刚结束的时候，阿 L 就找到了 VPEA 老师，希望能尽早帮助她规划大学申请，尽早提交名校的申请。“我想早点拿到名校的录取，所以得提前准备。而且申请大学需要研究专业呀、要求呀什么的，还要填各种各样的表格，提交各种各样的材料，我觉得太繁琐了，所以就觉得找个专业的人帮我管理，会高效很多。”

这时候的阿 L，仅仅把 VPEA 老师当作是一个“管家”，“就是帮我查查东西，交交材料什么的嘛。”所以对于自己大学和专业的规划，阿 L 根据自己 11 年级成绩的表现，还有对名校的憧憬，自己就做了决定。“我想这 5 个大学申请名额都给名校的计算机专业和商科专业”。

阿L本以为VPEA老师会按照自己的想法去申请，但这时VPEA老师却拿出了另一套大学申请方案。“我们对整体学习成绩不是非常拔尖的学生都会保留最后一二个大学申请的名额。可以先确定前二三所冲刺学校进行申请，等到学生开始进入12年级学习的时候，根据学生的学习表现再填补空缺。”

阿L没想到VPEA老师在接手她这个案子的时候就已经开始分析她的各种申请条件了，并根据往年的申请经验还有学校发布的申请信息进行比对，最后拿出了一个具体的方案。不过阿L还是不能完全理解，为何VPEA老师不同意自己的申请方案。所以VPEA老师就慢慢和阿L解释这样做的原因。“根据我们的经验，大部分学生都会高估自己在12年级的表现，从而增大申请失败的概率。为了保险起见，我们还是保留一下申请名额比较好。如果12年级的学习表现真的与预期的相差不大的话，就按之前预想的内容补上就好。两条腿走路嘛！”所以在与阿L商量后，双方决定先申请2所理想的院校——多伦多大学、阿尔伯塔大学，看12年级的学习情况如何，再完善之后的几个大学申请。

果不其然，阿L在12年级刚开学的时候就来找VPEA老师“哭诉”了。“我11年级数学成绩很不错，所以我那个时候以为12年级的微积分也会很好学的。但不知道怎么回事，刚一学起来就特别吃力……”第一次12年级微积分小测只考了40多分的阿L，觉得自己高估了12年级课程的难度，感到有些恐慌、失望和力不从心。“我对自己的能力一下子产生了很大的怀疑，不知道该怎么办”。

得知这样的消息，VPEA老师先是给予了鼓励和安慰，“只是第一个小测考得不好，对成绩并不会产生巨大的影响，后面努努力跟上就好。但是这对学生的学习信心打击是很大的，这很有可能影响到之后的学习。”因为担心阿L的学习状态会受负面影响，“我们还是以鼓励和提供帮助为主，也建议阿L可以上一些课后辅导班来强化学习。”与此同时，VPEA老师也在帮阿L筛选剩下的几个大学申请的选择。“虽然对阿L是鼓励为主，但根据阿L对12年级课程的学习感觉来说，我们还是做好了最坏的打算。如果她12年级的课程与之前预想的差很多的话，我们就得改变申请方向了。”

阿L鼓起了信心，扫除第一次小测的阴影，试图攻克课程难关。

（二）力不从心，改变计划

虽然鼓起了十二万分的勇气去学习12年级的微积分，但阿L还是觉得力不从心。在第二次的测试中，阿L还是没能考出满意的成绩。“我第二次考试还是没考好……哎！感觉自己学不下去了。”

这一次，阿L对自己的微积分课程完全失去了信心，深受打击的她情绪非常地低沉，反复对VPEA老师强调自己肯定没学上了。因为这是一门对申请名校和热门专业很重要的课程，考不好的话不仅会影响平均分，甚至有可能挂掉这门课。“就我这样的成绩，肯定没（大）学上了。”

VPEA老师看到阿L这样的痛苦和绝望，在综合了学生现在课程情况和学生的意愿之后，决定对阿L的大学申请方案作出调整。“我们果断建议阿L取消12年级的微积分课程，把更多的精力放在现有课程上，提高现有课程的分数，拉高平均分；并且重新规划大学和专业的申请。把之前申请的专业改为不需要此课程的专业。”VPEA老师不希望阿L总在一个地方跌倒，遍体鳞伤的同时还会消磨自己的学习信心。

“其实，换一种思路也许就会海阔天空。”VPEA老师在变更申请方案的同时，也不断地鼓励阿L，安抚她的情绪。“如果这条路走不通，换一条路就好了。就算没有这门课，想去名校还是有其他途径的。”在接受了VPEA老师的安慰和鼓励之后，阿L同意了更改大学申请方案的提议。

虽然接受了VPEA老师的提议，但是毕竟是中途取消了重要的课程，阿L还是充满了担心。“但是我还是害怕，临时取消了课程对我大学申请到底有没有负面影响。”虽然VPEA老师根据以往经验肯定这样的决定不会产生不好的影响，本着严谨的工作态度和为了让阿L更安心的原则，VPEA老师还是挨个与所选学校打电话确认了这个情况。“我们给几个大学的招生处都打过电话说明了学生的情况，他们都表示，只要有其他的学术课程，并符合专业要求就可以了。”

这一举动让阿L很是安心。“我那会儿真的是很恐慌了，又没有什么经验，所以每天都很苦恼。VPEA老师帮我打电话和学校确认完之后，我就心安了。我也就能没有顾虑地取消课程，好好学习其他课程了。”VPEA老师也是为了让阿L安心，做了很多事情来帮助阿L调整状态。“我们知

VPEA 邀请大学招生官来为学生做讲座

道她烦躁和焦虑的心情，在鼓励和安抚的基础上，用实际行动来支持和安抚她，这样会更有效果。”

在安心取消课程之后，VPEA 老师便开始调整大学的申请内容。“因为没有了 12 年级微积分这门比较重要的课程，很多阿 L 喜欢的专业就不能选择了”，所以 VPEA 老师又重新筛选了一些不需要这门课程的专业。在几天的研究之后，VPEA 老师确定了几个方向：旅游管理、教育、其他文科类专业。“这些专业不要求有 12 年级的微积分课程。而且要求的这几门课程，阿 L 现在都是在上的，符合要求。”

虽然最后确定下来只有少量的几个专业，但其过程并不是那么容易。“其实帮阿 L 后来筛选这些专业等时候，也是费了很大力气的。因为不仅要确定专业要求的课程，比对阿 L 是否都有；还要确定有没有过截止日期，是否还可以申请；还有就是要与阿 L 商量是否符合她的兴趣爱好等”。

在拿到新的申请列表时，阿 L 的恐慌情绪舒缓了很多。“有了 Plan B 就觉得多了一份保障，感觉没有那么心慌了。VPEA 老师在我不知道怎么办的时候给我了很有力的支持”。在这之后，阿 L 就慢慢从恐慌和浮躁中冷静了下来，开始认真补起了自己没做完的作业，接受 VPEA 的一对一课后辅导，慢慢地，其他 12 年级成绩都有了很大的起色，学术课程的平均分也拉高了不少。

在提交了这些提高过的成绩之后，阿 L 开始盼望自己的录取通知书。“虽然调整方案之后，把握变得更大了一些，但还是会紧张”。阿 L 身边的同学，有的在她还在调整方案时就已经拿到了录取通知书。这让阿 L 感到紧张，“我知道我的这种情况，通知书下来得比较晚。但看到别人拿到了还是会焦虑。” VPEA 老师了解到了阿 L 的焦虑，于是就不停地安抚阿 L，“大学分好几批次发放录取，你同学只是第一批，之后还会发放很多呢。你别着急，好好把之后的成绩提上去就好了。”

在 VPEA 老师的安抚下，阿 L 纠结地等待着自己的录取消息。终于，在 4 月份的时候，阿 L 收到了第一份录取——卡尔加里的旅游管理专业。“虽然不是最理想的那一个，但是给了我很大的安慰和信心！至少我是有学可上的，而且学校和专业也还算不错呢。”

在第一份录取之后，其他学校还陆陆续续地要求阿 L 补交最新的成绩单。“因为阿 L 12 年级之前的成绩不是非常理想，但也没有差到直接拒录的程度，所以学校会要求她提交新的成绩进一步评估”。在阿 L 看来，学校不停地要新的材料是很烦人的一件事情，“不给 offer，我提交材料，不知道他们要干什么，弄得我很慌”。学校的这一行为，在 VPEA 老师看来，这未必是一件坏事，“当时我们就安抚阿 L 说，如果他们评估完你之前的材料觉得你并不符合录取要求，那就直接发拒信了；现在学校还在找你要材料，表明对你的申请是有兴趣的，你的条件也有可能符合他们的录取的。这说明你的录取还是有希望的。”本来慌乱的阿 L 又平静了一些，“老师说得很有道理。所以我就往好处想，心里就舒服一些了”。

第一份录取通知书，VPEA 老师的耐心安抚，再加上老师帮助阿 L 处理全部材料提交的问题，阿 L 慢慢稳定下来了自己的情绪，专心进行之后的学习。

（三）正确估计自己，是个漫长的过程

在 VPEA 老师陆陆续续帮阿 L 提交学校所需的材料之后不久，阿 L 收

到了来自多伦多大学的 offer。“我都没想到我能拿到（这份录取）！虽然是多大分校区的录取，但是也给了我很大的鼓舞！”阿 L 接到多大的 offer 后信心大增，“原来我没有我想的那么差嘛！”

在这之后，阿 L 也相继接到了其他几个学校发放的录取。至此，阿 L 调整完规划后的所有学校都给她发放了录取。“原来以为没有学上，现在反而拿了这么多录取”，阿 L 有一些小激动，“虽然不是我最初想要的那些专业或者学校，但也很满意啦！”对这样的结果，阿 L 有着难以言表的感谢，“真的谢谢 VPEA 老师一直这么帮助我！帮我调整方案，还不厌其烦地鼓励我，不然按照我之前的状态，我肯定什么也拿不到的。”

拿到 offer 这件事并不是大学申请的终点，“一般在读的高中生拿到的录取通知书都是 conditional offer，也就是有条件录取，也成为预录取。学生还要按要求完成剩下的高中学业，才可以顺利入读大学”。VPEA 老师趁着阿 L 对大学录取的热情，又频繁提醒和鼓励阿 L 要好好对待剩下的作业和考试。“那会 VPEA 老师让我别因为拿到这么多录取而松懈学习。一直对我强调说要补作业别拖拉，那我就补！老师对我说要好好复习省考内容，那我就学！老师说还要完成毕业的其他要求，那我就做！”为了最后的临门一脚，阿 L 士气高涨，更加努力地学了起来。

在阿 L 努力完成最后学业的同时，VPEA 老师也开始与阿 L 商量接受录取的事情。“阿 L 拿到录取的时候，其实已经比较晚了，没有很多的时间去慢慢思考接受哪所学校录取的事情了”。VPEA 老师把每一个大学申请的重要日期都熟记于心，包括每个 offer 接受的截止时间都记得清清楚楚。“所以要尽快与她商量最后的决定了，尤其是安省，只能接受一个录取”。

当 VPEA 老师询问阿 L 的意见时，阿 L 却迟迟不能决定。“我感觉哪个都想去，但又觉得哪个都不是非常地有兴趣。不知道自己选择哪个才是好的……”

眼看接受 offer 的截止日期要临近了，有点拖延症的阿 L 还是迟迟下不了决心。“即使我们天天催她去做选择，下不了决心的阿 L 也总是推脱明天再说”。再这样拖下去，接受录取的截止日期就要到了，于是 VPEA 老师干脆就专门找了一个时间把阿 L 叫到办公室，与她一起分析，做决定。

“通过面对面谈话，我们分析了几个重点。从学校所在城市分析的话，阿 L 比较喜欢安静一点的城市，不喜欢太杂乱的地方；从专业就业的角度来说，阿 L 喜欢就业范围广的专业而不是对口度比较高的；从学习难度来讲，阿 L 想学一些比较容易毕业的内容，这样学习压力比较小一些”。通过分析这几个因素，VPEA 老师最后帮阿 L 确定了选择，“所以，我们分析卡尔加里的旅游专业可能更适合她”。

这只是 VPEA 老师给的一个建议，最后的主意还要阿 L 自己决定。“这个时候我又觉得很恐慌。因为这是一个很重要的选择，而且是自己来拍板的事情，以后遇到什么都得自己来承担了……”毕竟涉及以后 4 年的学习，甚至是未来的发展，阿 L 对最终的选择又产生了恐慌。

不过这样的纠结实属正常，“有些学生在面临重大抉择的时候，总想着有人能帮他决定，这样选择的后果就不需要自己去承担；但同时他们又希望能凭借自己的意愿来选择，不受他人摆布。”VPEA 老师十分理解阿 L 的心理状态，“我们让阿 L 回去与家里人再商量一下，也让她尽快询问一下师兄师姐和身边朋友的建议，最后再做决定”。

面对这样的纠结，阿 L 再次感受到了支持有多么地重要，“我其实是一个主意不强的人，非常容易纠结和焦虑，所以需要有人帮我分析一下情况，我才有信心去决定”。在这样的情况下，阿 L 也意识到自己一直以来的不足，“我以前就是一个害怕选择，患得患失的人。而且对自己没有一个准确的认知，也害怕去分析自己的情况和未来发生的事情，所以摇摆不定，恐慌不前”。

再纠结，再害怕做决定，最后的录取还是必须接受的。最后阿 L 下定决心，选择了卡尔加里大学。“其实在与 VPEA 老师说这一决定时，我是下了很大决心的。不光是去上大学这个事情，也是告诉自己，以后要对自己负责的决心。”

从自估偏高到课程分数偏低的打击，到调整方案的纠结和等待大学的录取，再到最后决定去哪里上学，这一系列大学申请中的历练，让阿 L 对自己的优劣势有了更清晰的看法。“我对自己的认知还是有一些偏差，这个要在不断地挑战和尝试中才能慢慢认识到。当我遇到意外和抉择时，下意识地想让别人帮我解决，自己只会纠结和焦虑。这一点也需要之后多鼓励自己，硬着头皮去做。还有就是，对自己要负起责来，不能总是一味地拖沓了。”

除了对自己弱点有了更清晰的认识，阿 L 在大学申请这个过程中也对自己的优势有了一些感觉。“不过比起其他同学来说，我还是非常善于寻求他人帮助的。我不是那刚愎自用的人，我特别喜欢别人给我出主意，这样可以做出更客观的决定。”

现在的阿 L，已经顺利地完成了所有的高中学习，准备收拾行囊去开启大学的新生活了。

回顾自己的大学申请，有很多波折和不足给自己带了遗憾，但阿 L 对此还是持着积极的看法。“正确认识自己并做出适当的选择，我知道是很难的，不是一时半会可以搞定的。通过大学申请这件事我学会了不少，我相信以后慢慢地来，我会越来越好。感谢这个经历，让我成长了不少！”

Alex 点评：阿 L 同学 12 年级的成绩有所下降是其大学申请受挫的主要原因，她对自身的学习并没有太高的要求，自身的拖延症也比较严重，主要表现在大学申请和最后大学的选择上，很多事情都是不拖到最后是不会着急去做的，雅思考试也是 VPEA 老师催促了多次，拖到最后才去考。这个与她的性格有很大的关系，从小家庭环境比较好，一路从幼儿园到初中都是私立学校上来，父母在学习方面没有给她太大的压力，其对于自身未来的发展方向与目标也不是特别地明确，所以就导致她在大学申请这个事情上缺乏自己的主观能动性。我想每个人都需要有一个长远的目标，所谓“人无远虑，必有近忧”，也是一个生涯规划的问题，当目标方向清晰了，通过计划一步步地去实现，不拖延，遇到困难挫折跌倒再爬起来，向着目标勇往直前，一定会从一个成功走向另一个成功。

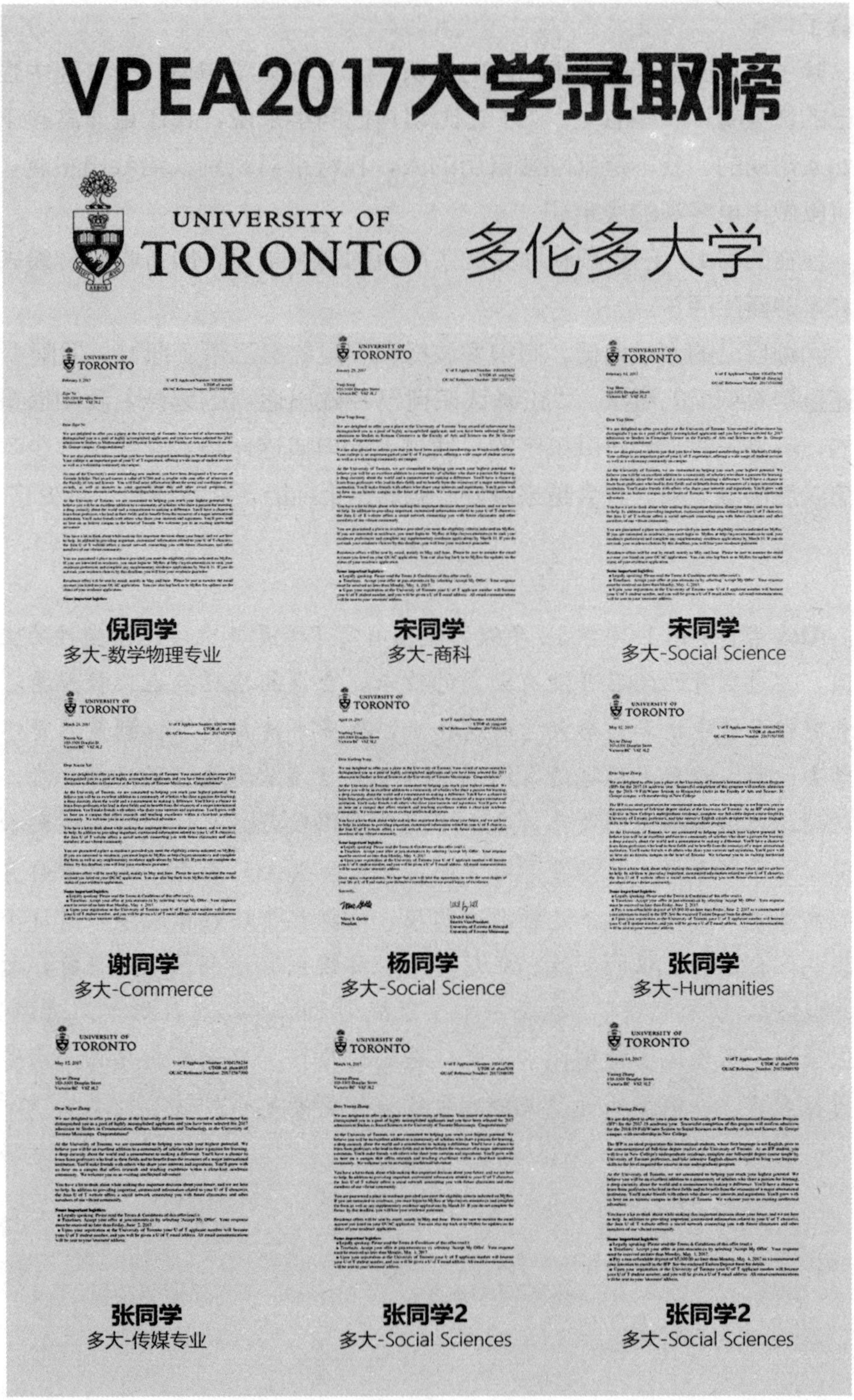

VPEA 2017 大学录取榜（3）

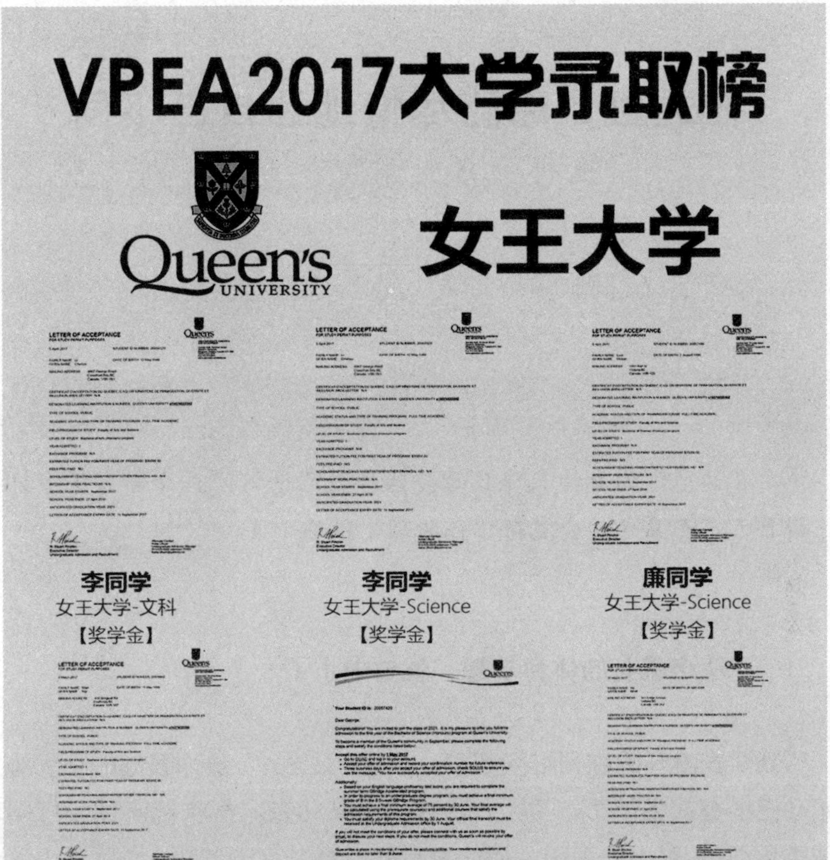

VPEA 2017 大学录取榜（4）

在这里，你能尽情地让自己不同

——浅析加拿大学院和大学区别

在这边，你有特长什么的会让你自己很不同。你会有很多机会展现自己，而且老外会觉得你很特别，很不一样。

——小郭

（一）从小就有的体育梦想，就要中止了

“我 9 岁就开始练习打网球了，一直到现在，”身体强健的小郭练习体育运动已经有很多年了，“从小就喜欢动来动去，喜欢打篮球、打网球这种球类运动。”对小郭来说，搞体育是他一直以来的梦想，“我从小就想做职业运动员”。

身体素质强健的小郭，在兴趣的驱动下开始了专业的体育训练。“我 13 岁之前做过职业运动员，就是每天进行专业的体育训练，完全不学习、不读书。”那个时候的小郭，一心就像实现自己的职业运动员梦想，“我那会特别希望自己能成为职业球员”。所以小郭每天参与专门的职业训练，在教练的严格要求下完成了各项训练要求。“那会除了训练就是吃饭睡觉了，哈哈。”

虽然小郭积极、努力训练，并且也取得了一些成绩，但是家里人并不是十分支持。“我爸妈不希望我成为职业球员”，虽然没能得到父母的支持让小郭有些难过，但他也能理解父母，“因为在中国成为运动员，压力实在是太大了。毕竟中国有那么多人，想要出类拔萃就要付出非常多的东西才行。”而且如果想要成为职业运动员，那读书这条路几乎就等于放弃了。

“在中国想搞体育，根本没有办法兼顾学习”。

虽然可以预见职业体育运动员的这条路，在未来会充满艰辛和困苦，但小郭还是不愿意放弃自己的体育梦想，“说到底我还是喜欢，虽然知道很难很难，不想就这么放下了。”所以小郭依然坚持进行体育训练。可是随着年龄越来越大，没有杰出成绩的小郭，也对自己的未来有些担心。“虽然很想做全职业运动员，但当时又觉得彻底放弃学习还是不行，万一没有‘突围’的话就完蛋了。所以我就决定一边读书一边训练，那时就算作是半职业了”。

在边学习边训练的那段时间里，小郭觉得特别痛苦。“真的特别吃力。一边训练一边学习，特别累。”每天除了要进行长达数小时的高强度体育训练之外，还要保持良好的精力和注意力去学习，小郭觉得非常力不从心。“特别特别累。尤其是在你拉下了很多学业的时候，你需要花时间和精力去补，那个时候是最痛苦的。”

但是比起这些痛苦，小郭觉得一天天大起来的年龄对他来说才是最致命的。“搞体育的话，年龄是一个很大的问题。对职业运动员来说，16 岁已经算是很老的年龄了。”如果在青少年时期还不能有一个很明显的前途的话，基本上再想“成材”就很难了。“我有个队友比我小几岁，但已经是世界青少年前 5 了。我年龄已经很大了。”

小郭一边学习一边训练，这样不仅不能两头兼顾，反而会顾此失彼。“这样体育也练不好，学习也学不好。”而且拉下那么多的学业，小郭觉得在国内这种学业竞争激烈的地方，以他现在的能力更没办法读什么好学校了。“拉下的太多了，没办法与别人竞争”。

所以小郭开始考虑自己以后的“出路”，第一个浮现在脑海里的就是“出国留学”。

（二）在国外，我的特长变成了亮点

小郭深知自己的性格，觉得自己是不适合在国内继续学习，然后进行发展。“以前一直练体育，虽然很辛苦，但是因为自己喜欢，而且时间安排来说相对比较自由。在国内学习的话，非常受束缚。”小郭知道自己如果要在国内学习，结果肯定会很糟糕，“我是那种比较任性，而且不服管

教的人。在国内学习肯定学不动。”

小郭把学习的目光投向了国外，“听说国外学习比较自由，所以就有点想出去上学”。带着这样的想法，小郭找到了 VPEA 去了解中加班的情况。“因为 VPEA 的中加班都是根据加拿大的真实教学内容、教材和教学方法制定的，所以整体来讲教学氛围挺轻松自由的，我还是挺喜欢的”。在国内学完一二年的课程之后，小郭就可以直接转到加拿大高中继续上学，然后升大学。

最重要的一点是，加拿大的教育很支持学生发挥自己的优势和特长，很鼓励学生坚持自己的兴趣爱好。“国外有很多学校的球队呀，乐队呀什么的，而且很希望学生去参与。虽然我去那边了肯定不能作为职业的运动员了，但把自己喜欢的东西作为一个兴趣爱好去发扬，加拿大那边还是一个很好的选择”。所以小郭就决定进入 VPEA 中加班学习了。

在中加班学习的时候，没有了成为职业运动员的紧张感，也没有了中国高考给予那份巨大压力，小郭就可以一边发挥自己的体育运动特长，一边相对比较轻松的学习英语和其他课程。小郭在国内成为网球教练，在学习的同时，用另一种方式继续着自己的兴趣爱好。“我觉得教人打球也挺有意思的，可能以后也想往这个方向靠一靠”。

VPEA 中加班学生出国前毕业典礼

在完成了1年的中加班学习之后，小郭来到了加拿大继续高中学习。“来了之后发现与我想的一样，学习和生活环境真的挺自由”，非常满意在加拿大的生活。“不过有的时候觉得，太自由也不是一件好事。”但小郭也对这“自由”有些“警惕”，“自由支配的时间比较多，你得有非常强的自控能力才行，不然一不小心你就会玩野的”。小郭在这里对学习有了一个新的认识，“感觉在国内读书，听老师的指令是最重要的；但在加拿大，我觉得自控力是最重要的，比学习成绩更重要”。

领悟到这一点的小郭，对自己的日常生活进行了良好的规划。“我觉得我高中生活真的很充实!”凭借着对运动的热爱，小郭在课余时间不会浪费太多时间，“我除了去学校上学，回家写作业之外，每天放学后都有训练，有时候会有比赛。因为这边作业并不是很多，所以我有很多时间都去训练网球、篮球、足球、橄榄球等。这么想来，我还真的挺忙的呢，哈哈。”

除了能继续自己的兴趣爱好让小郭非常开心以外，加拿大人对于他有运动特长的态度也让他非常骄傲。“在这边我有更多的机会和动力去搞体育，因为在这边你有个什么特长就会很厉害，老外会觉得你很特别。”小郭在学校已经算是个体育小明星了，“在这边你有太多的机会去展现你的特长了，如此一来你就会很受注视。”

在国内，很多家长和同学都不是很理解练习体育的学生，觉得他们多少有点“不务正业”。“所有的一切都得为学业让道，什么特长、兴趣，全都靠边。”小郭对这一点深有感触，“想当年我为了中考，放弃了职业网球的梦想，一整年都没怎么训练。哎，那时就觉得，在国内你有特长没用啊……”但在加拿大，这样的情况却恰恰相反，“加拿大这边特别适合有才艺的同学来发挥自己，展现自己”。所以小郭的体育特长，在加拿大成为他身上的一个亮点。

凭借着这样的“特别”，小郭与学校里的其他同学建立了很好的关系。同时也认识了许多热爱体育的人，并且有空也会去教别人打网球等。逐渐地，小郭的“体育才能”让越来越多的人都认识他。

这也更加鼓舞了小郭“变得特别”，“自己喜欢体育，同时又能以此来获得尊重和关注，多好呀”。而小郭也很享受这种感觉，“如果与别人都一样多没劲，有一点特别的地方才有意思呀”。

（三）“我看重的是专业，并不是所谓的学校名气”

在高中上学的时候，有自己“独特的技能”，小郭在选择高等院校的时候，也展现了一把自己的“特别”。

虽然小郭在高中的成绩算不上是“学霸”级别，但上一个普通的加拿大大学还是比较有把握的。但是小郭却没有选择这样“普通的道路”，“我最后选择了学院的 Bachelor of Sport and Fitness Leadership-Sport Managements（体育健身管理学士学位）”。

当时在 12 年级的时候，所有高中生都面临着大学申请的这一难题，小郭也不例外。“我知道有问题可以去找 VPEA 老师，那会我也与同学一起去找了老师了解情况。”VPEA 老师对小郭的独特事迹早就有所了解，因此也很期待与小郭一起商讨大学申请的事项。

VPEA 老师从小郭的家人那边了解到，他的父母还是希望小郭能在加拿大的大学进行学习。“毕竟我爸妈觉得，我在国内上不了什么好大学，好不容易来到了加拿大，可以去一个不错的大学，当然应该去了。”但是小郭自己却有不同的想法，“我觉得加拿大的 college（学院）有我喜欢的专业，而且更加偏向于实际操作的学习，我觉得更符合我的情况”。

小郭把自己的想法告诉了 VPEA 老师，“我就说我还是想学习与体育相关的内容”。VPEA 老师也支持小郭的想法，“VPEA 老师了解加拿大的高等教育，也很赞同我的看法。与其去一般的大学学习我不感兴趣的专业，不如找一个学院，真真正正地学一点自己喜欢的技术，好学习，以后也好就业”。

小郭这样的想法其实在留学生群体中并不多见。大部分国内的家长都认为大学（University）才是中国留学生应该去的地方，而且最好是在世界排名中靠前的名校；并且所学的专业最好是商科、工程这一类“高大上”的专业。而所谓的学院（College）则被认为是类似于国内的“专科学校”。对于学院中的文凭课程（Diploma）更是不愿去考虑了，更别说是从 Diploma 再进一步深造，拿到本科文凭了；这会被认为是走国内“专升本”一样的路径，并且担心就业单位会介意学生的“第一学历”。所以很多家长根本不会考虑加拿大的 College 和其中一些并不常见的专业。

在加拿大的高等教育体制中，国内家长担心的问题并不存在。这一点小郭也认识得非常清楚，“很多好就业的专业只有在学院才开设，大学是给学霸们学习用的”。在加拿大，学院的主要职能是培养就业型人才，大学是为了培养学术型人才；所以学院开设的都是一些就业对口的专业。如小郭学的体育健康管理，只有在学院中才会有，在大学中就几乎看不到这个专业。

所以在大学和学院的抉择中，小郭毅然决然地选择了自己喜欢的这个在学院中才开设的专业。“这个学院的专业特别，我觉得其他的学校没有把很多的精力放在体育系上，所以我就决定选这个了”。小郭对自己想要什么非常清楚，“我看重的是专业，并不是什么所谓的学校名气”。

小郭觉得，实实在在地去做自己喜欢的，适合自己的东西才是“王道”。“别总想着要与别人一样，要让自己与众不同。”

就这样，小郭与 VPEA 老师筛选出来了小郭现在所读的专业。“那会我还专门去学院听过这个专业的介绍会，觉得与自己各方面期待都很契合，所以就决定了”。

Alex 点评：小郭同学是把兴趣特长与专业结合得非常好的留学生，也是一个很成功的留学案例。他拿过好几个网球冠军，又是学校篮球队主力，同时在学习上也找到了自信，基本上属于明星学生，期间还帮助 VPEA 做了不少义工活动。他出国留学之前，自身的目标就非常清晰，其父母的意愿也很明显，那就是往体育专业方向去发展，大学选择体育健康管理专业也是如愿以偿。北美的教育基本上属于个性化教育，其学校也经常说自己是 Personalized Learning，每个学生都是一颗种子，长出来的花的颜色、形状应该是各不相同的，但是很多中国的家长往往都是刻意追求名校，并没有顾及孩子自身的兴趣特长发展，小郭同学的案例可以起到一些积极的借鉴作用。

此外，加拿大的教育体制中选修课的种类丰富，的确可以让一些学生的专长得到发挥，也希望留学的同学们不要放过这么好的机会，切勿一味地只是追求学术成绩，要知道兴趣爱好往往伴随自己一生而不是成绩。

VPEA 2017 大学录取榜（5）

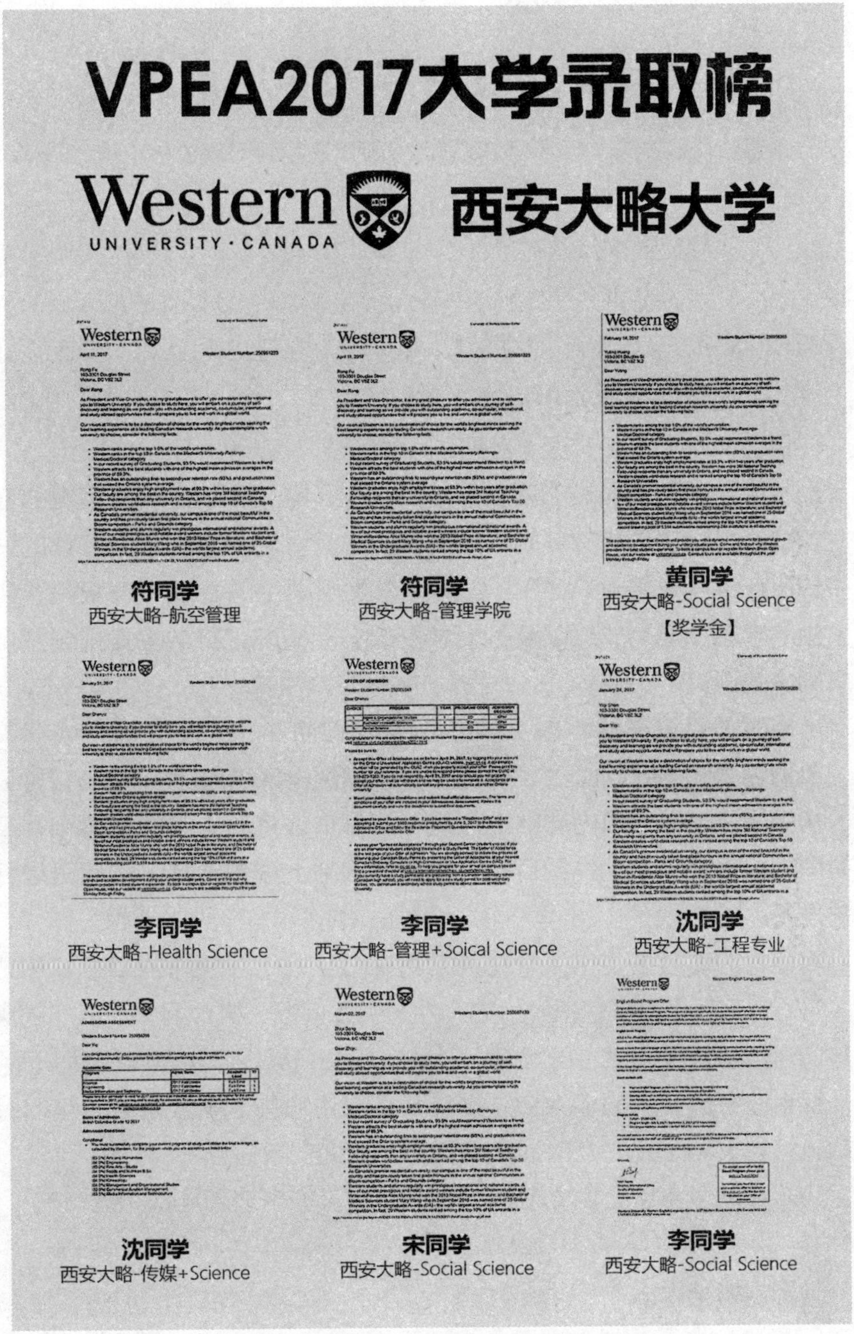

VPEA 2017 大学录取榜（6）

加拿大公立高中和大学申请简介

（一）加拿大公立高中申请

加拿大高中申请一般需要提前至少半年，家长和学生首先根据自己的情况，选定目标省份和教育局，然后在所选教育局中选定想要就读的三所高中（所选学校无优先顺序），教育局在收到学生的学校申请表后，会根据学生的志愿、学习成绩以及各个学校的实际情况，将学生安排到其中的一所高中就读。

申请时需要提交的材料主要包括护照扫描件、中英文初中成绩单原件、申请费200—300加元、学校申请表及寄宿家庭申请表、疫苗接种记录卡、初中毕业证书、国内老师推荐信等，每个教育局所需的材料和费用可能有差别，家长和学生先在目标的教育局网站上查看清楚，然后再进行材料的准备。

申请表的填写主要包括学生的家庭父母信息、学生个人信息、加方监护人与寄宿家庭信息（包括学生的个性、生活偏好、饮食习惯、医疗健康情况）、申请类别信息、高中学术项目信息，学生只需按照实际情况填写即可。

符合教育局要求的学生会先收到预录取通知书，等缴纳第一年的费用之后，将会收到正式的录取通知书和寄宿家庭安置信息。

VPEA的学生将会由专业老师指导其按步骤申请和准备相应材料。

（二）加拿大大学申请

加拿大大学申请同样需要最少提前半年开始准备，在加拿大读高中的学生一般从高二下学期就开始准备，由于加拿大升入大学不需要通过高考、SAT之类的专门考试，学生只要修满高中的学分，取得高中毕业文凭即可申请进入大学深造，申请时一般需要提供高中毕业证书或者在读证明、高中成绩单、学校任课老师的推荐信2封、雅思成绩以及学生的个性化申请文书等。国际学生申请大学的时候，雅思成绩是非常重要的，往往会影响到大学对你的录取，所以雅思考试越早越好（2年成绩有效），大学录取时雅思要求一般是6.5分，各部分小分不低于6.0分。

由于学生申请时还没有高中完整的成绩单，学校会先给学生发放预录取通知书，学生12年级的课程成绩全部公布之后需要把成绩单发给学校以获得最终的录取。大学一般会根据学生在11、12年级的选课和12年级的4—6门重点科目的平均成绩来判断其学业水平，不同的学校和专业会侧重于不同的科目，学生可在12年级选课前根据心仪大学的要求修读所需科目，也可以根据自己的课程成绩选择申请符合自己学业水平的学校以保证录取率。

学生在申请时要注意拉开档次，根据自己的目标和学业水平选择不同层次学校进行申请，并且要注意各大学的申请截止日期和材料截止日期。

VPEA组织学生进行大学名校游学

VPEA 学生在维多利亚大学游学

加拿大有完善的大学专业分体系，学生如果不能直接升入排名靠前的大学，可以通过先就读基础类大学或者学院（College），修满大一、大二的课程之后转入一流的大学，最终获得该大学的本科学历，想通过此类“曲线救国”方式的学生需要在提前了解清楚转学分政策和要求，根据自己的需求选择相应的学院。

（三）加拿大大学专业类别申请和就业难度分析

1. 大学的选择

加拿大大学多数为公立大学，全都经过政府的严格规范、鉴定及审核，其教育水平处于世界高水准之列。加拿大大学分为三类：医学博士类、综合类、基础类。三类大学各有特色，有的拥有强大的科研力量，有的擅长于基础教育。

1）直接申请名校

与美国申请名校需要提供 SAT 考试成绩不同，加拿大的名校更看重学生的平时表现。申请名校一般需要提供“硬材料”和“软材料”。“硬材料”包括学生的高中平时成绩，雅思或托福考试分数（加拿大大学申请主要以雅思为主），部分大学要求由在国内高中毕业后申请的学生提供会考、高考成绩等，在加拿大读高中的学生则不需要提供。“软材料”包括学生的比赛记录、社团活动表现、兴趣爱好特长或者推荐人的评语等。成绩优秀、思维活跃、特长突出的学生更可能获得名校的青睐。

2）语言＋本科双录取

一般来说，医学博士类将重点放在高端科研方面，因此在本科教育上，基本不提供双录取。综合类和基础类大学的主要师资力量全放在本科及硕士学生身上，甚至还有优秀的本科学校把对本科学生的培养按照硕士的模式进行。一般实行小班制，一个班级 12—30 人，教授可以更多地顾及到每位学生。对平时成绩中等偏上的学生来说，是非常好的选择。学生在基础类大学学习一段时间后，通过转学分的方式进入到名校的例子数不胜数。先给自己一个宽松的学习环境，学有余力，再冲刺顶级大学，是一种非常有保障的选择。

2. 专业类别申请和就业难度分析

北美专业，主要分为六大类：文、理、工、商、医、法。其中，医学和法律，一般需要完成第一本科学位后才能申请，而且通常不接受国际生申请。因此，面对国际生的专业类别，主要是文、理、工、商。

申请量：本科阶段申请文科、理科、商科的人数最多，工科其次。

申请难度：文科最易申请，理科和商科次之，工科最难。

毕业和就业：工科最难申请，同样最难毕业，但毕业后最容易获得工作机会；理科和商科在学习难度和毕业就业方面都处于中游，文科最容易毕业，但为了提高就业机会，往往会辅修一门理科专业，或者大学期间增加社会实践、实习机会，业余实践辅修获得一些理工科证书，这些都是有利于就业的。

3. 文理工商适合人群分析

申请文科的同学，其文科知识方面的理解速度，往往强于理科一些，因此，希望学习自己的优势科目。此外，文科的一些课程也是不可替代的，如传播学、古典研究、考古学等，出于兴趣选择文科的同学也很多。有些同学申请文科，是因为采用了田忌赛马的申请策略，因为一些顶尖大学的理工商科录取要求比文科高，竞争也更激烈，所以申请文科来提高申请名校的成功率，目的是先进入理想的大学，之后再根据需求进一步发展。

申请理科的同学，往往有不错的理科基础，而且对自然科学有颗好奇心。理科是西方高等教育最精华的部分。此外，学习理科的同学多数有以后攻读硕士的打算，相比工科，理科学生基础更扎实，学术方向更专，学习过程中，偏向学生学习习惯、方法、能力的培养更多一些，课程偏向研究更多一些，这些都为日后读硕士打下了坚实基础。

选择工科的学生，首先学习能力很强；其次，应该有很好的动手能力，更多的工科生毕业后会先工作，日后再申请同学科或商科硕士。工科最大特色是好就业，好就业的主要原因就是工科类专业通过严格的竞争来筛选人才。学习期间淘汰率高，最终顺利毕业的学生的学习能力、抗压能力、综合素质、情商、智商，自然也出类拔萃，因此容易就业就在情理之中了。

学习商科专业的学生，多数相对外向，头脑灵活，也许还有些“坐不住”研究学问的同学，但多数学习商科的同学，是渴望与人沟通，并通过沟通和与人相处，提高自己的能力和智慧，商科是中国学生申请最多的。

此外，西方的金融体系比较发达，因此一些专业学科，如金融、会计的就业一直不错，但需要注意的是，这些就业不错的学科，关键不是本科或者硕士毕业，而是是否获得国际认可的注册资格证书。如果只学到金融和会计的基础，但没有取得资格证书，希望从事专业领域工作，就会比较难。而如果取得了金融分析师，注册会计师等认证，就业就会容易很多。

4. 文理工商常见专业和热门申请专业

文科：加拿大文科专业主要包括经济学（商科也有）、心理学（理科也有），生物学（理科也有）、建筑学、认知科学、社会学、传播学、环境研究、股票研究、电影研究、视觉研究。

最常申请的文科专业：经济学、传播学。

理科：加拿大理科专业主要包括生物学、生物技术、生物物理、生物化学、化学、大气科学、天文学、地球与环境科学、地球和海洋科学、生态学与进化生物学、计算机科学、环境化学、环境科学、地球物理、地质科学、微生物学、微生物与免疫学、分子，细胞与发育生物学、数学与经济学、数学、物理、心理学、药理、海洋学、动物学、统计。

最常申请的理科专业：计算机科学、数学、统计学、心理学。

工科：加拿大工科专业主要包括机械工程、电气工程以及土木工程、化学工程、计算机工程、工程物理、软件工程、工业制造业工程、环境工程、材料和冶金工程、生物系统工程、采矿和矿物工程、地质工程。

最常申请的工科专业：工程（大一大二基础课，之后选择计算机工程、机械工程、地质和石油工程、电子工程等）。

商科：加拿大商科主要包括工商管理、金融、会计、人力资源、经济学、酒店管理，市场营销等专业，其中，经济学，酒店管理，市场营销和人力资源对数学要求少，会计、金融对数学要求高。

最常申请的商科专业：金融、会计、工商管理（大一大二基础课，之后选择金融、会计、人力资源、市场营销、运营管理、组织行为研究等）。

留学加拿大费用

（一）加拿大公立高中费用

加拿大公立高中的费用较低，主要包括学费 13 000 加元左右，医疗保险费用 1 000 加元左右，寄宿家庭安置费 300—500 加元，10 个月的寄宿家庭费用 8 000—10 000 加元，以及一定数额的活动费等，各教育局的费用标准均不相同，且每年的收费标准会有小幅的浮动。

学生在加拿大读高中期间的食宿都是由寄宿家庭提供的，因此每个月几百加元的生活即可满足正常的生活学习需求。

（二）加拿大大学费用

在加拿大读大学所需的费用因留学所在省份和所修科目的不同有很大差别。一般来说，魁北克省大学的学费最高，安大略省也比较高，其他省份相对要低一些。加拿大大学多数是公立的，因此费用是核定价格的，相对比较合理，学费标准的主要依据是各校所处城市的地价、人工和物价水平，以及学校的规模、设施等综合运营成本，还有专业教学所需的额外成本，以及招生供求程度等。实际学费的多少也会根据学生自己所选课程学分的多少决定，修读学分越多，应付学费也越多。

每年的学费一般在 16 000—20 000 加元。如果住在学校宿舍的话，一年大约需要 2 300—4 200 加元；如果与同学朋友一起租房住，还可以节省一些费用，食宿费用也与所处城市有很大关系；大学期间的医疗保险费用一般约为 1 500 加元，书本费等每年需要几百加元。

转学分政策

在加拿大，学生进入自己理想的高等院校实现自己的学习目标有两种途径：一是直接型，从高中直接申请并被心仪院校所录取；二是间接型，由于未能达到直接录取线而先从其他学校开始，在完成至少一年或两年课程后，成绩达到一定要求，然后转学至自己理想的学校。学生转学后在毕业时将会拿到新学校的毕业证书，所以转学过程中，在原来学校所修的学分有部分将会被转换至新学校，以认证为学生在进入相应年级前所需要满足的学术要求。

如果学生被新的院校录取，而且新的专业也与之前所学专业高度匹配，那么在之前院校所修得的学分可以被认可，并用于满足新院校毕业的部分要求。不同省份的转学分制度有所不一。

（一）英属哥伦比亚省

只要在 BC 省官方的转学分指导网站 BC Transfer Guide 上所列出的课程都可以被认定为是能进行学分转换的课程。该网站为有转学意愿的学生提供了非常便捷的查询搜索引擎，学生在网页上可以查到自己本校的课程能否被更优秀的大学所认可，也可以查询到理想学校专业要求学生在原来学校完成的对等科目类型以及科目代码，以便修读所需课程。

BC 省可转换的学分分为以下几种类型。① 指定学分（Assigned credit）：这类学分必须是从指定的科目修得以认证为新学校所需要学生之前完成的科目。如某生想从北英属哥伦比亚大学转入维多利亚大学，那么维多利亚大学要求转入的学生之前必须修完相当于本校 UVIC ENGL 115

的课（英语 115），而维多利亚大学又指定了北英属哥伦比亚大学的 ENGL 100（英语 100）为对等科目，那么学生想转学就必须完成英语 100 这门课。② 非指定学分（non-assigned credits）：这类学分指的是从本校的一门科目修得的学分能够对等于新学校对转入生某一类科目的要求。如转入学校要求学生来校前修得一门大一的法语类学分，那么原来学校大一级别的不同类型的法语课程都可以被认可。③ 组合学分（cluster credits）：这类学分指的是目前学校的两门课程合并才能对等新转入学校所要求学生之前必须修读的科目。如英属哥伦比亚大学要求学生转入前必须修完对等该校 HIST 125（历史 125）这门课的课程，那么作为 Douglas 学院的学生按照英属哥伦比亚大学的要求就需要修完 History 1115 和 History 1130 两门课程才行。④ 整合型学分（Block credits）：指的是当前学校取得的证书或文凭等够作为整体转化为新学校的一部分学分。

转学分需要注意的是：① 具备转学或转学分最基本的条件是修得至少 24 个学分并且每门课获得 60 分及 GPA2.0 以上的成绩；② 如果学生没有通过转学分的科目，那么学分就不能转换；③ 转到其他省就读大学时，除了基本的课程之外，相关专业的匹配度将会成为关键因素；④ 如果只完成了组合学分中的一门，那么该组合学分也不能被认证转换；⑤ 学分转入新学校后，新学校可能会对原有科目的 GPA 根据学校的要求进行重新计算。对于想通过转学这种“曲线救国”方式读名校的学生来说，一定要在第一所学校选课前搞清楚目标学校的课程与分数要求，然后尽可能每门科目都取得高分，以确保转学之路畅通无阻。

（二）安大略省

在安大略省，最常规的学分转换方式是从学院的文凭课程转入学院的本科项目或者大学的本科项目。在学生申请转入新的本科项目或者院校的某个阶段时需要根据规定递交相应的学分。因为专业和科目种类繁多，安大略省的官方转学分网站没有提供一个统一的转换学分标准，但是为学生提供了非常精确的专业和院校搜索引擎，各个类型的学生都可以点击自己所属的相应类别进行搜索，了解在读的科目或专业是否能够转化或对等于理想学院何种类型的课程和科目。有在安省转学意向的同学可以搜索安省转学分网站，上面提供了非常详细的信息搜索，可以列出目前就读的院校及科目并选择自己心仪的理想院校，在网上进行匹配，查看是否可以进行转学以及如何转换目前的学分。

（三）魁北克省

在魁北克省的政策中，对于想转学就读的学生，在之前学校学习的成果是可以被转入学校所认证的，但最多只能转化成新学校专业 2/3 的学分。不同学校以及学校内不同专业的要求不一，所以魁省转学分的官方网站上明确注明了哪些科目的学分最终可以被转换将取决于新学校专业的课程委员会。

在魁北克省转学分课程大致可以分为两个类型：① 部分 CEGEG 即大学预备学院当中的课程。在魁北克省的教育制度中，三年中学后，所有学生都必须要参加大学预备学院，并修满两年的学分，才能进入大学进行学习。在大学预备学院所学的课程可能会在大学被认证并代替部分大学课程的学分，但这类课程主要为技术类型。② 大学之间互相转换的学分。只有签署魁北克大学转学分协议（Agreement between Québec universities to approve studies at an external institution）的学校才会互相接受对方的学分，转学分网站上可以查到目前接受转学分大学的相关政策和要求。

加拿大大学与学院的区别

很多学生和家长会认为北美教育体制下的学院（College）就像国内的技校、大专院校那么低端，盲目地认为孩子选择读大学（University）一定比读学院好，而实际情况并不是这样的，有的学生反而更适合到学院学习，家长和学生可以提前了解清楚两者的区别和优劣势之后，再根据自己的情况做出最佳的选择。

大学是提供教学、研究条件和授权颁发学位的高等教育机构，通常包括授予学士学位的一个本科生院，下设不同学院及学系，以及授予硕士和博士学位的研究生院或研究所。本科学位需要3—4年可以获得，而对于想继续深造（硕士学位）学生，则需要获得“荣誉学位”（第4年）。

在加拿大，学院一般是指职业性、专业性课程的院校，有些可授予学士或以上程度学位的高等院校也会用学院一词。一般来说，学院的文凭课程为2年或3年，部分本科课程为4年，还包含前期培训和实习阶段、语言培训和技能训练等，一些学院还会提供各类从业资格的认证课程。

就注重的方向而言，大学主要注重的是学术研究，或者是培养一些特别专业领域的人才（如医生、律师等），在教学上主要是为想要读研究生（硕士、博士）和将来做研究的学生打基础；学院主要是培养适合就业市场的职业技术人员，更偏重于职业培训，注重的是技能和动手实践能力。

就所开设的课程而言，大学中开设的课程广泛，但都以学术研究为基础，有些技能型的课程是不开设的；学院开设的课程也不少，但大多以职业培训、市场需求为导向，如幼教、酒店管理等。

就社会职能而言，大学主要为社会培养学术精英（科研人员）或一些特殊要求的职业领域人才（律师、医生、管理者），而学院主要为社会培养符合就业市场需要的人才，补齐就业缺口（酒店管理人员、飞机维修人员）。

很多学生、家长都觉得好像只有考试很差的，或者不能被大学录取的学生才会选择去学院，其实这样的想法很片面。虽然对于高中生来说，申请学院的难度确实比申请知名大学小一些，但并不意味着学院就“随便上”。在加拿大，很多知名的学院对学生的语言、高中平均分乃至单科分数都有着不低的要求。以BCIT（加拿大最知名学院之一）为例，想要直录，雅思必须达到6分（大学要求6.5），有些本科专业平均分也要求70%以上。

众所周知，北美的大学一直都存在高淘汰率的情况，很多学生到知名大学就读但迟迟无法顺利毕业，因为大学注重的是学术研究水平，要求非常严格。但学院中没有这种淘汰率，它的目的是让学生掌握技能，只要能顺利通过课程即可，并不会强行限制通过率。

除此之外，现在有越来越多的大学毕业生不能找到心仪的工作，但学院毕业的学生却一直都有着极高的就业率，一般都在95%以上。如BCIT的热门专业就业率接近100%。这是由于学院开设的专业都是专门针对就业市场需求设计，而且经常会根据市场变化和趋势来开设新的专业、关闭不适合的专业。而有些人才极其缺乏、但实践性很强的专业只在学院中开设，而大学是不开设的，因为学术研究没有那么强的时效性和实践性，如现在加拿大就业市场上最热门的幼教专业、酒店管理、护士等专业，都只在学院开设。很多从业职资格证的课程都是由学院开设的，最后也由学院颁发就业资格证书，如大家比较追捧的注册会计师证、幼教资格证等。

许多加拿大当地的高中生会选择高中毕业去学院学习，主要原因是：省钱、离家近，以后还能读大学。学院每年的学费比大学要少一半甚至更多；由于加拿大教育水平是比较均衡的，许多学院和大学之间有转学分协议，学生在完成1—2年的学院学习后，满足一定的成绩条件就可以转入名校继续攻读本科学位，最后拿到的学位证书与被直接录取就读的学生无异。如果不想转学去大学，读满两年顺利毕业拿到文凭之后就可以直接获得三年工签，方便快捷。因此，读学院既省钱，又减少压力，以后还能继续读名校，相当于花了一半的钱在学院读了大学前两年。

由于学院本身的特点和优势，留学生中也有一些学生相对来说更适合就读学院。对于计划移民加拿大的学生而言，学院的学制短，毕业快，可以早点获得工签，同时就业率高，毕业就能找到好工作，所以这些学生相对比较适合选择学院。对于高中成绩不是非常优秀的学生而言，学院的入门要求相对较低，先在学院中慢慢学习大学难度的课程，之后再转入大学是非常好的一个“曲线救国”方式。还有一些学生想要学习实践性很强而大学不开设的专业，如幼教、酒店管理、护士、设计等，也会选择到学院就读。

如果学生计划毕业后回国的话，最好还是优先选择升入大学，毕竟国内是相对比较注重学历和大学品牌的；对于确定要继续深造的学生，直接到大学中打好科研基础肯定是最佳选择。

学院在北美的认可度很高，它与大学是不同类型的教学机构，并没有实际意义上的层次高低之分，到加拿大留学的学生和家长可以根据自己的情况客观判断，做出最适合自己规划的选择。本书附录部分简单介绍了一些热门学院的信息，可供参考。

加拿大留学蓝图时间表

（见下页图）

以入学加拿大11年级的学生为例

高中申请

10月-12月：
有意留学，开始规划
VPEA高中申请 - 规划阶段
分析学生情况，筛选学区/学校

12月-来年3月：
准备材料，递交申请
VPEA高中申请 - 递交阶段
收集学生材料、协助填写申请、
递交后和教育局沟通

3月-6月：
接受offer，递交签证
VPEA高中申请 - 后期+签证
与教育局确认录取/寄宿家庭、
收集和递交签证材料

初入高中

6月-9月：
签证通过，前往加拿大
VPEA高中申请 - 行前指导
指导学生做如何顺利出入境
提供一次语言测试并提供建议

VPEA学业监管 - 落地服务
在机场接到学生并送入寄宿家庭
协助办理保险、手机卡、银行卡
协助购买公车月票等

9月-1月：
初到加拿大学习、生活
VPEA高中学业监管 - 课程监管
无次数限制的提供选课指导
对课程问题提出解决建议
每学期末向家长提供成绩单及学习报告
安排家访等了解学生学习、生活情况等

VPEA高中课后辅导
提供高中各科课程的课后辅导

VPEA高中学生活动 - 圣诞活动
安排圣诞活动给学生，丰富留学生活

12月-来年4月：
跟踪申请，等待/接收录取
VPEA学业监管 - 春节活动
为学生提供春节活动
在新春佳节带给学生温暖

VPEA大学申请 - 跟踪申请阶段
第一批录取发放
继续跟踪申请状态
开始收集发放的offer

VPEA省考辅导
英语12省考辅导
帮助学生顺利毕业

大学申请

9月-12月：
确定方案，开始申请大学
VPEA大学申请 - 递交申请阶段
与学生确定学校/专业后提交申请
递交材料并与大学招生官沟通情况

VPEA雅思辅导 - 冲刺培训
冲6.5分的雅思培训

规划学习

1月-来年6月：
规划课程，为大学申请做准备
VPEA大学规划 - 初期咨询阶段
分析学生学习情况+生涯测试
对大学申请做指导、开展大学申请讲座

VPEA雅思辅导 - 基础培训
一对一/小班教学进行雅思辅导培训

6月-9月：
过好暑假，为大学申请做准备
VPEA大学规划 - 暑假规划阶段
指导学生如何有意义的度过暑假
为12年级/大学申请做准备
为学生筛选大学/专业

VPEA暑期修学分课程-BLC
对于需要重修/提前修学生的同学
提供线上+线下课程培训

顺利毕业

4月-6月：
接受录取，等待顺利毕业
VPEA大学申请 - 接收录取/签证续签
帮助学生接受offer
开始大学签证的递交

VPEA高中学业监管 - 确认毕业
分析学生毕业要求完成情况
确保学生能顺利毕业
举办12年级毕业生毕业活动

大学学习

学院转大学/大学互转
VPEA大学转学/学院转大学
协助学生从学院转入大学

为找工作、就业做准备
VPEA职业培训服务
简历修改、模拟面试
职业技能培训（各类证书培训）

寻找工作

专找工作，等待入职
VPEA求职规划服务
职业定位咨询、行业入门讲座
工作职位搜索等

移民申请

工作一段时间后考虑移民
VPEA移民规划/申请服务
留学生EE/BC PNP
移民咨询、规划及申请

给留学生父母的忠告

虽然我们常常对孩子讲，“出国留学是你自己的事情”，但作为背后强大的支持，父母在学生留学道路上的作用不可忽视。家长的一个鼓励，可能让远在他乡的孩子有了面对困难的勇气；家长的一个冷漠，可能让处在痛苦情绪中的学生渐渐走向崩溃；而家长的溺爱和纵容，更可能让学生为自己不良行为找到最佳的借口，最终造成十分严重的后果。家长，孩子留学路上，你们必不可少。

家长的纵容让留学失去了意义

——聚焦父母溺爱教育

留学的意义在于在逆境中成长，在成长中承担责任。家长要明确自己在孩子留学过程中的角色。你可以没有留学的专业知识，但可以成为孩子处理问题的榜样。

——VPEA

（一）孩子小不懂事，别与他计较

出国留学这件事情，虽然我们常常会对留学生说“留学是你自己的事情”，但事实上并不只是学生自己一个人的事情。家长、学校和其他参与到学生留学活动中的各方，都会在留学生的留学道路上发挥不同的作用。

在这之中，学生家长所扮演的角色，可能是发挥最为重要的作用。有时是积极正面的，但有时却是消极负面的。小 Y 的父母可以说是一个典型。

“孩子还小，不懂事，就别与他一般计较啦。”这是小 Y 父母说的最多的一句话。无论是小 Y 与寄宿家庭发生矛盾，还是与教育局的老师产生了不快，小 Y 的父母总会把这句话挂在嘴边，让对方十分无奈。

小 Y 从小就不听父母的管制，原因倒不是因为小 Y 多么任性调皮，主要原因是小 Y 父母的态度不够强硬，经常在小 Y 犯错的时候，“心一软”就放弃对小 Y 的管教。久而久之小 Y 越来越任性，更不在意父母对他“无力”的批评了。而小 Y 的父母也觉得自己管不住儿子，“我们也想让他不要这么任性，但是管不住呀!”

所以当初小Y看到自己的朋友也出国留学，就向家里要求自己也要出国留学。VPEA老师在接受小Y和其家人的咨询时，了解到了小Y出国的动机。“虽然小Y对他父母说，小Y是想出国感受一下国外教育的不同，但其实我们私下问了小Y，他的初衷是出国没有人管，可以自由地做自己想做的事情。说白了就是没人管，可以放开玩。”

虽然小Y父母知道自己的儿子有很多不好的习惯，可能让他在国外留学时难以顺利完成学习任务。但两人架不住儿子的再三要求，便“心软”地答应了他的要求。就这样小Y“如愿以偿”地来到了加拿大读高中。

在国内“自由惯了”的小Y，在加拿大的课堂上也开始“为所欲为”。刚一开学，不爱学习的小Y就开始上课睡觉、偷听音乐、玩游戏，还经常骚扰别的学生。虽然老师对小Y的这些行为进行了多次提醒，但小Y非但不想改正，还不承认自己的行为是不恰当的，与老师争执了起来。在多次警告无效后，教育局下发了一封警告信给小Y，希望他与他的家人能引起重视。

当VPEA老师把小Y收到警告信的信息汇报给小Y家长的时候，虽然小Y妈妈觉得小Y做得确实不对，但给VPEA老师和教育局的回复是，“孩子小，可能还没适合新环境，麻烦您让教育局多包容一下他，我相信他慢慢会好的。”本来想借着这封警告信让小Y意识到自己应该收敛一下自己不当的行为，但小Y妈妈的这番话让原本还有一点悔改之意的小Y反而变得更加不在意了。“我妈都说了，我还没适应新环境！所以我这样做是情有可原的！”这第一次的警告并没有给小Y和他家长带来任何反思和警醒作用，反而助长了小Y的“嚣张气焰”。

抱着“我犯错，我有理”的这种态度，在第一次警告还没有消除的情况下，小Y又“无所畏惧”地开始“我行我素”了。一天上午，小Y因前一天晚上打游戏到半夜而无法早起去上学，但又担心学校会因此记他旷课，所以他就骗寄宿家庭妈妈说自己拉肚子拉得厉害，让她帮自己给学校请假，不去上学。寄宿家庭因为担心小Y的身体健康，所以赶紧向学校说明了情况，帮小Y请了假，并火速带小Y去医院检查身体。在诊所耗时两个多小时之后，寄宿家庭却被医生告知，小Y没有任何身体异常。但此时的小Y却还是坚持说自己身体难受，不说实话。心中充满疑惑的寄宿家庭把此事告诉了VPEA老师和小Y家人，最后才从小Y那里证实，小Y只是不想上学所以才编了这么一个借口。其实身体根本没有任何不适。就这样，被欺骗的寄宿家庭和教育局感到非常生气，又给小Y发了一次警告。

在这次警告之后，小Y的父母终于做出了一些反应，“这件事情确实是小Y做得不对！我们已经很严肃地批评过了他了，告诉他以后不要再像这样欺骗他人了，也不要无端旷课”。原以为小Y的父母已经意识到了问题的严重性，会好好与小Y沟通此事。但是小Y的父母话锋一转，还是说了这样一句话，“但是孩子那会可能真的身体不舒服，小孩子说话不考虑后果的，不懂事嘛，希望寄宿家庭和学校能多理解一下他。”小Y的父母又一次以“孩子小”为借口帮小Y“开脱”了错误。

然而在第二次警告和第一次警告都还没有消除的事后，小Y又发生了问题。这一次，寄宿家庭非常生气地把小Y直接告到了教育局，请求赶走他。这一次的原因是拖欠寄宿家庭的租金。

在VPEA老师从教育局接到这个消息的时候，猜测是寄宿家庭小题大做了，拖欠几天租金应该不至于闹到这么严重的地步吧。在通过多方了解完情况后，VPEA老师才弄清楚了问题的原委：小Y在约定的交租时间只交了100加元的租金，剩下一大部分租金一直在拖欠，理由就是自己没钱了。但寄宿家庭说，在小Y拖欠租金的那几周里，每周小Y都会去温哥华购置大量的奢侈品回来。所以寄宿家庭就又向小Y追讨剩下的租金，但小Y还是以没钱为由拒绝交租。“钱花完了，确实没钱了!”这件事情让寄宿家庭特别生气，指责小Y是恶意拖欠租金。但小Y并不觉得自己这样做有什么错，“我爸妈给我的钱，我想买什么就买什么，想买多少就买多少，想怎么用就怎么用!”于是寄宿家庭生气地将小Y的行为状告到了教育局。综合前两次发生的事情，教育局立即给了小Y第三次严重警告。

VPEA老师认为小Y的这次行为非常不妥。而且连续几次受到教育局的警告，VPEA老师要求小Y重视一下自己的言行，尤其是“拖欠房租”一事应该进行严肃的反思。但在这一点上，小Y的父母却表现得非常“开明”，“小孩子嘛，我们从来也没有限制过他花钱。有钱了就让他花花，反正我们也不是负担不起，我们不想苦了孩子。”所以对于小Y有钱购买奢侈品但却没有及时给寄宿家庭缴清租金一事，其父母并不认为是孩子的错，“哎呀！不就是几百加币的事情嘛！寄宿家庭怎么对一个小孩子这么苛刻呀！寄宿家庭是大人，应该多宽容一下小孩子呀。”不仅如此，面对小Y的第三封警告信，小Y的父母甚至还怀疑寄宿家庭对自己孩子有偏见，“他们就是见不得我们孩子有钱！我怀疑他们是歧视中国人，嫉妒我们家孩子！”

（二）学生被开除，家长很委屈

因为小Y多次被教育局警告，VPEA老师感觉到学生的处境非常危险，岌岌可危，只要再多犯一次错误，就可能要面临被开除的结局。所以VPEA老师多次建议小Y的父母，要不找个人来陪读，监督小Y不要再犯错误收到警告了；或者转学去一些管理比较严格的私立高中，但都被小Y家长拒绝了。“我们不想给他施压，不想他有太大压力。他还这么小，没有成年呢。我觉得这些问题给教育局说说，再多宽容宽容，这些都是可以解决的。”

收到三封警告信后的小Y和其父母，虽然明白这样频繁的警告预示着小Y必须要谨慎行事才能继续在加拿大上学，但小Y的父母却也“无能为力”，“他从小就是这样的性格，我们也尝试了很多次，但就是管不住他。”小Y的父母不觉得小Y所做的事情有多严重，“他没有坏心眼的，很多事情不是他故意做的。而且也没造成什么严重的后果嘛！”

就这样，在家长的纵容下，虽然被警告多次，但可以从家长那里得到庇护，小Y对自己的这些行为也没有足够的重视。因为一次一次地原谅，父母一次一次地帮自己解脱，小Y就有些“有恃无恐”了，“每次都警告我，每次吓唬我说要开除，我还是好好的在这嘛”。像“狼来了”的故事一样，小Y对学校的警告熟视无睹，直到这一件事情的发生。

暑假马上到了，迫不及待想回国玩耍的小Y，在得知放假日期的第一时间，就火速买了机票回国准备过暑假。按照教育局的规定来说，学生从寄宿家庭离开出门远行时，无论是放假回国还是出门旅游，都应向寄宿家庭说明原因，并告知离开和返回的日期。但小Y暑假回国时并没有对寄宿家庭说明自己离开和返回的时间。在回国那天自己拎着行李，说走就走了，连个招呼都没有打。回国之后，小Y也没有联系寄宿家庭告知回加拿大的日期。万分无奈的寄宿家庭只好向教育局和VPEA求助，希望能了解到小Y的返航航班信息。但在国内玩嗨了的小Y并不理会VPEA老师的信息和来电，最后VPEA老师联系到小Y的家长，才要到了小Y的返航信息，并告知寄宿家庭。

虽然寄宿家庭对小 Y 的这一系列行为表示非常不满，但为了履行自己的义务，小 Y 的寄宿家庭还是赶到了机场去接机。到了返程的那一天，小 Y 的寄宿家庭等了许久都没有在机场见到小 Y 的身影，而且也无法与小 Y 取得联系。寄宿家庭对此非常担心，所以就紧急联系 VPEA 老师。VPEA 老师在辗转询问了多方，使用了不同的信息渠道，才在数小时后联系到了小 Y。原来小 Y 早在几天前就已经改签好机票了，所以那天是不会返回加拿大了。

听到这个消息之后，寄宿家庭终于忍无可忍，愤怒地将驱逐小 Y 的申请上报了教育局。在之前的警告还没有消除的情况下又发生了这样一起事件，教育局便毫不犹豫地给小 Y 发出了开除信，并且要求小 Y 立即离开学校，返回中国。

当听到小 Y 被开除的决定时，小 Y 的父母感到有些震惊，“就因为一个接机的问题，就把我们家孩子开除了?”除此之外，小 Y 父母还感到非常的气愤。他们认为自己的孩子是受害者，频频为自己的孩子“打抱不平”，“那个寄宿家庭老是与我家孩子过不去！就是因为他们老跟教育局说我孩子的坏话，所以才导致我家孩子被开除的！他还是个孩子，他们也是做父母的，做家长的，就不能多包容一下吗?”

当 VPEA 老师与教育局沟通开除之事是否还有回旋的余地时，教育局的态度十分坚决。“教育局觉得他们已经给了小 Y 很多反思的机会了，但是他和其父母都没有重视起来，那就只好用开除的方式让他们吸取教训了。”

在 VPEA 帮着小 Y 处理开除之后的事情时，小 Y 的父母还是无法理解为何教育局和寄宿家庭不能多包容一下自己的孩子，他们感到万分委屈。“这次来加拿大上学，我们孩子受尽了欺负和歧视！他还是个孩子，不懂事呀！不应该这么针对呀！”

带着无尽的委屈和不解，小 Y 和父母踏上了回国的航班。

（三）留学的意义就在于承担责任，溺爱让其失去意义

虽然 VPEA 老师和教育局对小 Y 的离开表示非常遗憾，但也表示这也

许是让小 Y 和其父母重新反思自身行为的一个契机。虽然小 Y 被开除的原因主要是他在学校和寄宿家庭差劲的表现，但问题的根本并不只是这么简单。

在一次次的警告背后，小 Y 父母对小 Y 的纵容和溺爱，是导致小 Y 没能纠正错误最后被迫退学的深层次原因。“他的父母总认为小 Y 还小，出现问题都是有理由的，是可以原谅的，有时还帮孩子找借口。这样长此以往，孩子当然不会想着自己承担责任了”，VPEA 老师对小 Y 家长在这个事件中起到的作用表示非常不解，“如果说学生因为年龄小，没有承担责任的意识还算可以理解的话，家长帮着学生一起逃避责任，那就说不过去了。”VPEA 老师在与小 Y 父母的沟通中，经常会觉得“无从下手”。“本来学生就不爱听学校和老师的话，所以就需要家长和我们一起与学生沟通。但如果家长总是帮着孩子说话，我们和教育局作为第三方，就更没有办法让学生意识到自己的问题了。”

“当学生遇到问题，父母想帮学生解决问题、安抚学生的情绪这是无可厚非的”，VPEA 老师其实十分理解家长“爱子心切”的心情，但肯定也是要明确最后的目的和使用的方法。所以作为家长，不是要帮孩子把一切都扛下来，而是让孩子知道哪些该做哪些不该做，哪些责任应该自己去承担。

虽然像小 Y 这种因屡次违反规定而被教育局开除的学生不多，但 VPEA 老师觉得小 Y 父母的这种做法，其实并不是个特例。“在我们的服务经历中，有很多家长会觉得，自己宝贝孩子出了国，没人照顾，人生地不熟，肯定会受很多苦。所以在一开始就把自己的孩子放在弱势的这一方，反而产生了更多的呵护感。”而现在的很多中国家长，为了能让孩子出门在外少受一些苦，所以就帮助孩子在留学过程中尽可能地避免压力和痛苦。正因为这样，这些家长会更加溺爱孩子，无论从精神上还是经济上，都会比以前更加迁就孩子。“如很多家长就会给孩子打很多钱，孩子要买什么就买什么。尤其是如果孩子说，自己吃得很不好需要钱出去改善伙食的话，很多家长就毫不犹豫地给钱让孩子去花了”。

但这些家长没有意识到，留学生“受的苦”其实都是让他成长的机会。“留学生在留学的过程中，经历精神、身体的双重考验和挑战，饭吃不惯、语言不通、文化冲击等。这几乎是每个留学生必须要经历的”。留学生的生活并不是大家想象中的那么舒适安逸，“当离开了父母和国内朋友的照顾之后，很多事情不得不一个人硬着头皮去解决。尤其是对英语语言不好的学生来说，简直算得上是一项人生挑战了。”

但也就是在这一次次的“困苦”之中，留学生才能慢慢成长为一个会独立解决问题、为自己行为负责的人。“这才是留学的意义所在。”VPEA老师觉得，家长和学生担心的这些问题，才是真正有意义的地方。“留学生的成长最重要的地方就在于，他们在解决各种困难之后，懂得如何承担自己该承担的东西。”

“但父母的纵容和溺爱可能会让这些东西消失。”VPEA 老师觉得家长的行为是最能影响孩子行为的，“即使孩子远在万里之外，家长的所作所为也会给学生传递自己的价值观。像小 Y 家长这样，在精神上、经济上对学生进行纵容，实际上是变相鼓励学生不要自己承担责任。‘帮着’孩子拒绝成熟，拒绝成长”。

VPEA 老师认为，很多时候在国内家长不太了解真实情况的时候，在脑海里会夸大学生所遭遇的困难。“如小 Y 的父母，觉得学生晚交几天房租就是寄宿家庭在嫉妒和歧视自己的孩子”。这种想法在留学生父母中非常普遍，“因为他们无法掌握学生的真实信息，很容易就听信学生说的一面之词”。尽管 VPEA 老师会把来自教育局和学生的想法都如实反馈给学生家长，“但家长总是更相信自己孩子说的话”。

“所以，我们经常鼓励家长和我们老师还有学校多沟通，对比学生说的话做出相对客观的判断。”与此同时，VPEA 老师也建议家长能够用自己正确的处世态度来影响和引导孩子去做出正确的行为。“所以我们也会了解学生家长的想法，然后给予他们一些如何与学生沟通的建议，如何更好地来引导学生行为。”

虽然 VPEA 会在学生、教育局和家长之间扮演桥梁的作用，帮助解决这三方之间不少沟通上的问题；“但家长与孩子之间的联系是别人无法代替的。”

VPEA 一直都非常重视家长在学生留学成长中所扮演的角色，“父母可以没有留学的专业知识，也可以不陪着孩子上学；但父母的行为方式，却可以成为孩子解决问题的榜样。”

Alex 点评： 父母是孩子的第一老师，孩子身上暴露出来的诸多问题都是父母为人的折射。小 Y 同学整个留学的失败与学生自己及其家庭都有不可推卸的责任，小 Y 表现出来的没有规则意识，撒谎（说自己生病，拖欠房租），不懂感恩，缺乏对寄宿家庭、教育局以及 VPEA 老师的尊重等，都说明孩子整个心智不够成熟，当然父母也认为其还不够成熟，不成熟的心智在一个严格规则运作的教育体制下，其实是很难生存下去的。留学过程中本身对孩子就是一个磨炼的过程，磨掉他们的稚嫩，给他们一些经历让其更成熟，所谓“天将降大任于斯人也，必先苦其心志，劳其筋骨”就是这个含义。如同我们故事中总结的一样，距离产生的信息不对称以及家长对第三方的不信任，最终是害了自己。好在亡羊补牢，为时未晚，汲取这个教训后面的人生路还很长。VPEA 在服务的过程中不怕遇到成绩差的孩子，成绩只能代表过去的一种学习能力，或者说学习兴趣，并不代表将来。我们更害怕的是性格上骄阳跋扈，做人原则等根本缺失的学生，需要花很多的时间与精力去教育其明白和适应加拿大这边的学习和生活规则。学生需要教育，家长很多时候也需要教育，真心希望家长们能够与 VPEA 在沟通上进行无缝的对接，减少类似的案例发生。

留学后，我会享受孤独了

以前特别特别怕孤独，但留学之后，我能挖掘出一个人时的快乐。我变得会享受孤独了。

——X 同学

（一）小公主初来乍到，害怕孤独

小 X 与往常一样，背着沉重的书包从中国的高中下了课，疲惫地回到家中。没想到平时加班很晚的妈妈已经早早地回到了家，等着小 X 回家，“来，小 X，与你商量一件大事”。小 X 放下书包，坐在妈妈对面，猜测着妈妈要说的话。“要不你去加拿大上高中吧?”

小 X 会心地笑了笑，心里想“果然是要说这个事情”。因为在小 X 进入高中的这 3 个月以来，妈妈都会有意无意地对小 X 提起她朋友孩子出国留学的故事，而且还频繁地问起小 X 的想法，所以小 X 早就猜到妈妈有把她送出去上学的想法了。

“可以呀！正好我也挺想看看外面世界的!”一向听妈妈话的小 X，爽快地答应了这个提议。那时候的小 X，满脑子想到的只是外面世界的“精彩”，却忽略了去外面世界独自生活的艰辛。“决定留学加拿大之后是很激动的，所以也就没怎么想过以后会遇到什么”。

在申请加拿大高中的时候，虽然小 X 了解了一些未来可能会遇到的困难，但她也觉得应对起来应该没有什么问题。“如果英语有困难的话，那就多学一阵子就好；如果是文化差异的话，多了解一下就行；如果是学习问题的话，大不了多问问题补补课啦”。小 X 在去加拿大前，对加拿大的

VPEA 向雅思成绩优异学生发放 2 000 元加币的奖学金

生活充满了憧憬。

到了加拿大之后，有一点是小 X 没有想到的，“我是自己申请过来上学的，没有通过中加国际班或者与其他朋友一起申请留学。所以我是一个人，觉得挺孤独的”。

一个人去加拿大上高中的小 X，在异国他乡没有朋友和家人，开始变得害怕起来了。“在家里爸爸妈妈都挺宠我的，身边的朋友也都让着我。但到这边来我一个人都不认识，别人是成群结队地来留学，就我自己是一个人”。虽然小 X 每天都与妈妈视频，得到了不少妈妈的安慰，但从来没有离家这么远的小 X 还是觉得非常地孤独和无助，“当时每天都很想哭。”

这种巨大的孤独感让 X 很是压抑，但又找不到合适的人诉说。好强的她，不想让身边的人觉得自己过得不好，也不想让父母担心，所以就更加压抑着自己的想法。“我想哭的时候其实在大部分情况下还是都忍住了。因为一哭眼睛就会肿得很明显，我不想让别人看出来。我也不想对父母讲，怕他们担心。”

一直无法调整好自己精神状态的小 X 开始变得不爱与别人交流，小 X

也因此在班级里屡屡碰壁。“我身材瘦小，又不太爱说话，所以大家都觉得我很奇怪。尤其是体育课上，因为我不太擅长体育运动，所以会有人悄悄议论我。我胆小又害怕，又不知道怎么办”。那时小 X 感受到的痛苦已经不仅限于“孤独”了，更多的是无助。“我经常感觉人群中就我一个人，但又不知道怎么办”。

有的时候小 X 也会找国内的朋友和同学聊天，试图缓解一下自己的孤独和无助感。但越是与国内朋友聊天，反倒越让小 X 感觉难过。“国内我有很多朋友，他们都会让着我，帮我做事情。但在这里，刚开始我是没有朋友的，别人都早有自己的群体，就我是一个人，反差很大。”这种孤独相比国内的热闹形成巨大反差，让小 X 变得非常压抑，“我那会觉得我肯定撑不下去了，每天都盼着放暑假回国与妈妈好好谈一谈”。

（二）“小公主”摇身变“女王”

经过了几个月的痛苦煎熬，小 X 终于迎来了暑假，所以她在放假第二天就迫不及待地飞回了国，“再不回国我怕我真的会倒在加拿大”。一回到家里，小 X 就连忙倒苦水，与父母描述自己在加拿大的感受。“与他们面对面交流自己的痛苦，让我压抑的情绪得到了释放”。小 X 的父母在暑假里对小 X 做了很多思想工作，也经常陪小 X 到处散心。得到了父母陪伴和抚慰的小 X，慢慢地恢复了元气。“即使别人再怎么不理解我，但只要父母理解我，我就感到非常地开心”。

经过了整个暑假的陪伴和鼓励，小 X 面对困难的勇气和信心又多了起来了。“我的妈妈是个很坚韧的人，她讲了很多她如何克服困难的故事。鼓励并告诉我在这样的情形下正是考验自己能力的时候，要勇敢地去试一试。”得到了妈妈的“真传”，小 X 再返回加拿大的时候，已经变了一个状态。“我要带着自己和父母的期望，迎难而上!”凭着这份力量，小 X 开始改变自己对孤独的态度。“以前害怕是觉得自己一个人不能克服困难，现在我相信自己可以做到的!”

为了更好地磨练自己，小 X 决定每周往返温哥华学琴。“我在国内一直学琴，但因为出国留学，所以就中断了一阵子。维多利亚这边没有我喜欢的老师，所以我就决定每周往返维多利亚和温哥华，找我认识的一个老师学琴。”

在第一次去温哥华的时候，小X鼓起了十二万分的勇气，做足了孤身往返去学琴的准备。“从来没有一个人去过温哥华，还是有些害怕的。不过因为我查好了路线，钱呀东西呀也都带好了，所以还是壮起胆子地去了”。

虽然小X什么都准备好了，但困难还是猝不及防地来了。“第一次过去学琴的时候，温哥华突然下暴雨了。之前手机天气预报没说会下大雨，从没去过学琴地点的我遇到这种情况有点慌。“暴雨让小X慌乱了起来。”当时我是靠手机导航来帮我指路的，当时由于太紧张怕错过站，我竟早下了一站。发现下错站的时候我就更慌了！“小X下车后找到一个避雨的地方，努力让自己镇定下来，思考下一步该怎么办。

“下一班车很晚才会来，迟到不说，可能还会等到天黑，这一站离目的地也不是很远，所以我最后决定跟着手机导航走过去。后来我在雨中跑了20多分钟，才到达目的地。”虽然最后顺利地到达学琴地点，那一次的经历着实是吓到了小X，“那会天已经很黑，我特别害怕有坏人跟着我，所以一直跑一直跑。搞得我到现在我都害怕走夜路”。

但经过了这一遭，小X仿佛一夜间成长了，对自己处理问题的能力有了信心。“第一次顺利到达温哥华，学完琴回来之后还是很有成就感的。觉得我还是可以克服很多困难的嘛！”而且小X还总结了这次的经历，防止下次再出现同样的问题。“当时我就下决心，之后我做事情，要把各方都考虑到，而且遇到事情不要慌，越慌越乱”。

从那个时候起，小X慢慢明白了一个道理：“你自己的事情真的都得自己干。没人可以真正帮你解决问题，无论中间得到了多少帮助，最终还要靠你自己。”

在有了多次独自往返温哥华学琴的经历后，小X处理事情开始变得游刃有余了。“有一年春假我要去温哥华上几节连续的课，需要自己住在温哥华，所以我就自己租了民宿的一个房间。但是后来因为妈妈的一个朋友刚好那会在温哥华，所以我就按规定提前通知房间主人我不会去住了，但那个房东就一直骂骂咧咧嫌我不住，也不按规定退还定金。”那时的小X觉得自己受到了欺负，一扫之前客客气气的态度，硬气了起来。

“我那个时候也不甘示弱，就很坚定地告诉她，要么退定金，要么给我出个收据说定金收到，并不予退还，要不我就上网去曝光她。因为我知道民宿没办法开正规的收据，而且也怕别人告发她，所以最后房东也就退给我定金了。”说到这一段的时候小 X 满是得意，完全看不出一丝害怕和恐惧，“出门在外，受到欺负的时候，就要厉害点!”

在经历了这几件事情之后，小 X 的自信心大涨，而且变得越发有主见，越发强大了。“发生任何事，我先选择自己解决。”所以，之前小 X 感受到的孤独和无助，从那个时候开始都已经不是问题了，“当我相信自己可以照顾好自己的时候，孤独感也就减弱了”。

从此，小 X 开始从“小公主”蜕变成“女王”了。

（三）更注重自己的感受，会享受孤独了

从刚来时的孤独无助，到现在的不惧自己一人。小 X 在加拿大这一年多的时间里，对“孤独”这个词语的理解有了 180 度的大转变。“原来害怕自己一个人，现在有时还挺享受自己独处的时间呢”。

连续半年的时间，每周都坐船往返温哥华和维多利亚的那段日子里，小 X 学会了“享受孤独”。“那会每星期都要去温哥华学琴，在过去的路上要 3 个小时。若在以前，我肯定希望有个人陪我去，但现在的我，在这 3 个小时里，会安排好自己的事情。看书也好，听歌也好，发呆也好，看电视剧也好，总之就是尽情享受与自己独处的时间。”无论在渡轮上学习、听歌、看书还是看风景，小 A 逐渐挖掘出了自己一个人的快乐。“自己一个人的时候，你可以不受约束地想很多事情，做很多事情。可以停下来思考之前没仔细思考过的事。”

在扫除了对孤独的恐惧之后，小 X 也变得越来越独立和自主了。之前小 X 是非常注重父母对她的看法，对父母的依赖程度非常之高，“我以前只听父母的话，父母不理解我就难过得不行，父母夸我我就高兴一天。别人我都不怎么信，就信父母。”慢慢地，小 X 就开始转变了，“虽然现在我依然还是会听父母给我的建议，会很认真地思考他们的话；毕竟他们的经历比我多多了，与他们交流也是一种学习，但更多时候我会结合我自己的想法，思考他们的建议，毕竟自己也开始长大。”

因为变得越来越有主见，小 X 也逐渐会直面并理性分析自己的过去和

将来了。“我以前就是保护得太好了。我的家人、朋友都迁就我、包容我，所以在没人帮我的情况下，我就变得很弱……”现在的小X不好意思地分析着自己的过去，但又勇敢地接受这些，并做出改变，“以前的我很被动，都等着别人来与我交往；但现在的我，会主动与别人交际，尤其是与优秀的人交往，听听他们的故事是什么样，以给我启发。”

短短的一年多的时间，小X从一个被动、胆小的小公主变成了一个强大、独立的“大姐大”。“之前真的是很绝望，但现在我很满意我的状态。我现在觉得我自己比同龄人成熟很多，很多朋友也愿意来找我寻求帮助，我也会给予他们鼓励。”

现在小X非常乐于社交，与人为友，独立自主的小X也会经常审视自己的经历，“我心里有杆秤。我知道我自己应该如何掌握‘那个度’。”

Alex点评： 对于很多留学生来说，留学的过程的确充满了“孤独”，像小X同学一样享受孤独，其实就是学会独处。人终归是要离开父母自强自立，所以我常常说在年纪轻的时候去多一些磨难和经历其实都是宝贵的人生财富。一个小小的坐过站的经历就让小X的内心多了一分成熟，多了一分自信；一次勇敢地与不良房东的交涉，提升了自己的生活自理能力。离开父母的身边去远方学习生活，本身就是为了锻炼自己的独立自主能力，小X在这点上虽然花了一年的时间才调整和适应过来，但是她愿意不断接受挑战的勇气最终让其从“公主”变成了“女王”，而从每周维多利亚轮渡往返温哥华学琴这份坚持，也让我看到小X同学身上的坚毅的品质。她骨子里面本身就是一位非常优秀的学生，如同我们国内的很多同学一样，但是往往由于在父母的羽翼之下待得太久，自身的学习生活自理能力无法发挥出来。

父母的爱是有度的，我们的教育就是要创造条件让学生意识到了“什么事情都只有靠自己”，到了这天就是其长大成熟之日。

下 篇
留学生该知道的加拿大

加拿大情况简介

(一) 基本情况

加拿大（英语/法语：Canada），位于北美洲最北端，英联邦国家之一，素有“枫叶之国”的美誉，首都渥太华。国土面积位居世界第二，人口主要集中在南部五大湖沿岸。著名城市有多伦多、温哥华等。官方语言有英语和法语两种，是典型的双语国家。

加拿大是一个高度发达的资本主义国家，得益于丰富的自然资源和高度发达的科技，使其成为世界上拥有最高生活品质、社会最富裕、经济最发达的国家之一，是世界上最大最重要的钻石生产国之一，是八国集团、20 国集团、北约、联合国、法语国家组织、世界贸易组织等国际组织的成员国，3 月 7 日，U. S. News & World Report（美国新闻与世界报道）公布了 2017 年度最佳国家（Best Countries）排名，加拿大以 9.7 分的成绩名列第二位，在教育排名中，加拿大以其发达的公共教育体系、优质高等教育稳居第一，在生活质量排名中，加拿大更以满分 10 分夺得第一。

(二) 地理气候

加拿大位于北美洲北部，东临大西洋，西濒太平洋，南接美国本土，北靠北冰洋，因此也就有了“从大海到大海”的格。总面积 998 万平方千米，居世界第二位，海岸线约长 24 万多千米，是世界上湖泊最多的国家之一，是一个地广人稀的国家。

欢庆的人群

加拿大三面临海，春季雨量集中（4、5、6 月）；夏季期短（7、8 月），凉爽舒适，温度不超过 30℃；秋季（9、10 月）气候温和，枫叶变色；冬季期长（12 月至次年 3 月），气候寒冷，冰雪覆盖。华人最多的温哥华是加拿大冬季最暖和的城市，最冷的 1 月平均气温 3℃，7 月平均气温 17℃，四季宜人。

（三）行政区域

加拿大划分为 10 个省，3 个直属联邦地区。

10 个省分别是：

阿尔伯塔省（Alberta）——省会埃德蒙顿（Edmonton），大城市有卡尔加里；

不列颠哥伦比亚省/英属哥伦比亚省（British Columbia）——省会维多利亚（Victoria），大城市有温哥华；

曼尼托巴省（Manitoba）——省会温尼伯（Winnipeg）；

新不伦瑞克省（New Brunswick）——省会弗雷德里克顿（Fredericton）；

纽芬兰省（Newfoundland）——省会圣约翰（St. John's）；

新斯科舍省（Nova Scotia）——省会哈利法克斯（Halifax）；

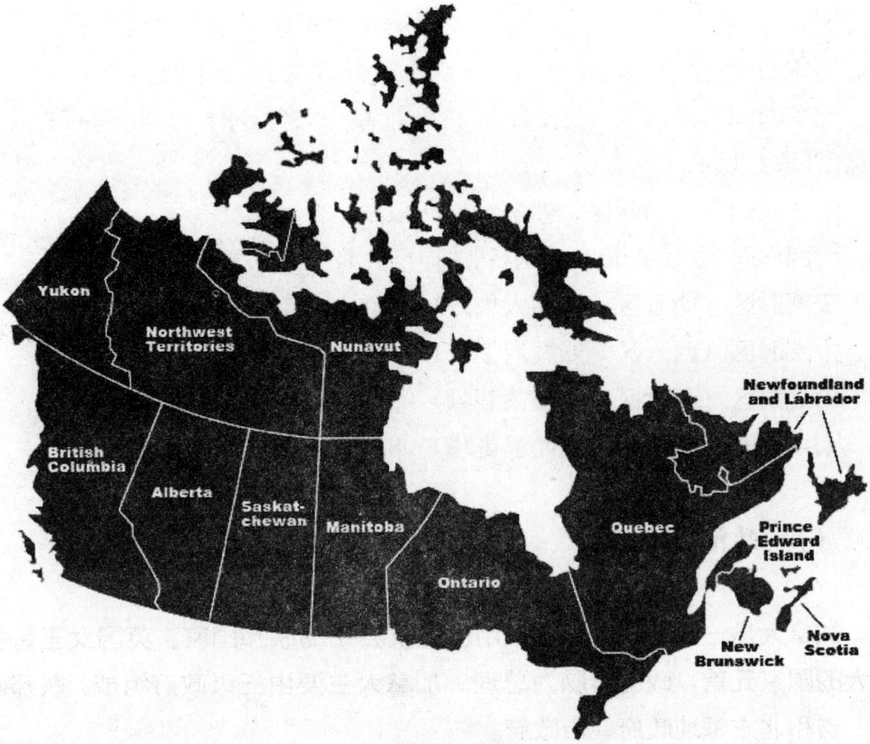

加拿大行政图

安大略省（Ontario）——省会多伦多（Toronto）；还有首都渥太华；

爱德华王子岛省（Prince Edward Island）——省会夏洛特敦(Charlottetown)；

魁北克省（Quebec）——省会魁北克市（Quebec City），大城市有蒙特利尔；

萨斯喀彻温省（Saskatchewan）——省会雷吉那（Regina）。

三个直属联邦地区：

育空——Yukon，省会怀特霍斯；

西北地区——Northwest Territories，省会耶洛奈夫；

努纳武特——Nunavut，省会伊卡卢伊特。

（四）国家时间

加拿大共分 6 个时区，东西时差 4.5 个小时。每年夏季，加拿大实施夏令时，3月第二个星期日开始，11月第一个星期日结束。夏令时，北京比温哥华快15个小时；冬令时，北京比温哥华快16个小时。

北京时间（东八区）为24：00时，加拿大（冬令时）从东到西的6个时区时间分别为：

纽芬兰时区（西四区，如圣约翰斯）12：30

大西洋时区（西四区，如哈利法克斯）12：00

东部时区（西五区，如渥太华）11：00

中部时区（西六区，如温尼伯）10：00

山地时区（西七区，如埃德蒙顿）09：00

太平洋时区（西八区，如温哥华）08：00

（五）政治经济

加拿大是一个君主立宪、采用民主议会制的联邦国家。英国女王是加拿大的国家元首，政府首脑为总理。加拿大主要由三级政府组成：联邦政府、省和北方领地政府、市政府。

联邦政府负责全国性事务，包括外交、国家防务、贸易和商业、刑法、社会福利等。联邦政府和省政府对移民、农业及自然资源等事务有共同管辖权，联邦政府主要有三大部分组成——行政、立法和司法，行政部门包括总督、总理及政府内阁，总督是女王的官方代表；总理是在联邦大选中获多数的政党的领袖；内阁主要由执政党的主要成员组成，由总理负责组建。议院是政府的立法机构，其包括众议院和参议院。司法机构是加拿大最高法院等。加拿大有主要政党为自由党、保守党和新民主党等。目前是自由党执政。

省政府负责教育、健康、社会服务、市政府管理等方面的工作。名义上最高权力者为女王的代理——副总督（省督），政府首脑为省长，每个省都有人民选举产生的立法机构，负责制定本省的法律法规，具体名称不尽相同。司法机构包括省地方法院、高等法院以及上诉法院。

市政府由省政府授权主管地方事务如学校、社区用水系统、垃圾清理、交通、消防等。

加拿大是当今世界最活跃且富有创新性经济的国家之一，人民生活水

加拿大总理贾斯廷·特鲁多

平位居世界前列。作为西方七大工业化国家之一，加拿大制造业和高科技产业较发达，资源工业、初级制造业和农业也是国民经济的主要支柱。加拿大是世界贸易组织（WTO）的成员和创始国成员，对外资、外贸依赖很大。出口产品和服务占其国民经济生产总值的40%。国际贸易对于加拿大的持续繁荣至关重要，经济上受美国经济影响较大。加拿大是鱼类的主要出口国，鱼类出口额列世界第五。

加拿大最大城市多伦多

加拿大地域辽阔，森林、矿藏、能源等资源丰富。矿产有60余种，其中镍、锌、铂、石棉的产量居世界首位；铀、金、镉、铋、石膏居世界第二位；铜、铁、铅、钾、硫黄、钴、铬、钼等产量丰富。阿尔伯塔省富含油沙，可开采的储量为4 000亿桶，占全国石油产量的17%。新克卢德油田是世界最大的沙油矿，已探明的原油储量为80亿桶。加拿大的旅游业也十分发达，有丰富的自然风光和人文景点。

（六）文化节日

加拿大是个多元文化国家，包含了来自世界各地的多个民族和宗教信仰。加拿大有两种官方语言：英语和法语。魁北克省是法语聚居区，其他地区都是以英语为主，来自各国的移民后裔也使用本民族的语言。除了因纽特人和印第安人以外，加拿大的其他各个民族和种族都是从世界各地迁徙而来的。不同的文化、宗教和民族在加拿大和平共存。有天主教、基督教、伊斯兰教，也有佛教、犹太教及来自南美、非洲、印度的小宗教体系。加拿大各种文化的完好保持，离不开加拿大政府的多元文化政策。自1971年加拿大政府确立多元文化方向以来，经过1988年通过的《加拿大多元文化法》和2003年起每年一度的加拿大多元文化节，加拿大的多元文化形象已深入人心，不同文化间的和谐相处成为加拿大文化的最大特点。

加拿大当地人欢度文化节

加拿大国庆节

Boxing Day 节礼日

加拿大一年有十几个节假日，有些公众假日是世界性的，而有一些仅限于加拿大。通常1—12月的节日如表1所示：

表1　加拿大1—12月的节日

新年（New Year）	1月1日	大多数商店关门休假
耶稣受难日（Good Friday）	复活节前的星期五	基督徒纪念耶稣被钉上十字架
复活节星期一（Easter Monday）	复活节第二天	通常有彩蛋和复活蛋游戏
维多利亚女王纪念日（Victoria Day）	5月24日	维多利亚女王诞辰纪念日，一般在5月25日前的最后一个星期一举行庆祝活动
加拿大国庆日（Canada Day）	7月1日	纪念1867年7月1日加拿大自治领的成立。1982年后改用Dominion Day
劳动节（Labor Day）	9月第一个星期一	表彰工会组织下的工人对加拿大社会所做出的贡献
感恩节（Thanksgiving Day）	10月第二个星期一	与西方感恩节不太一样，无关宗教，主要是庆祝丰收，感谢上帝，家家户户吃火鸡餐
国殇纪念日（Remembrance Day）	11月11日最近的周日	纪念在“一战”和“二战”中牺牲的军人
圣诞节（Christmas Day）	12月25日	庆祝耶稣的诞生
节礼日（Boxing Day）	圣诞节后第一个工作日	通常把这天当作是采购礼物日，很多商店在这一天都会有大拍卖

（七）主要城市

1. 渥太华（Ottawa）

渥太华是加拿大的首都，全国第四大城市，位于安大略省东南部与魁北克省交界处，渥太华河南岸，现有100多万人口，南部居民是英国移民后代，讲英语；北部居民是法国移民后代，讲法语。市中心区位于上城和

渥太华

下城。里多运河以西为上城，这里围绕着国会山，集中了不少政府机关。里多运河以东为下城区，是讲法语居民集中的地方，有许多重要建筑物如市政厅、国家档案馆、建安大造币厂、渥太华历史博物馆和圣母玛利亚大教堂等。

渥太华年温差很大，是世界上最寒冷的首都之一。冬季（11—4 月）为冰雪所覆盖，一月份平均气温为－11 度，夜间平均气温为－25 度。因为气候寒冷，冬季漫长，渥太华市的冰上运动水平在全国堪称一流，特别是冰球运动，享有盛名。加拿大素有“冰球之国”之称，渥太华则是“冰球之城”，现代化的室内冰球场遍及全市。

渥太华大学、卡尔顿大学、圣保罗大学是这个城市的最高学府。建立于 1848 年的渥太华大学，是北美历史最古老、规模最大的英法双语授课的大学。卡尔顿大学位于渥太华市中心，毗邻政府机构，在公共事务与管理、高科技等领域中名列前茅，享有盛誉。圣保罗大学建立于 1848 年，是与渥太华大学联合的天主教教皇大学，与渥太华大学一样，圣保罗大学用英文和法文提供教学。

渥太华是一座花园城市，处处充满浓厚的文化气息，每年有 200 万左右游客到此观光游览。市内有 30 个非常出色的博物馆和 50 个堪称世界一流的艺术馆及剧院，是名副其实的文化殿堂。国家艺术中心的舞台常年有顶级艺术表演。坐落在渥太华河畔国会山麓的国会大厦是一片意大利哥特式建筑群，秀丽的里多河全长 202 千米，由渥太华延伸至京士顿，横贯全城，为渥太华平添了几分秀色。渥太华是加拿大的科学文化中心，国家级、市级和大企业公司级的科研机构遍布全市。最有影响的自然科学和社会科学研究机构分别是加拿大国家自然科学研究院和加拿大北美学会。

2. 多伦多（Toronto）

多伦多是加拿大的最大城市、安大略省省会，坐落在安大略湖西北岸的南安大略地区。多伦多市人口 248 万，大多伦多地区人口 560 万。140 多种语言汇集在这个北美大都市，由于这里的犯罪率极低、怡人的环境，多伦多被评为全球最宜居城市之一，连续多年占据全球宜居城市排行前十名。

多伦多四季分明，春天短暂，夏季湿热，秋天阳光普照，气温怡人，午间温度有时上升到夏天的水平；冬季寒冷，季节一直延至次年 4 月中。1 月份平均气温零下 6℃，7 月份平均气温 21℃。仲夏的气温徘徊在 16—27℃，有时甚至会上升至 32—35℃。

多伦多市

多伦多是世界上最多元文化的城市，当地居民来自 100 多个民族，讲 140 多种不同的语言。多伦多有 5 个唐人街、2 个意大利区，还有希腊街、印度城、韩国城、犹太人市场等。2004 年，联合国发展计划（UNDP）在其最高比率外地出生人口的城市名单中将多伦多排在第二位，仅次于美国的迈阿密。主要外来人口来源地包括中国及台湾、香港地区、印度、日本和韩国等。多伦多移民众多，49%的居民来自世界各地的移民。它还是北美地区有名的华人聚居地，约有 40 多万华人。

多伦多作为加拿大的经济中心，也是世界上最大的金融中心之一，接近美国东部工业发达地区，如芝加哥等城市，汽车工业、电子工业、金融业及旅游业在多伦多经济中占有重要地位。多伦多证券交易所是世界第七大交易所，总部设于市内，有多数加拿大公司在这里上市。加拿大有名的大银行总部，如皇家银行、帝国银行、蒙特利尔银行等全部汇集于此。90%的外国银行驻加分支机构设在多伦多，按交易额计算，多伦多证券交易所是北美第三大交易所。

多伦多市内的中小学，以公立中小学为主，也有多所著名的私立学校。多伦多居民可以享受免费公立小学、公立中学教育。多伦多是加拿大就业机会最多的城市，也是留学生人数最多的城市。VPEA 在多伦多设有分公司，为留学生提供专业的落地服务。

著名的大学有多伦多大学（University of Toronto），在 2017 年世界大学排名位列 21，全加拿大第一。约克大学（York University）是加拿大规模第二的大学。瑞尔森大学（Ryerson University）是加拿大大学中最多本科毕业生的大学。安大略艺术设计学院（Ontario College of Art and Design University / OCAD University）是加拿大最大也是历史最悠久的艺术设计类大学，在北美 40 多所同类大学中长期高居前三。

3. 温哥华市（City of Vancouver）

温哥华市是加拿大英属哥伦比亚省（简称 BC 省）低陆平原地区的沿岸城市，是 BC 省和加拿大西部最大的城市，同时也是加拿大仅次于多伦多、蒙特利尔的第三大城市。2011 年人口普查，温哥华市内有 60 万人口，全温哥华人口达到 230 万。全温哥华地区有近 40 万华人，其华人社区也是北美最大的华人社区之一。温哥华是众多的亚裔人聚居之地。温哥华南部是美国西北部第一大城市西雅图。2010 年，温哥华与 125 千米以外的威士

温哥华市

拿联合举办了冬季奥运会和冬季残奥会。

温哥华市气候温和湿润、环境宜人，东北部有纵贯北美大陆的落基山脉作屏障，终年气候温和湿润，环境宜人，连续多年被评为世界最适合人类居住的城市，是加拿大著名的旅游胜地。

夏季气温一般在20℃左右，冬季气温在0℃以上。1月的平均最高温度为6℃，7月为22℃。11月份温哥华的气温在一般保持在3—9℃，温润而舒适。冬季很少下雪，但雨水充沛，为温哥华带来“加拿大雨都”之称。

温哥华是加拿大西海岸最大的工商、金融、科技和文化中心。温哥华公立图书馆藏书丰富，并设有20个分馆，是加拿大最大图书馆之一。温哥华港是加拿大最大和最繁忙的港口，以货物总吨数计是北美的第四大港口。此外，温哥华的自然环境深受游客欢迎，令旅游业成为市内继林木业后第二大经济支柱。温哥华也是北美继洛杉矶和纽约之后的第三大制片中心，素有“北方好莱坞”（Hollywood North）之称。

温哥华旅游景点众多，包括斯坦利公园（Stanley Park）——全球最大的城市公园、狮门大桥（Lions Gate Bridge）——加拿大最长的悬索桥、加拿大广场（Canada Place）——著名的“五帆”建筑、伊丽莎白女王公园（Queen Elizabeth Park）、格罗斯山、卡皮兰诺吊桥、唐人街（千禧门，孙中山花园）、惠斯勒滑雪场（2010 年冬奥会赛场）等。

温哥华教育十分发达。温哥华教育局为温哥华提供公立教育，辖下包括 74 所小学、18 所中学和 7 所成人教育中心，学生人数达 11 万人。大温地区有五所公立大学，当中最大的两所分别为不列颠哥伦比亚大学（University of British Columbia）和西门菲沙大学（Simon Fraser University），另外三所公立大学则为卡皮拉诺大学（Capilano University）、艾蜜利·卡尔艺术设计大学（Emily Carr University of Art and Design）和昆特仑理工大学（Kwantlen Polytechnic University）。此外，大温其他大专院校还包括温哥华社区学院、兰加拉学院和不列颠哥伦比亚理工学院。

温哥华也是留学生最青睐的城市之一，留学生人数众多。VPEA 总部设在温哥华，与当地公立教育局合作，提供专业的留学咨询、留学办理、境外管理一站式服务，帮助留学生顺利实现留学梦想。

VPEA 给学生准备的新春红包

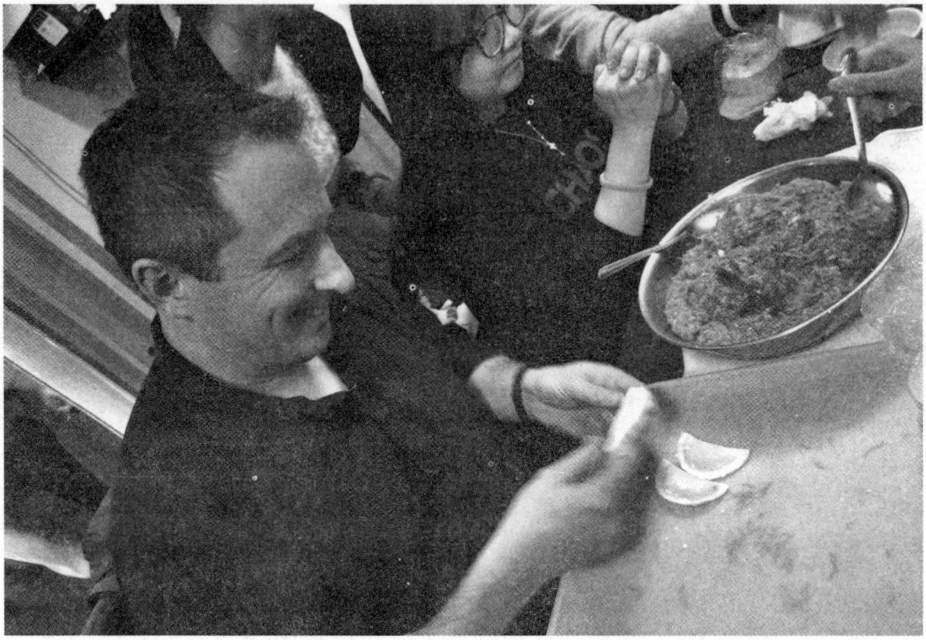

春节时教育局负责人与 VPEA 学生一起包饺子

4. 维多利亚（Victoria）

维多利亚是加拿大英属哥伦比亚省（British Columbia）的省府所在地，位于温哥华岛的最南端，是温哥华岛上最大的城市和海港。一月份气温4—5 度，一年霜冻期只有 20 天，年平均降雨量 27 英寸，雨季为冬季，6—8 月降雨只有 2 英寸。城市秀美宁静精致，素有"花园城市"之称，以英国女皇维多利亚的名字命名，因受到传统英式生活影响，在维多利亚仿佛置身于欧洲。2005 年，维多利亚被授予"加拿大文化之都"称号，这里既有精雅深奥的艺术，也有街头艺人的表演和另类艺术。维多利亚及周边地区的人均艺术家的数量居全加拿大之首。游人可以在剧院、画廊、音乐厅和遍布全市的室内外舞台来感受这座城市的文艺气息。维多利亚到处可见文化遗迹，如三十三个铜穹顶的立法大厦以及帝后饭店，是由建筑师弗朗西斯拉特布瑞（Francis Rattenbury）设计的；伫立于加拿大最古老的唐人街中的同济门，曾经是鸦片烟馆，城堡广场以前是绞刑台和墓地，后来建有维多利亚老法院楼，现在是不列颠哥伦比亚海洋博物馆。

维多利亚市气候温和，亚地中海式气候使得她一年四季都适合旅游，四季鲜花盛开。从精心养护的布查特花园，到市中心标志性的灯柱花篮，

维多利亚市

以及几乎所有的公园和街区，都可以明显地感受出维多利亚人对园艺的热爱。

享有“世界最美花园”之誉的布查特花园（Butchart Gardens），占地达 30 亩，共分为新境花园、意大利花园、日本花园和玫瑰花园四部分，来此游客无不为其奇妙的构思、巧妙的设计与奇异的花卉而赞叹不已。

维多利亚市有三所高等院校：维多利亚大学、皇家大学、卡莫森学院。顶尖的教育质量以及卓越的名声吸引了来自全球各地的国际学生。维多利亚大学创建于 1916 年，是一所顶尖综合性研究大学，商科、经济学、艺术、工程等专业在全北美地区享有极高的声誉。皇家大学，在加拿大被誉为民众可以攻读的贵族学府。拥有卓越声誉，开办了一系列本科学位课程和硕士学位课程。作为英联邦公立大学协会成员（Association of Universities and Colleges of Canada）、国际管理学院联合会成员，世界各国官方教育机构均认同皇家大学的权威地位。卡莫森学院是加拿大不列颠哥伦比亚省最大的公立学院之一，成立于 1971 年 9 月。

由于气候宜人，有很大一部分留学生也将维多利亚作为留学加拿大的最佳选择。VPEA 在维多利亚设有分公司，为留学生提供专业的落地服务。

VPEA老师与学生欢度中秋

5. 蒙特利尔（Montreal）

蒙特利尔（法语：Montréal，英语：Montreal），是一座位于加拿大魁北克西南部的城市，主要位于圣劳伦斯河中的蒙特利尔岛及周边小岛上。截至2016年5月，蒙特利尔人口约为410万人，是魁北克省最大城市、加拿大第二大城市及北美第十五大城市。“蒙特利尔”一词来源于中古法语“Mont Royal”，意思为“皇家山”，至今蒙特利尔城中心的地标皇家山仍以此命名。法语是蒙特利尔的官方语言，也是城市里最常用的语言，使用人口占城市总人口的70.5%，使得蒙特利尔成为世界上仅次于巴黎的第二大法语城市。英语也是最常用的语言之一，由于这里的居民来自至少80个不同的国家，因而这里的居民使用约35种不同的语言。

蒙特利尔曾经是加拿大经济首都，拥有最多的人口及最发达的经济，但是在1976年被安大略省的多伦多超过。今天蒙特利尔仍然是加拿大最重要的经济中心之一，航空工业、金融、设计、电影工业等行业发达。蒙特利尔被认为是世界最佳宜居城市，并被联合国教育、科学及文化组织认定为设计之城。

蒙特利尔市

蒙特利尔在几个气候区的交际处，因此天气变化多样，四季分明。这里降水丰富，平均每年冬天降雪量为 2.14 米，高于莫斯科。平均年降雨量为 897 毫米。夏天最潮湿，但人们能尽情地享受一年里最多的阳光。虽然气候变化很大，蒙特利尔地区土地丰润，拥有大量的植物和野生动物。枫树是蒙特利尔最常见的树，由于枫叶糖的生产，糖枫更是蒙特利尔和魁北克省长期以来的标志。

蒙特利尔大区拥有 11 所高等教育机构，其中包括 4 所大学（2 所法语和 2 所英语），多家学院及许多私立和公立学校，当地的人们为其蓬勃兴旺的学术环境感到骄傲，其中大学为蒙特利尔大学、魁北克大学蒙特利尔分校、麦吉尔大学和康考迪亚大学。在蒙特利尔大区的 360 万人口中，有 67 万受过高等教育；17 万大学在校生，包括来自 160 个国家的 1.7 万名外国留学生；在校大学生人口密度在北美各主要城市中排名第二。蒙特利尔大区拥有庞大的研究中心网络，研究中心数量位居加拿大第一和北美 25 个主要城市的第九位。

（八）加拿大华人

在加拿大，华人虽为少数民族，但其数量和影响力却不容忽视。据统计，加拿大华人总数已超过 100 万，早年的华人移民主要从事餐饮、土产杂货等行业。近年来，技术移民的数量不断增加，中国成为加拿大华人移民的最大来源地。

就移民定居地的选择来看，有 95%的加拿大华人喜欢在一些大都市如多伦多、温哥华、蒙特利尔生活就业。这个比例比加拿大总人口中的相应比例（86%）高出 9 个百分点。其中有 40%的华人移民选择多伦多，有 31%的华人移民选择温哥华，其他比较受华人移民欢迎的城市是蒙特利尔（占 8%）、卡尔加里（占 4.4%）、埃德蒙顿（占 4%）和渥太华（占 2.3%）。

近十几年来，加拿大华人群体的社会构成发生了很大的变化。越来越多的人，尤其是在加拿大出生的华人后裔和部分在 20 世纪 80 年代以后移居加拿大的华人新移民已逐渐融入主流社会，在高科技领域以及政府、司法、教育等部门从事工作，在这个舞台上尽情施展自己的才华。

签证申请、续签及护照更新

凡是打算有出国留学意向的同学和家长都应该知道，去加拿大留学是需要办理相关加拿大签证手续的，在办理加拿大留学签证时，常常会听到大签、小签、visa 等名词，还会对于签证申请、续签等事宜有各种各样的疑问。

(一)“大签”与“小签”

加拿大“大签”与“小签”其实是一种非官方叫法。“大签”指的是加拿大签证中心发布的“学习许可”(Study Permit)，也就是“学签”，是学生在加拿大学习以及居留的许可，而不能作为出入加拿大国境的凭证，只有一张 Letter size 的纸。学习许可上清楚地标注个人信息，护照号码和有效期起止日期，只有在标注日期之内才是有效的。VPEA 建议每一位同学在拿到自己的学习许可之后都立即拍照或者扫描做好备份，以备不时之需。

而“小签”则是官方发布的“入境临时访问签证”(Re-entry Visa)，是学生能够正常入境加拿大的许可，也就是贴在护照上那张纸，由于它的尺寸小于 Study Permit，因此称为“小签”。由于各种原因，对于持中华人民共和国护照的入境人员，加拿大一律要求需要持有在有效期内的小签才可以入境。而对于持香港特别行政区、澳门特别行政区，以及台湾地区护照的人员则可以免去办理小签，一般情况下可凭有效护照直接入境。

学生首次赴加拿大就读之前需要申请学习签证，获签之后会获得一份海关通函和贴在护照上的小签，首次入境加拿大时，需要在进入加拿大第一个机场的移民局凭海关通函换取“大签”即学习许可（Study Permit），具体流程和注意事项请参照本书“留学前准备”章节的内容。

（二）留学签证申请

材料的充足准备是申请加拿大留学签证成功获签的保障，由于加拿大不需要面签，因此签证官会根据申请人所提交的签证材料，判定申请人是否符合获得签证的资格。申请加拿大留学签证的材料清单除了常规材料外，主要包括三大部分：公证类材料（出生公证，成绩单公证，毕业证书公证，父母及加方监护人声明公证等）；资金类材料（留学保证金，家庭活期账户流水，家庭其他资产文件等）；父母亲雇佣证明等。VPEA 学生的签证都是由专业签证老师一对一指导学生和家长准备材料，并且会在签证材料递交前帮忙审核相关材料以确保过签，到目前为止，VPEA 每年的数百名学生均顺利拿到了签证并赴加拿大留学。

（三）大小签的联系与区别

不管是从哪里到加拿大的学生，如果要在加拿大境内进行超过 6 个月期限的学习，就必须申请学习许可（大签）。大签根据学习时间长短，有效期是不同的，本科生一般学习许可有效期为 4 年；研究生为一年半到两年；高中生目前签证时间区别较大，一般是 1 年，也有少数同学给了 2 年甚至 4 年。

入境签证（小签）对于中国大陆的学生是必需的，但是对于别的国家和地区的学生就不一定需要（如韩国）。小签也分很多种类，学生接触到的一般是 V－1 临时居民签证（temporary resident visa），又称访问签证（visitor visa）；还有一类是 S－1 长期学生入境签证。

V－1 签证的办理不需要出具已持有的大签。现在加拿大对于中国大陆申请人也开放了十年多次往返签证，一般只要符合条件都可以拿到超过一年，甚至和护照过期时间相同的签证。但这种签证的持有人每次只能在加拿大境内居留不超过 6 个月。

S－1签证申请则需要首先保证持有有效的大签。S－1签证的有效时间一般都是与大签等同，即大签什么时候到期，S－1签证也就什么时候到期。

加拿大移民局目前已经放宽了对于学生入境的签证要求，如学生在办理大签之前已经持有在有效期内V－1签证，可以配合有效的大签直接入境而不需要再单独办理S－1的签证。

（四）大小签续签

对于在加拿大上学的同学来说，续签是一个永远绕不过去的坎。运气好的可能几年才需要面临一次，运气不好的可能年年都要面对。下面我们分情况说明。

1. 大签续签

学习许可（大签）续签的可以在加拿大境内外申请。但无论在哪里申请，VPEA都建议同学在学习许可过期前至少3个月就开始着手准备，以保证手中学签的连续性。

如果在加拿大境内申请大签续签，那么在续签材料递交移民局之后到批复这段时间，学生在加拿大仍然属于合法居留，即便之前大签过期了也没有问题。但是如果在加拿大境外申请大签续签，那么旧大签一旦过期而你续签的文件还没有批复，学生回加拿大就有麻烦了。

对于学生来说，必须要清楚自己的学签过期日。如果在过期之后才来申请续签，需要做study permit restoration（学签重置），但是这必须在学签过期后90天以内才可以，超过这个期限，学生就只能回国重新申请新的大签了。虽然如此，VPEA强烈不建议学生做restoration，一方面由于这样的费用会比普通续签要高出许多，另一方面也会在加拿大移民局那里留下不好的记录，在今后每次填写签证历史的时候都需要填写上去。

大签续签的办理审批时间在一年各个时段也不同，从30天至60多天不等，甚至更久一些。移民局官网上登出的处理时间只能作为一个参考，VPEA帮助学生办理大签续签审理时间最快有2天即批复的，但这只是个别情况。以2017年为例，3—7月大部分审理时间都在60天左右，所以

VPEA 提醒每一个学生，大签续签要趁早。

通常情况下每年 3 月份，VPEA 加拿大办公室会开始提醒各年级学生开始准备办理下一个学习阶段的大签。对于下一学年依然在高中的同学，只需要缴纳了下一年的学费，基本材料就差不多了。对于即将升入大学的 12 年级同学，则必须首先拿到一个大学的 offer 并且接受 offer，才可以开始办理大签续签。这里特别提醒想去魁北克上大学的同学，在办理大签续签之前必须首先办理 CAQ，否则大签是无法续签的。为了避免办理 CAQ 造成的时间延误，强烈建议去魁省上学的同学先接受一个其他省份大学的 offer 以便办理大签续签，这样 CAQ 可以和大签续签同时进行，最终 CAQ 和续签都办理完毕，再进行学签信息更改即可。

2. 小签续签

小签在出入境的时候用，所以不回国就不需要用到小签。对于加拿大的留学生来说，小签可以在任何时间续签，凭有效的大签和相关资料即可，对于暂时没有打算回国的同学，小签过期倒不重要，回国前留出时间再续小签就可以。小签过期了不会影响回中国，如果回国前没有来得及续小签，也可以回国后办理申请。

在加拿大境内 VPEA 可以帮助同学们办理小签续签，审理时间通常从 7 天至 15 天不等，批复之后需要将申请人的护照寄到渥太华移民部进行贴签。如果学生小签过期又想在回国前办理完毕续签，则需要留出至少 35 天时间办理小签续签。

如果小签过期但人已经回中国，这部分同学也不用担心，VPEA 同样可以帮助学生在加拿大境内申请续签，学生只需要在收到批复之后通过中国加拿大签证申请中心寄送护照贴签即可。当然学生也可以通过中国加拿大签证中心进行整个续签流程，一般需要时间在 2—4 周。

对于大签已经过期在续签办理中尚未批复，但持有 V-1 签证的同学，如果想单凭手中的 V-1 签证以旅游者身份回到加拿大，随后继续当学生，VPEA 建议你们还是再耐心等待不要冒险。因为加拿大移民法令明确规定持旅游签入境人员不可以超过 6 个月的时间，所以当你下一次再出入境时即便你有了有效的学习许可，但根据护照上的标记还是有可能会给你带来不必要的麻烦。

（五）护照到期更换

护照是每个中国公民在海外旅行居留的必备证件之一，所有的签证都是基于护照有效的基础上才会颁发。举例来说，如果学生升入大学，大签续签可以一次性续 4 年。但如果护照有效期只有两年，那么大签也就只有两年，随后办理的小签也就只能有两年。如果申请续签时护照已快到期或者过期，那么不论是大签还是小签都不会被批准。

除了中国境内，中国公民可以在加拿大各个中华人民共和国使领馆进行护照更新。一般在护照到期日前一年内就可以开始办理。VPEA 可以帮助同学进行网上护照更新申请及预约时间，但预约之后具体办理过程必须由护照持有人本人前往相关领馆办理。手续办理完成之后，新护照可以由他人代领或者委托邮寄到自己的地址，整个护照更新过程大约需要一个月左右。新护照不会再沿用旧护照的号码，但会在第二页写明是由哪一本护照更新而来的。办理过程中旧护照会被使领馆收走，但会和新护照一同寄给持有人。

如果在旧护照上还有有效的加拿大或者其他国家签证，需要更新护照的同学也不用担心。在拿到新的护照之后和旧护照一起使用就可以了。对于未满 18 岁的护照持有人，护照一般有效期是 5 年。之后变为 10 年。所以强烈建议学生明确自己护照的有效期，尤其是对于 12 年级即将升大学的学生尤其重要，需要更新的要尽早更新，不然会影响随后大小签办理的一系列进程。

留学生需要熟记的法律常识

作为到异国学习生活的留学生，了解加拿大的法律常识至关重要，国内外的法律规定有很大的不同，只有遵守当地的法律法规，才能让留学生活过得更加顺利。有很多同学初来乍到，对于加拿大的法律法规不了解，很有可能因为一些小事触犯法律法规，轻则被停课，重则需要接受法律惩罚，留下犯罪记录，被驱逐出境。以下是对于留学生来说必须熟记的法律常识：

（1）遇到危险或紧急情况，请拨打 911。

（2）日常行为：不得打架斗殴，包括推搡、掌掴等恶意身体接触；不得有意触摸别人胸部，臀部等敏感部位，即使以开玩笑的方式；不得偷窃；不得持有枪械或其他非法武器；不得发信息威胁、骚扰他人；不得在社交媒体上散布谣言，发布不恰当言论；不得参与赌博；不得在没有政府批准的情况下，在公共场合参加集体抗议活动；不得虐待动物等。

（3）饮酒：加拿大有严格的饮酒年龄限制，一般为 18 岁或 19 岁，BC 省和安省的法律允许饮酒/酒精饮料的年龄均为 19 岁，超过 19 岁的成年人不得向低于 19 岁的人提供酒精饮料。在多数省份，公共场合不允许饮酒，如公园、大街等。

（4）毒品：加拿大严格禁止使用、持有、运送和买卖非法毒品，大麻、可卡因、迷幻药、海洛因、致幻药、冰毒以及迷幻蘑菇均在非法毒品之列；处方麻药必须由专业医务人员严格控制剂量进行开药。

（5）吸烟：在加拿大，必须达到法定年龄才可以购买香烟，店铺有法律义务拒绝向儿童售卖香烟，BC 省和安省的合法购买香烟年龄为 19 岁，阿尔伯塔省和魁北克省为 18 岁；公共场合不得吸烟，私人场所则需事先征得主人同意；不得为法定年龄以下的人提供烟草。

(6) 驾驶：在加拿大驾驶时，必须持有本人的国际驾照或者加拿大某一省份的驾照；不得酒驾或醉驾，汽车内不得保存打开或封口破损的酒；必须遵守交通规则和限速规定（城市里一般为 40—60 km/h，郊外一般在 90—100 km/h）；加拿大车辆靠右边行驶，与中国相同；驾驶员和所有乘客均必须佩戴安全带，8 岁以下的婴幼儿童必须乘坐安全座椅；如果被警察示意停车，请保持在座位上，双手放在方向盘上，关闭引擎后等待警察指示；必须随身携带驾照和车辆相关文件。

(7) 骑车：在加拿大，骑自行车必须佩戴头盔，夜晚需打开前后车灯并穿着反光衣物；自行车只能在路上或自行车道行驶，不得在人行道上行驶；必须遵守与汽车相同的交通规则，转弯时须用胳膊示意。

(8) 打工：未成年人不得打工，大学全日制在读学生可以在法律允许的范围内适当打工，具体规定详见本书留学生打工章节内容。

(9) 涉童色情：加拿大是全球对涉及儿童色情行为打击和处罚最严厉的国家，法律规定：凡制作、传播、售卖、持有、浏览涉及未成年人的色情图片、视频、文章、录音等信息的相关人员，一经查实，将视情节轻重被判处 6 个月至 14 年的监禁；除非相关资料纯粹用于与司法、科学、医疗、教育、艺术有关的合法目的。

(10) 知识产权：加拿大十分注重知识产权。复印他人的书籍著作，在没有征得作者的同意下，是侵犯知识产权的，即使是上课时想录音，也需事先征得老师的同意；从网上下载盗版的软件同样是违法的。

生活常识科普

——医疗、财务、交通、紧急电话

（一）看病就医

加拿大一直被视为全球最好的医疗保健体制之一的国家，政府对这一领域的投入高达18.1%，各省的医疗福利情况不同，在BC省、阿尔伯塔省以及萨省的国际学生可以享受到该省统一的医疗保险计划，在其他省份留学的学生也有相应的保险种类可以购买，在加拿大如果没有医疗保险，看病要支付高昂的费用，通常去看一次医生要花费几十加元，住院的话更有可能要支付一天1 000加元的高额费用。下面简单介绍各省的医疗保险情况和看病方式。

BC省政府提供的基本医疗保险为Medical Services Plan，简称MSP。根据BC省的法律，在该省居住超过六个月以上者，包括在BC省留学的国际学生，必须参加BC医疗服务计划（BC MSP），每个月费用为75加元起。MSP覆盖了大部分重要的医疗活动，其中包括日常生活需要的家庭医生和专科医生门诊、医院医疗服务、住院、手术、住院期间使用的处方药等医疗服务，明确规定不包含在内的是美容手术、理疗、针灸推拿等辅助医疗服务，基本上可以满足留学生日常看病的需求，但是购买药品的费用需要自付。MSP在各大医院和诊所（walk in clinic）都认可，也可作为一种ID证明。MSP要在到达加拿大3个月后才可以办理生效，BC MSP保险的终止日期为学习许可（study permit）的终止日期，因此，在刚到加拿大的前3个月，留学生需要自己购买商业保险，有些学校也会帮学生自动办理医保，学生最好自己了解清楚，以免生病的时候没有医疗保险。

阿尔伯塔省的医疗保险为 Alberta Health Care Insurance Plan，简称 AHCIP，获得超过 12 个月学习许可的留学生均可以申请，所有的医生诊疗费、化验费及住院费就都可以免除。如果学生持有 12 个月以下的就学许可，则需要自己购买商业公司的医疗保险。一般留学生一个月需缴纳 34 加元，入境 3 个月以内申请，保险的生效日期为入境日和学习许可颁发日两个日期中相对较晚的一个，也就是对于一般留学生就是从到加拿大的当天开始生效。

萨省的留学生在到校的三个月之内需要向学校申请加入该省的医疗保险计划，加入以后学生在萨省学习期间就可以享受医疗保险，医疗费用全免。

安省上学的留学生则必须购买 UHIP 医疗保险（University Health Insurance Plan），学生注册时自动加入保险计划，费用会直接包含在国际学生学费里面。

不管在哪个省份上学，看病的方式都是类似的。相信很多人都在电视上看到过，外国人有病就去看家庭医生，这种朋友般的医生会全面地帮助你解决身体上的各种问题。实际上，由于家庭医生资源不够充足，找到一个好的家庭医生对当地人来讲是一个非常不容易的事，所以留学生基本上无法拥有自己的家庭医生。在国内病人通常会直接选择去医院，但是加拿大的医院一般只接受急诊和有生命危险的病人，医生会根据病情的严重程度，安排不同的等待时间，由于急诊室通常很忙，在医院等待的时间可能会很久。因此，对于日常没有生命危险的大部分病情，最好的选择是到步入式诊所（Walk-in Clinic）或者紧急护理诊所（Urgent Care Clinic），这种诊所不需要预约即可看病，不过一般也要根据医生的数量来决定你等待就医的时间。步入式诊所的医生不会给病人拍 X 光片、正骨或者进行伤口缝合，如果出现这些情况，病人必须到紧急护理诊所或者医院。

(二) 财务知识

1. 银行开户

银行开户必须本人到银行，携带学生签证和 ID（护照等），以及学校的录取信、学生卡等可以证明自己在高等院校上学的文件。如果不是非要在 1—2 天内就需要用到银行账户，请尽量先去办理当地政府颁发的 photo

ID（如BC省的BCID）或者当地驾照，因为大部分银行都规定，对未持有任何加拿大发行的第一类ID，只有中国ID（护照等）的客户，需要做身份报备/反洗钱申请/开户许可审批。同时，这两个ID以后在很多地方都会更便利。部分银行要求学生主动更新个人信息，一旦信息过期，账户优惠消失之后就会开始收费，银行是不会退回这些费用的，所以记得每年都查看一下自己银行账户的状态，并及时更新自己的身份状态。

2. Saving 账户与 Chequing 账户的区别

Savings Account 储蓄账户也是一种活期账户，通常有较高的利息，而且限制资金流出次数，但流入次数不受限制，这样按使用频率和方式收费，能够"强迫性"限制账户里的资金流出，从而帮助账户持有人建立一定的储蓄。储蓄账户存储利息要比支票账户高一些，不同储蓄账户有不同的利息起存点，支出的次数有严格限制，超出后需要扣手续费，利率相对较高，适合存放短期内不用的钱，建立储蓄，保持良好的理财习惯。

Chequing Account 支票账户是一种活期存款账户，适合像支票一样频繁作为支付手段和资金载体来使用，这个账户中几乎没有利息，只适用于短期金钱的储存。支票账户钱可以随时支出，一般没有利息，免费支出的次数较多，但超过也要扣除相应手续费，是使用最灵活，最适合没有申请信用卡之前，作为日常账户使用的账户。

一般来说，在加拿大的留学生，都会有"学生账户"。各大银行对学生账户的优惠也各不相同，有的免年费、有的可以无限次支出、有的可以免手续费等。所以对于留学生来说，这两种账户已经没有太大的差别了。不过专业人士还是建议，两者搭配使用，平时把大额的钱储存在 Saving 账户里（如每月的房租费用、每学期学费等），需要用的时候在转入 Chequing 账户中；在 Chequing 账户中存储一定数量的零花钱即可。

当年满19岁时，要注意及时转化未成年人账户（youth account）和学生账户之间的转换。一般的 youth 账户在客户满19周岁以后，没有转变成学生账户之前，都会收费的。

19岁以上的留学生，推荐使用信用卡，一般学生信用卡额度比较小，但是无年费或者低年费。信用卡不限制使用方式和次数，更是建立信用记录的最佳媒介。

3. 信用卡

信用卡的办理非常简单，需要达到法定的年龄，BC 省的合法办理信用卡的年龄是 19 周岁，本人携带两张有照片的 ID（BCID、BC 驾照、passport 等），学生证、录取信、在读证明等可以证明学生身份的材料到银行即可办理。

在加拿大使用信用卡很普遍，也有很多好处：基本无年费或者低年费，不受使用次数的限制，可以返现，旅行积分，拿到对应的商店折扣等；在加拿大贷款买房或者向银行借贷东西是需要查看你的信用积分的，而信用卡可以帮助学生快速建立在加拿大的信用记录；还可以当 ID 使用，当一些商家要求你出示 ID 的时候，信用卡可以作为其中一个；不用提前存款，属于预支性借款，手上急着用钱的时候可以先用信用卡刷一笔，之后再还款。

信用卡的种类特别多，现金返还、积分返还、旅行积分卡等。那么留学生应该选择哪种卡呢？银行专业人士表示，返现卡（Cash Back）对学生来说最实惠，主要是因为各种积分卡里的积分实际用处不大，返现卡一般都免年费而且会有 1%以上的返现，每年会自动把返现的钱退回到信用卡里，对于可以用信用卡交学费的学生来说，可以获得不少的返现。信用卡虽然方便、好用，但是如果使用不当的话，有可能会造成很不良的后果，因此在使用时需要注意不能透支，以免被罚款和扣除信用分，还要注意及时还款。

4. 信用记录

很多人都听说过在国外信用记录不好导致无法贷款买车、买房的情况，在加拿大，信用记录会体现在信用积分上，信用积分（Credit Score）是个人财务状况的一个评估，一般分数处在 300—900 之间，如果信用积分较高（一般最少不低于 650），在向银行贷款以及购买信用产品时会享有优先权和相对低的利率。

从在加国开第一个银行账户开始，就会建立起个人的信用档案，此后的一系列相关行为都会被记录在内，信用档案一般包括个人信息、信用记录、银行信息、公共信息、催款情况、申诉情况、信用调阅情况。建立良好信用记录的方法包括：信用卡按时还款；信用卡使用情况，不要随意开通、取消信用卡，若不需要信用卡可转换服务，避免随意闲置；电费、手机费、上网费、医药费、医保费等公共事业账单及时缴费；车贷、房贷等贷款及时还贷；不要频繁查看信用记录；按规定纳税、交税等。

对于有在加国长期居住计划的人来说，要注意积累个人的信用记录，否则等到需要向银行贷款时会很难，在平时要注意及时缴清所有欠款，每年至少查看一次个人信用记录（没人每年可以免费调阅一次信用报告），对有异议的信息进行及时更正，不过不要过于频繁查看，否则也会影响信用记录。加拿大有两个信用局（http：//www. transunion. ca http：//www. equifax. ca），都提供网上查询，一次查询费约十几加币。

5. 家长汇款

在加国留学的学生家长需要经常给孩子汇款，去银行汇款时需要清楚学生在加拿大的汇款信息，一般包括银行代码、银行汇款号码、收款人姓名、收款人地址（开户行地址）、收款人银行分行号码＋收款人账号等，学生如果不清楚可以到银行柜台询问，原则上1—3个工作日可以到账，一般24小时即可汇款成功。如果要汇学费给学校的话，学校一般会提供详细的汇款信息，拿着信息到银行柜台汇款即可。国内各银行汇款的费用各不相同，学生家长要具体询问银行柜台人员或在官网上查询。

国内目前外汇兑换限制是每个人5万美元/年，而且单笔超过1万美元要进行申报。留学生父母给学生汇款，该汇多少汇多少，实事求是就好，但请不要写买房投资。

（三）汽车出行知识

1. 驾照

加拿大地广人稀，日常生活中人们出行主要的交通工具是汽车，因此许多学生会关心如何取得驾照以及中国的驾照能不能在加拿大使用。各省的驾照规定理念相似，只是具体内容不完全相同，下面以加拿大BC省为例简要介绍一下驾照考取的情况，在其他省份的学生可以根据自己的需要从所在省份的相关网站上查询具体信息。

获取加拿大BC省正式驾照的时间至少需要3年，驾照考取分为三步：首先，通过笔试和视力测试后可以获得学习驾照（L牌），L牌驾照的持有者开车时需乘坐一名25岁以上的指导者，且除指导者之外只能乘坐一名乘客，驾驶时间有一定的限制；获得 L 牌驾照一年后，通过 7 级路考后可获得 7 级驾照（N 牌），此时车内除直系亲属及指导者之外，只能有一名乘客；获得 N 牌驾照两年后，通过 5 级路考即可获得正式驾照。

对于全日制留学生而言，BC 省允许其在上学期间（学习许可有效期内）持中国驾照及翻译公证件开车，只是必须随身携带有效学生身份证件，如学生卡、包含学习许可的护照等。对于持有中国驾照仍然想考取加拿大驾照的人而言，如果已满两年驾龄，可以直接参加笔试，通过之后无间隔考 5 级路考，路考通过之后即可拿到正式驾照；如果驾龄未满 2 年，可以选择先用中国驾照驾驶，等驾龄超过两年后参加笔试和 5 级路考；对于不想等中国驾照满 2 年的人，则需要先考 7 级路考，2 年后通过 5 级路考才能拿到正式驾照。留学生在毕业后 90 天内需要将驾照换为加拿大驾照，所以有意向留在加拿大工作甚至移民的学生需要提前根据自己的情况计划采用哪种方式。对于没有中国驾照的学生而言，可以先回国考取中国驾照，也可以直接在加拿大考取驾照。

BC 省的驾照笔试难度不大，有中英文版本可供选择，有一定英语基础的最好选择英文版本，笔试考试时只要在 52 道题中答对 40 个即可通过，题目主要来源于题库，考试之前最好多做一些模拟题。两次路考内容没有太大差别，考 N 牌的 7 级路考涉及内容更加全面和严格，考试之前最好能够充分熟悉加拿大当地的交通和驾驶规定，特别是在国内有丰富驾驶经验的司机，更需要注意两国驾驶规则的不同之处，以免在路考出错。

2. 交通规则

加拿大的交通规则与中国有许多不同之处，不管是国内的老司机还是在加拿大刚拿到驾照的新手，都非常有必要了解和熟知其中的区别，只有按照交通规则驾驶，才能做到放心出门、安全到家。在加拿大，需要特别注意的主要有以下几点：

(1) “路权”概念：路权是指在路上行驶的权利，具体来说就是谁在哪种道路情况有优先权。路权决定了车辆在特定情况下是可以畅通无阻的行驶，还是需要让行或者慢行。国内是基本没有这个概念的，很多“老司机”自以为车技精湛，觉得谁胆大谁就能走，所以大家都会“眼观六路耳听八方”地注意是否有车会突然冲出来，但在北美，如果你没有路权，司机默认你是不会随便行驶的，也不会注意是否有车会突然冲出来，如果造成了交通事故，也由没有路权的一方承担责任。

（2）按照路权从大到小，车辆的优先级顺序为：主路直行车辆，主路右转车辆，主路左转车辆，小路中面对停牌的车辆，正在做停车动作的车辆（如进出停车位），靠边停车或路边启动的车辆。也就是说，转弯车辆要先让直行的车辆；出路口车辆要让行在路上的车辆；停车车辆要让行驶中的车辆。

（3）需要避让的几种情况：① 紧急车辆，包括救护车、消防车和警车，如果在路上遇到这些车辆需要立即留出通道让其通行，否则会收到罚单；② 行人，在中国的道路上是“人怕车”，但在北美则是“车怕人”，在路上看到行人必须要让行，即使是行人没有按照交通规则行走，车辆也必须让行；③ 校车，加国的校车是黄色的大巴，并自带停车牌，驾驶人看到校车停下时，必须停车等待，如果校车弹出红色的停牌，则前后左右所有的车都必须完全停住，直到标志收起为止。

（4）多乘客车辆通道：在加国的高速公路上，有一条道称“Car Pool Lane”，是专门给载有两个或两个以上乘客的车辆通行的，如巴士等。如果只有一个人在车里，不要走这条道。

（5）驾驶员必须随身携带保险证明。

（6）加拿大对特殊区域，如学校区和居民局有特别限速，驾驶时需特别注意限速标志。

（7）看到停牌（STOP）必须停车。

（8）有路权时，在路口不得随便刹车减速（中国司机经常做的事）。

（9）被警察叫停后要立即靠边停车，不得随便乱动，否则有可能被射杀。

（10）在加拿大经常会遇到各种聚会、派对等，成年的留学生在饮酒之后一定不能开车，酒驾属于刑事犯罪，会被记录在案，一旦有了犯罪记录，就会导致签证不能续签，而且至少 5 年之内都无法再入境加拿大，因此，开车的同学必须严格要求自己，以免造成严重后果。

（四）加拿大其他交通方式

在加拿大留学期间，很多同学会选择在节假日到其他地方旅行，除了自己开车之外，加拿大当地还有各种交通方式以供选择。

航空：由于加拿大的国土广阔，到不同城市出行时，飞机是人们最常选择的交通工具。加拿大主要的大城市都设有机场，并且各城市之间也都有固定航班，如果需要到小城市或者郊区，则很有可能需要先通过地面交通到临近的城市去，出行前最好能查清楚自己的路线，并随身携带护照。

铁路：加拿大的铁路线路遍及全国，从东部的新斯科舍省到西部的温哥华，一路畅通。相对来说，铁路出行相对安全舒适，而且提前订票的话经常会比较便宜，需要的同学可以在 Via Rail Canada 网站上查询车票信息并提前购票，当然，也可以到车站购买。

巴士：巴士是加拿大城市之间最便宜的出行方式，如果需要到小城市又不便开车的话，则选择坐巴士。大多数巴士上装有空调和卫生间，因此对于时间比较长的旅程，也不需要太担心。目前加拿大最大的巴士公司是 Greyhound 及其附属公司，可以通过电话预定车票或者直接到车站购买。

轮渡：在海岸周围地区，如 BC 省和大西洋区域，轮渡是常见的出行方式。许多轮渡可以同时运送乘客和汽车，乘客可以在当地的轮渡公司购买船票。

市内公共交通：加拿大所有城市和大多数主要城镇均设有公共交通系统，包含一种或多种出行方式，如公交、火车、地铁、轻轨、有轨电车等。建议在出行前，了解一下自己周边的交通方式。公交是加拿大最常见的城市交通方式，一些城市也有其他类型的公共交通。多数情况下，不同交通方式之间可以方便快捷地换乘。乘坐公共交通工具需要购买车票或月票，购买月票的话，可以在限定时间内无限次乘坐，如果需要经常乘坐公共交通，月票会相对比较便宜。在多数城市，乘客可以在便利店、主要的中转站以及公交司机处购买。

出租车：所有的城市和乡镇都有出租车公司，加拿大的出租车和国内的差不多，都有计价器，根据里程付费，到达目的地后计价器上会显示应付金额。如果想在打车前有个估算，可以在上车前问一下出租车司机，出租车司机一般会收取小费，尤其是在携带很多行李的情况下。出租车司机都会有一个官方证书来证明他们是合法驾驶的，一般都会放在仪表盘周围。出租车的费用相对较高，许多人只在没有其他选择的情况下乘坐出租车。如果需要乘坐出租车，乘客可以从打电话给出租车公司预约、在站点等待或者路边拦截，也可以通过 Uber 等乘车软件网络约车。

骑自行车：如果选择骑自行车，则可以在当地的自行车商店或者市政府的官网或者信息亭上查询自行车路线。

（五）紧急电话汇总

身在异国他乡，遇到紧急情况或者各种状况时经常会手足无措，留学生们最好能在手机里保存一些紧急电话。

（1）时态非常紧急，请先拨打 911。可以直接说中文，话务人员会自动转到中文服务。

（2）加拿大反诈骗中心：1－888－495－8501。一些诈骗团伙专门利用留学生与家人之间沟通不畅的情况进行各种诈骗活动，大家需要保持警惕。

（3）中国驻加拿大各区域使领馆电话：驻加拿大使馆 1－613－8788818，驻多伦多总领馆 1－416－5290068，驻温哥华总领馆 1－778－2380003，驻卡尔加里总领馆 1－403－9986777，驻蒙特利尔总领馆 1－438－4016980。若遇紧急情况或证件等问题，可及时联系所在区域的使领馆，以寻求帮助。

（4）中国外交部全球领事保护与服务应急呼叫中心：12308。为遇到紧急情况的求助人提供领保应急指导与咨询，必要时协调有关驻外使领馆跟进处理。在发生重大突发领保案件时，“12308”还将承担应急处置“热线”功能，接受社会各界咨询。

留学生在读期间打工规定

(一) 校内工作 (Work on-campus)

1. 需满足的条件

没有工作签证的前提下，学生如果想在校内打工，则需要：① 有关类型院校的全日制学生：公立高校，如学院、大学或魁北克的CEGEP（大专教育学院）；学院级别的魁北克私立学校，该学校需与公立学校运营方式相同，且由至少50%由政府资助；省级法律允许合法颁发学历证书的加拿大私立学校。② 在学习许可有效期范围内。③ 拥有社会保险号码（SIN）。学习许可过期或结束全日制学习之后则不能再进行校内工作。

“校内”是指学生所在学校的所有建筑物，如果学校有多个校区，多数情况下，学生只能在所学习的城市内的校区工作。例外的情况是，如果学生是做教学或者研究助理，且工作内容与研究经费密切相关，则可以在与学校合作的图书馆、医院或研究机构工作，即使不在校园内。

校内工作的聘用方可以是学校、教职工、学生组织、学生本人（校内自由职业者）、私人公司、给校内提供服务的私人承包商。

2. 社会保险号码（SIN）

在加拿大工作或者获得政府项目的福利和服务均要求有SIN号码，学生可以到加拿大服务部申请SIN。

申请SIN用于在校内工作时，学生的学习许可上需要印有如下状态中之一：可以在注册全日制学习期间接受校内工作聘用；在满足R186（f），（v）or（w）项的资格标准的情况下，可以接受校内或校外工作聘用，在无法满足标准时则必须停止工作。

学习许可上没有以上状态，但实际上满足标准的学生，可以申请添加之后再申请 SIN，申请添加无需缴纳费用。

（二）校外工作（Work off-campus）

1. 需满足的条件

在没有工作签证的前提下，学生想在校外工作则需要：① 在学习许可有效期内；② 在指定院校中全日制学习（正规大学和学院一般都可以）；③ 已经开始学习；④ 所在学习项目是旨在获取学位、毕业文凭或证书的，且学习持续时间超过 6 个月；⑤ 拥有 SIN 号码。

如果学生之前一直是全日制学生，由于在最后一个学期不需要全日制上课以完成毕业项目的话，则可以在校外工作。学生如果不清楚自己是否满足校外工作标准，可以在移民局网站上进行自测，如果学生的情况发生改变而不再满足条件，则需要停止校外工作。

学生和聘用方需要在开始工作前确定满足其校外工作标准，如果未满足标准就工作，则可能会被要求离开加拿大。

即使在指定院校全日制学习，如果学生在学习 ESL/FSL 期间，或在学习通识兴趣课程或者其他学习项目的准备课程中，或者是不能获得加拿大学校颁发学位的访问生或交换生，则依然不能没有工作签证在校外工作。

2. 社会保险号码（SIN）

申请 SIN 用于在校外工作时，学生的学习许可上必须印有如下状态之一：满足 IRPR（移民与难民保护条例）中 186（v）项所列出的资格标准，可以每周在校外工作 20 个小时，常规假期期间可以全职工作；在满足 R186（f），（v）or（w）项的资格标准的情况下，可以接受校内或校外工作聘用，在无法满足条件时必须停止工作。

如果满足以上标准，但是学习许可上没有列出这些状态，学生则必须先申请更改学习许可才能申请 SIN，此项申请不需要缴纳费用。

如果学生的学习许可上印有“此许可不允许持有者在加拿大参与校外工作”的状态，或者学生改变了所学习的项目，则申请更改学习许可的同时需缴纳相应的费用。

3. 工作时长规定

满足校外工作标准的学生，最长可以每周工作20个小时。此工作时长适用于：常规学期期间；在读项目没有规定的假期而学生在学习期间；学生在项目的最后一学期非全日制在读期间；完成了学位所需课程的研究生。

只有在规定假期，如寒暑假、春假期间，或者学习完成之后申请了其他工作签证的情况下，学生才能全职工作。

（三）带薪实习/实习（Work as a co-op student or intern）

一些学习项目的课程计划中包含了工作经历，学生可以申请实习工作许可，条件如下：在学习许可有效期内；工作是学习项目的核心部分；学校提供证明所有学生均需完成工作才能获得学位的信件；实习部分不超过总的项目学习的一半。

如果学生是在学习ESL/FSL期间，或者只是在学习通识兴趣课程或其他学习项目的准备课程，则不能具备申请实习工作许可的条件。此类情况下，学生必须获得工作签证才能在加拿大工作。

留学生毕业后工签政策

（一）留学生毕业后工作签证申请条件

（1）必须年满 18 周岁。

（2）学生必须持续在加拿大全日制学习至少 8 个月以上。

（3）学生需要毕业于以下类型之一的院校：公立高等教育机构，如学院、贸易/技术学校、大学，或者魁北克省的大专教育学院（CEGEP）；与公立机构管理运营规则相同的私立高等教育机构；魁北克省的中学或高等教育机构，其可以提供合格的 900 小时及以上时长的旨在获得技工文凭（DEP）或者高级技工文凭（ASP）的项目；加拿大省级法令授权可授予学位的私立机构，但是仅限于就读该省授权的学位项目，而非该机构的所有项目。

（4）必须在收到就读机构授予的书面学业完成证明（如成绩单或官方信件）的 90 天内提交申请。

（5）必须完成所学项目，并收到有资格获得学位、毕业证书或证明的通知。

（6）必须在学习签证有效期内申请工作签证。

（7）如果学生从魁北克省教育娱乐体育部管辖的公立或私立中等教育机构里的职业培训项目毕业，也可能有资格申请毕业后工作签证。此类申请者需要满足以下条件：申请时年满 18 周岁；在学习签证有效期内；完成至少 900 小时的全日制学习项目（通常是 8 个月），该项目旨在获得技工文凭（DEP）或者高级技工文凭（ASP）；必须在收到就读机构授予的书面学业完成证明（如成绩单或官方信件）的 90 天内提交申请；须由学习机构提供一份简述学习时长和项目编号的支持信件。

（二）毕业后工作签证期限

毕业后工作签证有效期不能长于学生在加学习期限，也就是说，如果所就读项目的正式学习期限少于 8 个月，则不能获得此类工作签证；超过 8 个月，少于 2 年，则所能获得的工作签证期限不超过所学习期限（如学习 9 个月，则工作签证就也可能是 9 个月）；达到两年或者更长时间，则可获得 3 年的工作签证。

如果学生从加拿大外的高等教育机构转到加拿大当地正规的教育机构，并且获得了当地教育机构颁发的文凭，则学生仅可获得与其在加学习期限相同的工作签证。如果学生获得文凭是由加拿大以外的机构颁发的，则不能申请毕业后工作签证。

不能申请毕业后工作签证的条件：学习期限不足 8 个月；参加加拿大环球事务部资助的加拿大联邦奖学金项目的学生；参加加拿大环球事务部资助的加拿大政府奖项目者；获加拿大国际发展局资助者；参加加拿大—智利的平等机会奖学金；参加加拿大—中国学者交换项目；参加美国友谊组织项目；参加无论是在加拿大本土还是之外的远程学习项目；曾在其他学习项目之后被颁发过一次学习签证者。

加拿大工作排名

根据加拿大统计局和加拿大经济与社会发展部的数据，加拿大商业（Canada Business）网站每年于4月底公布当年加拿大前100的工作排名，以下为2017年的最新排名，学生可根据排名、薪资中位数、5年内薪资涨幅、5年内就职人员数量涨幅以及职位前景等多个因素考虑自己合适的工作。

职位前景指的是2022年（即5年后）该职位的预期就职人员需求情况，与加拿大就业与社会发展部衡量方法相同。

↗ 表示每位求职者拥有多于1份工作选择——工作机会充足。

→ 表示每位求职者拥有1份工作选择——工作机会平衡。

↘ 表示每位求职者拥有少于1份工作选择——工作机会匮乏。

表1　加拿大工作排名

Rank 排名	Job Title 职位名称	Median Salary 年薪中位数	5 Year Wage Growth 5年薪资涨幅	5 Year Employee Growth 5年就职人员数量增幅	Outlook 职位前景
1	Public Administration Director 公共管理主管	$106 662	17.08%	39.20%	↗
2	Nurse Practitioner 护理从业者	$84 510	19.50%	0.00%	↗
3	Mining & Forestry Manager 矿业与林业经理	$100 006	11.12%	39.50%	↗

（续表）

Rank 排名	Job Title 职位名称	Median Salary 年薪中位数	5 Year Wage Growth 5 年薪资涨幅	5 Year Employee Growth 5 年就职人员数量增幅	Outlook 职位前景
4	Pipefitting Supervisor 管道安装主管	$ 89 398	34. 31%	4. 10%	↗
5	Utilities Manager 公用事业管理人员	$ 112 320	20. 00%	6. 00%	↗
6	Telecommunication Manager 电信经理	$ 86 528	15. 94%	5. 30%	↗
7	Real Estate & Financial Manager 房地产与财务经理	$ 103 376	29. 43%	8. 50%	→
8	Economic Development Director 经济发展主管	$ 114 400	12. 89%	−10. 80%	↗
9	Lawyer 律师	$ 88 524	10. 92%	12. 90%	↗
10	Elevator Mechanic 电梯机械师	$ 83 844	16. 44%	94. 40%	→
11	Pharmacist 药剂师	$ 102 398	9. 40%	56. 00%	→
12	Corporate Sales Manager 公司销售经理	$ 85 009	27. 52%	−6. 50%	↗
13	Locomotive Engineer 火车工程师	$ 73 340	23. 72%	14. 80%	↗
14	Aerospace Engineer 航空航天工程师	$ 89 003	32. 85%	9. 10%	↗
15	Specialized Engineer 专业工程师	$ 85 009	15. 13%	79. 10%	→
16	Deck Officer 水运官员	$ 72 800	16. 67%	18. 20%	↗
17	Business Services Manager 商业服务经理	$ 85 508	31. 55%	−16. 80%	↗

（续表）

Rank 排名	Job Title 职位名称	Median Salary 年薪中位数	5 Year Wage Growth 5 年薪资涨幅	5 Year Employee Growth 5 年就职人员数量增幅	Outlook 职位前景
18	Petroleum & Chemical Process Engineer 石油化工加工工程师	$ 104 000	14.39%	−9.10%	↗
19	Urban Planner 城市规划师	$ 86 320	15.82%	27.50%	→
20*	Police Officer 警察	$ 83 990	15.83%	−1.80%	↗
20*	Firefighter 消防员	$ 78 936	15.10%	15.70%	↗
20*	Software Engineer 软件工程师	$ 90 001	12.51%	45.00%	→
23	Pilot or Flying Instructor 飞行员/航空讲师	$ 76 960	17.31%	14.80%	↗
24	Mining & Quarrying Supervisor 采矿与采石主管	$ 72 800	12.90%	38.30%	↗
25	Construction Manager 建筑经理	$ 79 996	12.00%	31.40%	↗
26	Economist & Policy Researcher 经济与政策分析者	$ 86 860	14.51%	1.90%	→
27	Industrial Technician 工业技术人员	$ 79 040	15.15%	17.90%	↗
28*	University Professor 大学教授	$ 91 998	17.60%	2.10%	→
28*	Scientific Research Manager 科学研究经理	$ 91 998	13.73%	34.90%	→
30	Information Systems Analyst 信息系统分析师	$ 79 996	9.89%	25.50%	→
31	Social Policy Researcher 社会政策研究者	$ 74 672	16.67%	41.20%	↗

（续表）

Rank 排名	Job Title 职位名称	Median Salary 年薪中位数	5 Year Wage Growth 5 年薪资涨幅	5 Year Employee Growth 5 年就职人员数量增幅	Outlook 职位前景
32	Health & Community Service Manager 健康与社区服务经理	$ 104 540	4.71%	−35.00%	↗
33	Electrical & Telecommunications Contractor 电气与电信承包商	$ 76 793	11.04%	13.30%	↗
34	Purchasing Manager 采购经理	$ 84 572	18.34%	0.00%	↗
35	Occupational Therapist 职业治疗师	$ 79 996	15.39%	15.40%	↗
36*	Post-Secondary School Administrator 高校管理人员	$ 93 600	15.38%	−7.80%	→
36*	Head Nurse & Medical Supervisor 护士长和医生主管	$ 82 118	9.67%	25.80%	→
38	Computer Systems Manager 计算机系统经理	$ 100 006	15.74%	43.20%	→
39	Senior Business Manager 高级商务经理	$ 100 006	19.45%	−12.80%	→
40	Ironworker 制铁工人	$ 72 176	21.33%	22.60%	→
41	Marketing & Public Relations Manager 市场营销与公共关系经理	$ 83 200	19.62%	−13.80%	→
42	Banking & Credit Manager 银行与信贷经理	$ 88 004	24.99%	−14.70%	↗
43	Electronics Engineer 电子工程师	$ 85 009	7.61%	−0.60%	↗

（续表）

Rank 排名	Job Title 职位名称	Median Salary 年薪中位数	5 Year Wage Growth 5 年薪资涨幅	5 Year Employee Growth 5 年就职人员数量增幅	Outlook 职位前景
44	Oil & Gas Well Operator 油气井操作工	$ 75 004	20. 20%	5. 50%	↗
45	Veterinarian 兽医	$ 83 990	11. 98%	6. 40%	→
46	Manufacturing Manager 生产经理	$ 79 996	7. 70%	12. 90%	↗
47	Audiologist or Speech-Language Pathologist 听觉病矫正专家和语言病理学者	$ 83 200	7. 07%	23. 70%	→
48	Psychologist 心理学家	$ 83 200	11. 11%	−0. 80%	↗
49	Engineering Inspectors & Regulators 工程检查员与调整员	$ 80 038	29. 39%	25. 00%	→
50	Computer Engineer 计算机工程师	$ 83 200	7. 53%	29. 70%	→
51	Engineering Manager 工程经理	$ 105 996	15. 22%	18. 90%	→
52	Facility Manager 设备经理	$ 74 880	29. 12%	−15. 30%	→
53	Business Development Officer 商业发展官员	$ 69 326	15. 53%	108. 10%	↗
54	Respiratory Therapists 呼吸治疗师	$ 70 720	13. 33%	27. 60%	→
55	Education Policy Researcher or Consultant 教育政策研究者/顾问	$ 73 132	14. 27%	15. 20%	↗

（续表）

Rank 排名	Job Title 职位名称	Median Salary 年薪中位数	5 Year Wage Growth 5年薪资涨幅	5 Year Employee Growth 5年就职人员数量增幅	Outlook 职位前景
56	Chemical Engineer 化学工程师	$85 009	16.77%	−12.60%	→
57	Concrete Finisher 混凝土润饰者	$62 400	24.64%	4.50%	↗
58	Heavy Construction Equipment Supervisor 重型建筑设备主管	$66 560	18.52%	20.70%	↗
59	Registered Nurse 注册护士	$74 880	5.11%	17.40%	↗
60*	Oil & Gas Drilling Supervisor 油气钻井主管	$79 996	9.89%	−4.00%	↗
60*	Mechanical Trades Supervisor 机械贸易主管	$65 998	11.06%	38.80%	↗
62	Health Care Manager 保健经理	$91 000	9.38%	−7.30%	→
63	Secondary School Teacher 中学教师	$83 200	15.21%	−6.60%	→
64	Avionics Mechanic 航空电子设备工程师	$75 004	16.32%	−23.20%	↗
65	Financial Manager 财务经理	$86 236	14.98%	−14.00%	→
66	Social Community & Correctional Services Manager 社会、社区与惩教服务经理	$70 990	10.92%	31.50%	→
67	College Instructor 大学教师	$72 800	13.31%	11.20%	↗
68	School Principal & Administrator 中小学学校校长 & 管理人员	$93 995	7.70%	−7.80%	→

（续表）

Rank 排名	Job Title 职位名称	Median Salary 年薪中位数	5 Year Wage Growth 5年薪资涨幅	5 Year Employee Growth 5年就职人员数量增幅	Outlook 职位前景
69	Carpentry Supervisor 木匠工主管	$64 480	15.16%	160.70%	→
70	Senior Government Manager 高级政府经理	$97 760	7.82%	−31.10%	→
71	Bricklayer 砖匠	$66 560	33.33%	15.00%	→
72	Industrial Electrician 工业电气工	$69 680	15.52%	22.40%	↗
73	Statistician or Actuary 统计员/精算师	$83 990	18.59%	18.70%	→
74	Financial Planner 财务规划师	$65 000	17.17%	20.60%	↘
75	Mapping Technician 绘图师	$67 163	23.48%	30.50%	↗
76	Mechanical Engineer 机械工程师	$79 996	15.95%	−12.40%	→
77	Database Analyst 数据分析师	$69 992	5.98%	26.20%	→
78	Construction Inspector 建筑检查员	$64 812	6.35%	46.20%	↗
79	Health & Occupation Inspector 健康与职业检查员	$71 468	8.08%	21.20%	↗
80	Oil Refinery Process Operator 石油精炼加工操作工	$76 960	8.82%	1.50%	→
81	Elementary School & Kindergarten Teacher 小学与幼儿园教师	$75 504	10.10%	6.10%	→
82	Civil Engineer 土木工程师	$80 080	10.00%	6.10%	→

（续表）

Rank 排名	Job Title 职位名称	Median Salary 年薪中位数	5 Year Wage Growth 5 年薪资涨幅	5 Year Employee Growth 5 年就职人员数量增幅	Outlook 职位前景
83	Electrical Engineer 电气工程师	$ 64 480	19.23%	13.00%	↗
84	Plumber 水管工	$ 60 320	16.00%	4.10%	↗
85	Investment Dealer 投资商人	$ 69 326	16.95%	6.80%	→
86	Financial Auditor or Accountant 财务审计师/会计师	$ 66 123	15.73%	13.10%	→
87	Industrial Engineer 产业工程师	$ 74 006	1.74%	16.70%	↗
88	Power Plant Operator 发电厂操作者/经营者	$ 69 992	12.17%	3.90%	↗
89	Human Resources Manager 人力资源经理	$ 82 284	4.24%	11.10%	→
90	Power Line & Cable Worker 电缆工人	$ 72 800	9.38%	−6.00%	→
91	Biologist 生物学家	$ 75 004	15.32%	−6.10%	→
92	Geoscientist 地质学家	$ 84 510	−0.59%	−14.10%	→
93	Account Executive & Consultant 客户主任与顾问	$ 72 009	8.12%	22.60%	→
94	Natural Resources Policy Analyst 自然资源政策分析师	$ 79 580	8.14%	17.30%	↘
95	Probation & Parole Officer 缓刑与假释官	$ 74 880	7.59%	16.70%	→
96	Financial Auditor 财务审计师	$ 60 008	20.21%	−8.60%	→

（续表）

Rank 排名	Job Title 职位名称	Median Salary 年薪中位数	5 Year Wage Growth 5年薪资涨幅	5 Year Employee Growth 5年就职人员数量增幅	Outlook 职位前景
97	Social Worker 社会工作者	$67 163	9.90%	19.30%	→
98	Avionics Assembler or Inspector 航空电子设备组装员/检查员	$61 859	10.15%	7.50%	→
99*	Longshore Worker 码头工人	$70 720	13.33%	17.00%	↗
99*	Radiation Technologist 放射技术专家	$68 640	9.56%	18.90%	→

注：* 表示排名并列。

加拿大移民政策

加拿大是许多人移民的首选国家，也是许多赴加留学生毕业后最重要的计划之一。每年到加拿大移民人数在26万到28.5万人之间，加拿大于2015年1月1号推出的快速移民通道，一改往常先到先批和时间漫长的审理程序，令更符合条件的申请者无需排队。另外，加拿大各省还有省提名计划，以吸收适合自己的新移民。

VPEA移民服务，会了解每位想留在多伦多的学生，做属于他的移民方案。从前期咨询、打分、初步评估、置顶移民规划，到准备材料指导，一直到拿到PR身份截止。ICCRC认证的移民咨询顾问，会提供最专业的移民咨询、移民规划。十余年移民咨询经验．成功帮助了超过上千学生拿到移民身份。

（一）快速通道（Express Entry）

每一个申请人按照Comprehensive Ranking System（CRS）体系打分，根据六项计算分数：语言能力，学历，工作经历，年龄，工作安排以及加拿大适应能力。所有申请人放到人才库内，等待抽取。每次抽取按分数高低顺序等待邀请Invitation to Apply（ITA），从而拿到永久居民身份。

截至7月1日的数据，2017年第一季度，Express Express池中候选人的ITA（Invitations to Apply）（24 632）数量远高于上一季度。此后，今年第二季度——包括四月、五月和六月，发出的ITA（26 653）比一年前3个月更多。

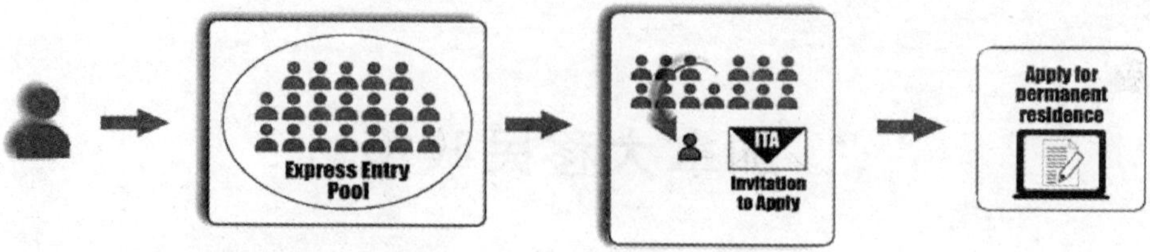

图 1　快速通道流程图

这意味着今年上半年已经发行了 51 285 个 ITA。这数字是 2016 年上半年发布的 15 286 个 ITA 的 3 倍，同样也超过了自 2015 年快速通道实施以来半年的候选人总数。

快速通道有以下三个移民项目：

1. 经验类移民 Canadian Experience Class（CEC）

（1）至少 12 个月的全职工作或等工时的兼职工作。

（2）此工作为 NOC，0，A 或 B 类合法工作：

① Skill Type 0 管理类职位（Managerial Occupations）；

② Skill Level A 专业类职位（Professional Occupations）；

③ Skill Level B 技术类职位（Technical Occupations and Skilled trades）。

（3）语言成绩合格。

（4）不打算在魁北克省居住。

2. 技术类移民 Federal Skilled Workers Program（FSW）

（1）过去 10 年内，有带薪的、一年以上的连续的全职（或等同的兼职）。

（2）工作此工作为 NOC，0，A 或 B 类合法工作：

① Skill Type 0 管理类职位（Managerial Occupations）；

② Skill Level A 专业类职位（Professional Occupations）；

③ Skill Level B 技术类职位（Technical Occupations and Skilled trades）。

（3）语言成绩至少 CLB7→至少雅思 6 分。

（4）不打算在魁北克省居住。

（5）6 项打分超过 67 分。

3. 技工移民 Federal Skilled Trades Class（FST）

（1）近5年内2年技工类工作经验。

（2）符合提名技工类职业的职责描述及工作要求。

（3）有1年全职雇主offer或某省的执业证书。

（4）雅思听5，读3.5，写4，说5（说听CLB5，读写CLB4）。

所需材料：

（1）工作记录Employment Records。

（2）无犯罪记录Police Certificates。

（3）资金证明Proof of Means of Financial Support。

（4）体检证明Proof of Medical Exam。

（5）文凭/学位Education Diplomas/Degrees。

（6）电子照片Digital Photo。

（7）身份证明National ID。

（8）护照/旅行证件Passports/Travel Documents。

（二）安大略省提名移民计划（Ontario Immigrant Nominee Program (OINP)）

省提名移民无论对于境外的技术移民或投资移民申请者来说，都是极好的机会，有着极大的吸引力；安省是北美经济发展最强劲的地区之一，且作为北美自由贸易区成员之一，能够为海外投资者提供巨人的财富机。对于国际学生而言，省提名本计划没有传统的打分标准，更简单直接，且由安省雇主直接提名，能够更快速、更高效帮助国际学生完成移民申请。不需累积工作经验，也没有语言考试要求。

1. 国际学生雇主担保（International Student with a Job Offer）

申请人在加拿大任何一所大学或学院毕业后，只要来安省符合移民类的工作，且雇主符合一定要求并且愿意担保，那么申请人可以直接申请移民。这个项目对申请人的语言、工作时长等没有要求。但是对雇主公司有比较详细的要求。目前该项目的审理时间较长，通常超过1年。

申请国际学生的条件：

（1）毕业两年之内申请。

(2) 有 NOC 0，A 或者 B 类职业的工作邀请。

(3) 已完成文凭或学位课程；或一年的研究生学位课程或证书课程。

职位标准：

(1) 必须是永久的全职的职位。

(2) 在 NOC 0，A 或者 B 类别。

(3) 符合入门工资水平。

企业申请担保资格：

(1) 企业成立至少 3 年并且在安省注册。

(2) 大多地区 GTA 企业：

① 在最近一个财政年度，有至少 100 万加元的收入总额；

② 不少于雇用 5 个全职加拿大公民或移民。

(3) 大多地区以外的企业：

① 总收入至少达到 50 万加元；

② 不少于雇用 3 个全职加拿大公民或移民。

所需材料：

因为所需要的材料比较复杂，有个单独的 pdf：雇主担保 document checklist，具体请查询项目网站。

2. 安省硕士毕业生 (International Student Masters Graduates) 安省博士毕业生 (PhD Graduate Stream)

对于在安省完成硕士或博士学历的国际学生来说，毕业之后不需要一年工作经验，并且雅思考到 4 个 6 分就可以直接移民。对于申请者也没有别的附加条件。需要注意的是，必须在毕业两年内申请。2017 年开放了 6 000个名额。

申请人条件：

(1) 未来有意向在安省居住并工作。

(2) 完成至少一年全日制学习。

(3) 拿到硕士/博士学位后两年内提交申请。

(4) 语言测试至少 CLB7→雅思 6 分（听说、读写各项 6 分）。

(5) 提供能够保障自己和家属生活的最低资金证明（至少＄12 300）。

(6) 提供在过去两年内至少在安省住满一年的证明。

(7) 在安省不再继续求学。

所需材料：

因为所需要的材料比较复杂，有个单独的 pdf：研究生 document checklist，具体请查询项目网站。

优才类别（Ontario Human Capital Priorites Stream）：

对于 EE 申请达到 400 的申请人，可以考虑申请这个项目。取得这个项目的邀请之后，联邦打分会加 600 分。

（1）首先需要满足联邦技术移民或者加拿大经验类移民的基本条件。

（2）必须取得本科及以上学历。

（3）至少 12 个月的全职工作或等工时的兼职工作。

（4）语言需达到 CLB7→雅思 6 分 CRS 打分系统至少 400 分。

（5）在过去的一年内有足够的资金支持在安省的开销（至少＄12 300）。

（6）有意向居住在安省。

（三）BC 省省提名（BC PNP）

以下仅为两项一般留学生会走的类别：

1. 国际留学生（International graduate）

（1）公立院校任何学历，或私立院校本科以上学历。

（2）NOC O，A 或 B 类全职聘书，或部分 C 和 D 类全职聘书。

（3）满足语言要求。

（4）所属公司成立一年以上及有名五名员工以上（大温地区以外则三名全职员工）；若提名 C 类或 D 类工种，公司需已经成立两年以上。

（5）毕业两年内递交申请。

（6）根据申请人各项条件进入满分为 200 分的打分系统，超过 105 分者保证获邀。

2. 硕博留学生

从 BC 省毕业的硕博留学生，如果满足专业领域要求，均不需要 job offer。申请人的专业必须是自然科学、应用科学或健康科学领域的以下学科：

（1）农业 Agriculture。

（2）生物和生物医学科学 Biological and Biomedical Sciences。

(3) 计算机和信息科学及支持服务 Computer and Information Sciences and Support Services。

(4) 工程学 Engineering。

(5) 工程技术 Engineering Technology。

(6) 健康专业和相关的临床科学 Health Professions and Related Clinical Sciences。

(7) 数学和统计学 Mathematics and Statistics。

(8) 自然资源保护和研究 Natural Resources Conservation and Research。

(9) 物理科学 Physical Sciences。

(四) 曼尼托巴省省提名 (MPNP)

以下仅为一般留学生适合的类别：

1. 技术工人类别 Skilled Workers in Manitoba

针对目前在曼省，已经为曼省雇主全职（full-time）连续（continuous）工作至少 6 个月，该雇主为申请人提供一个全职长期的 Job Offer。申请人可以是临时外劳（通常有 LIMA 支持的），也可以是加拿大毕业生；该类别不需要参与技术移民的打分（100 分最低 60 分）。

雇主要求：

(1) 在曼省合法注册，有经营场所；能证明有能力为申请人提供全职长期的工作。

(2) 必须与申请人是雇佣关系，自雇、生意经营者、合同工作等不接受。

申请人条件：

(1) 申请人为雇主连续工作 6 个月以上；该雇主提供全职长期 job offer；若申请人是从外省毕业的留学生，则需要为曼省雇主工作 1 年以上。

(2) 若是在曼省毕业的留学生，必须是曼省符合资格的学院颁发的文凭或者学位（至少 1 年制全职读书，不包含纯语言学习）；外省毕业的学生，需要在加拿大符合资格的院校颁发的文凭或者学位。

（3）持有有效的毕业后工签（PGWP）一加拿大或者曼省毕业的学生；

（4）与曼省的联系强过与加拿大其他省的联系。

（5）有完成工作需要的所有资质或者英语/法语（对雅思没有硬性要求）。

（6）若工作是国家职业类别 NOC C 或者 D 的话，则需要提供 CLB 4 的语言成绩（相当于雅思 4 分左右）。

（五）阿尔伯塔省省提名计划（AINP）

1. Strategic Recruitment Stream 策略招聘类别：Post-Graduate Worker Category 研究生类别提名计划（针对省内毕业生）

阿省提名战略招聘类别一研究生类别主要是针对在阿省大学学习一年以上，职业级别为 NOC 0. A. B. C，雅思 4.5 分，并持有工作许可的留学生。

申请人需满足的条件：

（1）打算定居阿省。

（2）递交申请时在阿省全职工作。

（3）从 AINP 认可的阿省公立或私立大学毕业，并获得了证书、文凭、学位，或者完成了研究生项目。

（4）学习时间至少 1 年（如最少 2 学期的全日制学习，或等同的学习）。

（5）当前持有有效的毕业后工作许可。

（6）从事职业级别为 NOC 0. A. B. C，职业不能在 ineligible occupations list 上。

（7）如果从事的是 NOC 中 C 类职位，需要提交最低 CLB4 的语言考试成绩（雅思是：听 4.5，说写 4，读 3.5）。

2. 雇主推动类别：International Graduate Category 国际毕业生类别提名计划（针对其他省份毕业生）

阿省提名雇主推动类别一国际毕业生类别要求申请人为其他省份的毕业生，至少在加拿大学习一年，雅思达到 CLB4 的要求，已经在阿省为雇主工作，并且雇主规模符合担保条件。

以下情况不能申请留学生类别：

（1）从事 ineligible occupations 的人员。

（2）难民，或者受到联邦驱逐的人员。

（3）住家护理。

（4）当前在其他省工作和居住的外国临时工。

（5）实习的学生。

雇主需满足的条件：

（1）公司合法经营，在阿省有具体的工厂或营业场所，具有一定的生产能力。

（2）向申请人提供长期全职的工作 offer，技能水平为 NOC 0. A. B. C，工作要符合加拿大就业标准和工资水平（但是其中有些职业是不能申请的 ineligible occupations list）。

（3）提供工作的工资和福利要满足行业标准。

留学生申请人需满足的条件：

（1）在申请中表明打算定居阿省的强烈意愿。

（2）申请时，正在为当前提名你的雇主全职工作。

（3）雇主 offer 上的职业需要与你当前从事的职业相同。

（4）从以下学校毕业获得了证书、文凭、学位，或者完成了研究生项目：① AINP 认可的阿省公立或私立大学；② 在阿省以外其他省的，公立社区学院、技工/技术学校，或大学。

（5）学习时间至少 1 年（如最少 2 学期的全日制学习，或等同的学习）。

（6）当前持有有效的毕业后工作许可。

（7）如果从事的是 NOC 中 C 类职位，需达到最低 CLB4 的语言考试成绩（雅思是：听 4.5，说写 4，读 3.5）。

附　录

VPEA 留学专家对留学加拿大常见问题的解答和建议

问：可以去加拿大读小学么，是否需要家长跟过去陪读？陪读的话，是否有专门的陪读签？

答：可以读小学，一般小学体制是 K－7 年级，13 岁以下的孩子需要父母之一陪读。有陪读签，但是要落地加拿大后由 VPEA 境外同事协助办理。

家长需要先在国内办理 10 年往返性质的旅游签，去加拿大之后需要最长 6 个月出入境一次，回国或者去其他周边国家也可以，但是必须有出入境记录。

落地加拿大后，可办理陪读签证，十年多次往返，单次停留时间等同于子女学签有效期。

问：小学学校如何申请？需要提供哪些材料？过去读小学住宿怎么安排？

答：申请流程大部分学校都是一致的，需要填写申请院校的申请表格，提供孩子在国内的近两年成绩单以及在读证明，具体以学校为准；有关住宿安排，不同地区要求不同，如果是 BC 省的温哥华地区，学生可以先申请学校，家长过去时再租房或者买房，但是如果申请安大略省多伦多地区的小学，申请时学校就会要求学生提供住址证明以及一些房租/水电费单据，遵循就近入读的原则，根据家庭住址安排录取学校。

问：学生申请加拿大高中需要提供语言成绩（雅思/托福）么？有什么要求？

答：95％以上的学校是不需要提供语言成绩的，学生入学报到时需要参加学校的入学测试，学校根据学生的英语水平进行分班，不过建议孩子在国内尽量提高英语水平，这样可以节省单独学习英语课程的时间，有利于在规定时间内毕业；只有极个别学校是需要提供雅思成绩的，如BC省的西温哥华公立教育局、安省的约克公立教育局。申请加拿大高中主要的要求就是学生在国内近两年的成绩平均分不得低于75%，学校都是秉着择优录取的原则，分数太低有可能拒录。

问：孩子过去读高中住在哪？学校有宿舍么？还是住在寄宿家庭？住家都提供什么服务给孩子？饮食如何解决？

答：一般学生都是住在校外的寄宿家庭，大部分中学都是没有校内宿舍的，尤其是公立学校，住家提供的主要服务包含一日三餐＋学生单独卧室，不含接送孩子上下学。三餐都是由住家提供的，其中早餐住家主人会为学生准备好食材，学生自己弄好即可；中餐是住家提前为孩子准备好的，需要带到学校，因为一般学校都是没有食堂的；晚餐就是孩子放学后与住家一起享用。

问：加拿大高中和国内高中有什么区别？

答：首先，国内的高中体制是10—12年级课程，加拿大高中的体制有些省是9—12年级课程；其次，国内是走班制的，加拿大是学分制的教育体系，入学测试后根据学生自身综合水平进行分班，后期也会根据学生的学习进度调整班级。国内只要学生完成3年的高中课程，即可毕业，而加拿大是需要修够当地省教育厅要求的学分数才可获得高中毕业证书。一般我们建议孩子条件允许的话，提早去加拿大读高中，在加拿大（英语为母语国家）读够4年高中（不含ESL英语课程学习时间）申请大学是可以免语言成绩的，这样有利于学生高效学习专业课知识。

问：去加拿大留学费用是多少？具体都包含什么？

答：去加拿大留学的费用基本上包含以下几项：学费14 000加币/学年＋住宿费1 000加币/月，再加上学生个人的生活费用（每个孩子不同），一学年基本总花销是15万人民币左右。

问：学生在国内英语基础比较薄弱，去加拿大读书如何度过语言关？大概需要多久适应？基础一般的只能先上 ESL 课程，不能上高中的学术课程（科学/社会学等）吗？

答：学生过去之后会进行入学测试，根据入学测试成绩进行分班，如果成绩较低，会先集中学习 ESL 课程中的听说读写等知识，同时可以配些简单的学术课程，如体育，美术；如果成绩较好，在提高 ESL 等级的同时，就可以修学术课程了，如数学，科学；总之，随着学生英语水平的提高，学校专业的 counselor 老师会为学生指导课程的安排以及一些选修课的选择。ESL 课程主要分为 5 个级别：A 到 E，E 为最高级，一般国内孩子的水平都在 B—C 之间，大概需要 4—8 个月修完 ESL 课程。

其中 ESL 也可以选择提前在国内进行强化和学习，这样就能确保到加拿大后可以直接开始修读学术课程。VPEA 是加拿大各大公立教育局推荐的专业 ESL 补习基地，学生可以到 VPEA 预约申请免费测试，了解目前自己的英语水平，制定完善的英语学习计划。

问：如果没有修满学分是否会造成无法准时从高中毕业？

答：各个省份的毕业学分要求不一样，安省高中毕业需要修满 30 个学分，BC 省则要求 80 个学分。

一部分学生由于到加拿大的时间距离大学申请很短，学分没有修满导致不能拿到加拿大高中毕业证书，只能延迟毕业时间。这种情况下可以选择在国内提前修一部分加拿大高中学分课程，转到加拿大所读高中以申请大学。

加拿大公立教育局还提醒已经在读的加拿大留学生，加拿大的文科课程相对较难取得高分，而本科学校的申请对高中 GPA 是很看重的，这种情况下学生可以选择寒暑假回国参加 VPEA 的加拿大高中学分课程学习，考到自己满意的分数。

同时，加拿大高中学分课程对国内中加班、国际部、国际学校的学生一样适用，相当于针对加拿大课程的课后学科补习课程，能够有针对性提升学科成绩。

问：加拿大的公立教育局和私立中学有什么区别？

答：加拿大的公立学校由地方政府出资办学，政府为保证教育公平，各个学校之间的差别不是很大。每个学校都开设英语、数学、科学、社会学等必修课以及一些选修课，学生除了必修课之外，可以根据自己的兴趣和需求参加选修课程，全方位地培养自身；另外，公校和私校的两点区别就是费用＋班级规模，公立学校的学费低廉，性价比高。私立中学分为两类：普通私立＋私立贵族，普通私立的费用相对公立学校稍高一些，但师资及硬件并不及政府投入的公立中学；而私立贵族的费用会高很多，一般一年需要 25 万人民币左右，同时入学要求非常高。

问：加拿大中学留学的申请流程是怎样的？大概需要多长周期可以完成？

答：申请流程如下：

① 递交申请材料给学校——2 周准备；

② 学校下发有条件录取信——学校审核 2—3 周；

③ 缴纳学费＋其他费用——2 周内；

④ 学校下发正式录取信＋收据——1—2 周；

⑤ 安排住宿＋监护＋接机等后续事宜，同时准备签证材料——3—4 周；

⑥ 递交签证——2 个月；

⑦ 签证通过，行前准备；

⑧ 入境加拿大。

问：加拿大签证好申请么？留学签证需要提供哪些材料，满足哪些条件？一般多长时间可以得知签证结果？

答：办理加拿大留学签证涉及因素较多，三大因素：材料的真实性＋访问目的＋担保金。一般签证审理周期为 2 个月左右。

问：申请加拿大大学需要雅思或者托福吗？要求高考成绩吗？

答：申请加拿大大学是否必须提供雅思或者托福，需要看申请的学校，很多学校不需要雅思或者托福就可以申请语言和专业课的双录取。

一般情况下，不要高考成绩，但是会参考会考成绩，个别学校是需要提供高考成绩的。

问：加拿大大学有排名吗？

答：加拿大大学全部都是公立大学，没有官方的类似美国大学的排名，公立大学全部由国家统一管理。目前加拿大大学排名可以参考麦考林杂志的排名，分为三类大学，即医博类、综合类、基础类，但是分类的标准并非根据录取要求，而是根据学生的反馈、教授的评价、学生的就业率等 14 项指标来排名的。

问：去加拿大读本科，读什么专业比较好就业呢？

答：加拿大专业种类涵盖 300 多种，划分为 4 个门类，分别是文理工商 4 个学科。从市场需求来看，商科的需求量是最大的，但是也是竞争最激烈的，一般文科，商科的学生，英语能力好，就业机会则会更多一些。理工科的话，工科相对就业率最高，但学习最辛苦。工科的本科生毕业后的起薪大概是每月 4 200—4 800 加币。

问：加拿大好移民吗？

答：加拿大是一个移民制国家，相对于其他英语系国家来说，加拿大是最好移民的国家了。那么除了加拿大全国都适用的经验类移民外，各个省也为国际留学生开辟了省移民的通道。以安省为例，如果本科毕业后走经验类移民，只需要本科毕业后工作满一年就可以申请移民，若专业可以加分，还可以走省提名的移民加分通道。目前来说，加拿大是移民率最高、最快的国家。

问：成绩不好可以去加拿大读书吗？

答：如果高中成绩不是很理想的话，也是可以去加拿大读大学的，加拿大本科属于通识教育，本科阶段愿意多接受国际学生，属于宽进严出型。如果成绩不好，想学技术类，也可以考虑读大专，专门学一门技术，毕业之后就业率达到 98%以上，找到工作，先移民，将来也可以在当地继续转接本，非常灵活。

问：加拿大硕士如何申请？看重大学成绩吗？

答：加拿大硕士分为研究型和授课型。研究型硕士通常关注学生的成绩以及科研成果，申请的难度偏大。授课型硕士，相对要求较低，但比较看重大学成绩，一般要求75分以上。商科专业有一些学校地理位置不是很好，可以放宽入学条件。

问：加拿大工作好找吗？

答：加拿大非常珍惜人才，一般情况下，学生毕业都能找到工作。但是相对来说，工程类的毕业生找到薪资高的工作机会更大一些。加拿大就业机会很多，只要是人才，加拿大非常愿意接受。

问：年龄大了，还可以去加拿大读书吗？

答：没问题的，加拿大针对年龄没有要求。年龄大的学生，只要合理解释出国留学的动机，签证也能顺利通过。

问：加拿大可以申请配偶陪读吗？

答：可以办理探亲签证，每次可以停留至多6个月的时间。针对已婚的学生，学生抵达加拿大之后，其爱人可以办理配偶工签，也就是配偶享受的签证时间与学生的时间一致，并且还可以工作。这个政策对于已婚的学生来说，非常有吸引力。

问：加拿大研究生含金量高吗？

答：加拿大的研究生含金量在英语国家中算是比较高的。加拿大比较看重教育，非产业化，教授针对国际学生的申请要求也是比较高的。在目前去加拿大读研究生的学生中，基本都成功拿到绿卡，85%选择留在加拿大工作和生活，15%选择了回国。拿到加拿大研究生的文凭，可以申请全世界任何一所大学的博士，并且认可度很高。

加拿大公立学区/教育局列表

(一) British Columbia 英属哥伦比亚省 (BC省)

附表1 BC省公立学区/教育局

学区序号	学区/教育局名称	学区网站
5	Southeast Kootenay 东南库特尼学区	http://www.sd5.bc.ca
6	Rocky Mountain 落矶山脉学区	http://www.sd6.bc.ca
8	Kootenay Lake 库特尼湖学区	http://www.sd8.bc.ca
10	Arrow Lakes 箭湖学区	http://www.sd10.bc.ca
19	Revelstoke 雷夫尔斯托克学区	http://www.sd19.bc.ca
20	Kootenay-Columbia 库特尼-哥伦比亚学区	http://www.sd20.bc.ca
22	Vernon 费南学区	http://www.sd22.bc.ca
23	Central Okanagan 中央奥克纳根学区	http://www.sd23.bc.ca
27	Cariboo-Chilcotin 卡里布齐科廷学区	http://www.sd27.bc.ca
28	Quesnel 康奈尔学区	http://www.sd28.bc.ca
33	Chilliwack 奇里瓦克学区	http://www.sd33.bc.ca
34	Abbotsford 阿伯茨福学区	http://www.sd34.bc.ca
35	Langley 兰里学区	http://www.sd35.bc.ca
36	Surrey 素里学区	http://www.sd36.bc.ca
37	Delta 三角洲学区	http://web.deltasd.bc.ca

（续表）

学区序号	学区/教育局名称	学 区 网 站
38	Richmond 列治文学区	http：//www. sd38. bc. ca
39	Vancouver 温哥华学区	http：//www. vsb. bc. ca
40	New Westminster 新西斯敏斯特学区	http：//www. sd40. bc. ca
41	Burnaby 本拿比学区	http：//www. sd41. bc. ca
42	Maple Ridge-Pitt Meadows 枫树岭学区	http：//www. sd42. ca
43	Coquitlam 高贵林学区	http：//www. sd43. bc. ca
44	North Vancouver 北温哥华学区	http：//www. nvsd44. bc. ca
45	West Vancouver 西温哥华学区	http：//www. sd45. bc. ca
46	Sunshine Coast 阳光海岸学区	http：//www. sd46. bc. ca
47	Powell River 包威尔河学区	http：//www. sd47. bc. ca
48	Sea To Sky 海天学区	http：//www. sd48. bc. ca
49	Central Coast 中央海岸学区	http：//www. sd49. bc. ca
50	Haida Gwaii 海达归学区	http：//www. sd50. bc. ca
51	Boundary 边界教育局	http：//www. boundaryschools. com
52	Prince Rupert 鲁伯特王子学区	http：//www. sd52. bc. ca
53	Okanagan-Similkameen 奥克纳根-西米尔卡姆学区	http：//www. sd53. bc. ca
54	Bulkley Valley 布克利谷学区	http：//www. sd54. bc. ca
57	Prince George 乔治王子学区	http：//www. sd57. bc. ca
58	Nicola-Similkameen 尼古拉-西米尔卡姆学区	http：//www. sd58. bc. ca
59	Peace River South 南和平河学区	http：//www. sd59. bc. ca
60	Peace River North 北和平河学区	http：//www. prn. bc. ca
61	Greater Victoria 维多利亚学区	http：//www. sd61. bc. ca

（续表）

学区序号	学区/教育局名称	学 区 网 站
62	Sooke 苏克学区	http：//www. sd62. bc. ca
63	Saanich 萨尼奇学区	http：//www. sd63. bc. ca
64	Gulf Islands 海湾岛学区	http：//www. sd64. bc. ca
67	Okanagan-Skaha 奥克纳根-撒卡哈学区	http：//www. sd67. bc. ca
68	Nanaimo-Ladysmith 纳奈莫学区	http：//www. sd68. bc. ca
69	Qualicum 阔里坎学区	http：//www. sd69. bc. ca
70	Alberni 阿宾尼学区	http：//www. sd70. bc. ca
71	Comox Valley 歌摩士谷学区	http：//sd71. bc. ca
72	Campbell River 坎贝尔河学区	http：//www. sd72. bc. ca
73	Kamloops-Thompson 甘露市-汤姆逊学区	http：//www. sd73. bc. ca
74	Gold Trail 金路学区	http：//www. sd74. bc. ca
75	Mission 米申学区	http：//www. mpsd. ca
78	Fraser-Cascade 弗雷泽-卡斯卡德学区	http：//www. sd78. bc. ca
79	Cowichan Valley 哥维根谷	http：//www. sd79. bc. ca
81	Fort Nelson 纳尔逊堡学区	http：//www. sd81. bc. ca
82	Coast Mountains 海岸山脉学区	http：//www. cmsd. bc. ca
83	North Okanagan-Shuswap 北奥克纳根-萨斯瓦布学区	http：//www. sd83. bc. ca
84	Vancouver Island West 西温哥华岛学区	http：//www. sd84. bc. ca
85	Vancouver Island North 北温哥华岛学区	http：//www. sd85. bc. ca
87	Stikine 史蒂坎学区	http：//www. sd87. bc. ca
91	Nechako Lakes 尼查科湖学区	http：//www. sd91. bc. ca
92	Nisga'a 尼斯加学区	http：//www. nisgaa. bc. ca
93	Conseil Scolaire Francophone 法语学区	http：//www. csf. bc. ca

（二）Ontario 安大略省

附表 2　安大略省公立学区/教育局

教育局/学区名称	网　站
Algoma District School Board 阿尔哥玛公立教育局	www. adsb. on. ca
Algonquin and Lakeshore Catholic District School Board 尔冈琴和湖滨天主教公立教育局	www. alcdsb. on. ca
Avon Maitland District School Board 雅芳梅特兰区公立教育局	http：//blog. amdsb. ca
Bluewater District School Board 蓝水区公立教育局	www. bwdsb. on. ca
Brant Haldimand Norfolk Catholic District School Board 布兰特哈尔迪曼德诺福克公立教育局	www. bhncdsb. ca
Bruce-Grey Catholic District School Board 布鲁斯-格雷天主教公立教育局	www. bgcdsb. org
Catholic District School Board of Eastern Ontario 安大略省东部天主教公立教育局	www. cdsbeo. on. ca
Conseil des écoles publiques de l'Est de l'Ontario 安大略省东部法语区公立教育局	www. cepeo. on. ca
Conseil scolaire de district catholique Centre-Sud 中南部公立天主教法语教育局	www. csdccs. edu. on. ca
Conseil scolaire de district catholique de l'Est ontarien 东安大略天主教法语教育局	www. csdceo. ca
Conseil scolaire de district catholique des Aurores boréales 北极光天主教法语教育局	www. csdcab. on. ca
Conseil scolaire de district catholique des Grandes Rivières 大河区天主教法语教育局	www. cscdgr. on. ca
Conseil scolaire de district catholique du Centre-Est de l'Ontario 安大略中东部天主教法语教育局	www. ecolecatholique. ca/fr/

（续表）

教育局/学区名称	网　　站
Conseil scolaire de district catholique du Nouvel-Ontario 新安大略天主教法语教育局	www. nouvelon. ca
Conseil scolaire de district catholique Franco-Nord 北佛朗哥天主教法语教育局	www. franco-nord. ca
Conseil scolaire catholique Providence (formerly Conseil scolaire de district des écoles catholiques du Sud-Ouest) 普罗维登斯天主教法语教育局（前西南部天主教教育局）	CscProvidence. ca
Conseil scolaire Viamonde (formerly Conseil scolaire de district du Centre Sud-Ouest) 维亚蒙德法语教育局（前中央西南部教育局）	www. csviamonde. ca/ csviamonde
Conseil scolaire de district du Grand Nord de l'Ontario 安大略省北部法语教育局	www. cspgno. ca
Conseil scolaire de district du Nord-Est de l'Ontario 安大略东北部法语教育局	www. cspne. ca
District School Board of Niagara 尼亚加拉公立教育局	www. dsbn. edu. on. ca
District School Board Ontario North East 安大略省东北部公立教育局	www. dsb1. ca
Dufferin-Peel Catholic District School Board 达菲尔林-皮尔天主教公立教育局	www. dpcdsb. org
Durham Catholic District School Board 杜伦天主教公立教育局	www. dcdsb. ca
Durham District School Board 杜伦公立教育局	http：//ddsb. ca/
Grand Erie District School Board 大伊利公立教育局	www. granderie. ca
Greater Essex County District School Board 大埃塞克斯郡公立教育局	www. gecdsb. on. ca
Halton Catholic District School Board 哈尔顿天主教公立教育局	www. hcdsb. org
Hamilton-Wentworth Catholic District School Board 汉密尔顿-温特沃斯天主教公立教育局	www. hwcdsb. ca

（续表）

教育局/学区名称	网　　站
Hamilton-Wentworth District School Board 汉密尔顿-温特沃斯公立教育局	www. hwdsb. on. ca
Hastings & Prince Edward District School Board 黑斯廷爱德华王子公立教育局	www. hpedsb. on. ca
Huron Perth Catholic District School Board 休伦湖珀斯天主教公立教育局	www. huronperthcatholic. ca
Huron-Superior Catholic District School Board 休伦-苏必利尔天主教公立教育局	www. hscdsb. on. ca
Kawartha Pine Ridge District School Board 卡沃萨松岭公立教育局	www. kprschools. ca
Keewatin-Patricia District School Board 基瓦汀-帕特里夏公立教育局	www. kpdsb. on. ca
Kenora Catholic District School Board 凯诺拉天主教公立教育局	www. kcdsb. on. ca
Lakehead District School Board 湖首公立教育局	www. lakeheadschools. ca
Lambton Kent District School Board 莱姆顿肯公立教育局	www. lkdsb. net
Limestone District School Board 莱蒙石公立教育局	www. limestone. on. ca
London District Catholic School Board 伦敦区天主教公立教育局	ldcsb. on. ca
Moose Factory Island District School Area Board 麋鹿工厂岛公立教育局	无
Moosonee District School Area Board 穆索尼公立教育局	无
Near North District School Board 近北公立教育局	www. nearnorthschools. ca
Niagara Catholic District School Board 尼亚加拉天主教公立教育局	www. niagaracatholic. ca

（续表）

教育局/学区名称	网 站
Nipissing-Parry Sound Catholic District School Board 尼皮辛-帕里桑德天主教公立教育局	www. npsc. ca
Northeastern Catholic District School Board 东南天主教公立教育局	www. ncdsb. on. ca
Northwest Catholic District School Board 西南天主教公立教育局	www. tncdsb. on. ca
Ottawa Catholic District School Board 渥太华天主教公立教育局	www. ocsb. ca
Ottawa-Carleton District School Board 渥太华卡尔顿公立教育局	www. ocdsb. ca
Peel District School Board 皮尔公立教育局	www. peelschools. org
Penetanguishene Protestant Separate School Board 佩内坦吉申新教徒独立教育局	无
Peterborough Victoria Northumberland and Clarington Catholic District School Board 彼得伯勒-维多利亚-诺森伯兰与克拉灵顿天主教公立教育局	www. pvnccdsb. on. ca
Rainbow District School Board 彩虹区公立教育局	www. rainbowschools. ca
Rainy River District School Board 雷尼里弗公立教育局	www. rrdsb. com
Renfrew County Catholic District School Board 伦弗鲁郡天主教公立教育局	www. rccdsb. edu. on. ca
Renfrew County District School Board 伦弗鲁郡公立教育局	www. renfrew. edu. on. ca
Simcoe County District School Board 锡姆科郡公立教育局	www. scdsb. on. ca
Simcoe Muskoka Catholic District School Board 锡姆科穆斯科卡天主教公立教育局	www. smcdsb. on. ca

（续表）

教育局/学区名称	网　　站
Toronto District School Board 多伦多公立教育局	www. tdsb. on. ca
Trillium Lakelands District School Board 延龄草湖畔公立教育局	www. tldsb. ca
Upper Canada District School Board 上加拿大公立教育局	www. ucdsb. on. ca
Upper Grand District School Board 圭尔夫公立教育局	www. ugdsb. on. ca
Waterloo Catholic District School Board 滑铁卢天主教公立教育局	www. wcdsb. ca
Waterloo Region District School Board 滑铁卢区域公立教育局	www. wrdsb. ca
Wellington Catholic District School Board 惠灵顿天主教公立教育局	http: //www. wellingtoncdsb. ca/
Windsor-Essex Catholic District School Board 温莎雅斯郡天主教公立教育局	www. wecdsb. on. ca
York Catholic District School Board 约克天主教公立教育局	www. ycdsb. ca
York Region District School Board 约克区域公立教育局	www. yrdsb. ca

（三）Alberta 阿尔伯塔省

附表 3　阿尔伯塔省公立学区/教育局

学区/教育局名称	网　　址
Clearview School Division No. 71 克利尔维尤学区	http: //www. clearview. ab. ca
Chinook's Edge School Division No. 73 奇诺克校区	http: //www. chinooksedge. ab. ca

（续表）

学区/教育局名称	网　址
Wolf Creek School Division No. 72 狼溪学区	http： //www. wolfcreek. ab. ca
Westwind School Division No. 74 西风学区	http： //www. westwind. ab. ca
Peace Wapiti School Division No. 76 和平麋鹿学区	http： //www. pwsd76. ab. ca
Prairie Rose School Division No. 8 派瑞罗斯学区	
Horizon School Division No. 67 天际学区	http： //www. horizon. ab. ca
Peace River School Division No. 10 和平河学区	http：//www. prsd. ab. ca
Grande Yellowhead Public School Division No. 77 黄头公里学区	http：//www. gypsd. ca
Sturgeon School Division No. 24 鲟鱼学区	http： //www. sturgeon. ab. ca
Prairie Land Regional Division No. 25 高草地学区	http：//www. plrd. ab. ca
Livingstone Range School Division No. 68 利文斯敦学区	http：//www. lrsd. ab. ca
Buffalo Trail Public Schools Regional Division No. 28 布法罗特雷尔学区	http：//www. btps. ca
Pembina Hills Regional Division No. 7 彭比纳山学区	http：//www. phrd. ab. ca
Foothills School Division No. 38 富特希尔斯学区	http：//www. fsd38. ab. ca
Rocky View School Division No. 41 落基山景校区	http： //www. rockyview. ab. ca/
High Prairie School Division No. 48 高草原校区	http： //www. hpsd48. ab. ca

（续表）

学区/教育局名称	网　　址
Northern Lights School Division No. 69 北极光校区	http：//www. nlsd. ab. ca
Fort Vermilion School Division No. 52 威密伦堡学区	http：//www. fvsd. ab. ca
Northland School Division No. 61 北地学区	http：//www. nsd61. ca
Wild Rose School Division No. 66 野玫瑰学区	http：//www. wrsd. ca
Grasslands Regional Division No. 6 草地学区	http： //www. grasslands. ab. ca
Wetaskiwin Regional Division No. 11 韦塔斯基温学区	http：//www. wrps. ab. ca
Aspen View Public School Division No. 78 阿斯彭公立学区	http： //www. aspenview. org
Golden Hills School Division No. 75 金山校区	http：//www. ghsd75. com
St. Paul Education Regional Division No. 1 圣保罗教育学区	http：//www. stpauleducation. ab. ca
Elk Island Public Schools Regional Division No. 14 麋鹿岛公立学区	http：//www. eips. ca
Black Gold Regional Division No. 18 黑金区域学区	http：//www. blackgold. ca
Palliser Regional Division No. 26 帕里瑟学区	http： //www. pallisersd. ab. ca
Northern Gateway Regional Division No. 10 北方通道学区	http：//www. ngps. ca
Battle River Regional Division No. 31 战河校区	http：//www. brsd. ab. ca
Parkland School Division No. 70 帕克兰校区	http：//www. psd70. ab. ca

（续表）

学区/教育局名称	网　址
Edmonton School District No. 7 埃德蒙顿天主教公立校区	http：//www. epsb. ca
Calgary School District No. 19 卡尔加里教育局	http：//www. cbe. ab. ca
Lethbridge School District No. 51 莱斯布里奇学区	http：//www. lethsd. ab. ca
Medicine Hat School District No. 76 麦迪森海特学区	http：//www. sd76. ab. ca
Canadian Rockies Regional Division No. 12 加拿大落基山公立学校	http：//www. crps. ca
Red Deer Public School District No. 104 红鹿天主教学区	http：//www. rdpsd. ab. ca
Lloydminster Public School Division 劳埃德明斯特公里学区	http：//www. lpsd. ca
Grande Prairie School District No. 2357 大草原城学区	http：//www. gppsd. ab. ca
Fort McMurray Public School District No. 2833 麦克默里堡公立学区	http： //www. fmpsdschools. ca
St. Albert Public School District No. 5565 圣艾伯特公里学区	http：//www. spschools. org

（四）Quebec 魁北克省（部分）

附表 4　魁北克省（部分）公立学区/教育局

教 育 局 名 称	教育局网站
Central Quebec School Board 中央魁北克公立教育局	https： //www. cqsb. qc. ca/en/
Eastern Townships School Board 东方教育局（英语教学）	http：//www. etsb. qc. ca/
English Montreal School Board 蒙特利尔英语公立教育局	http：//www. emsb. qc. ca/

（续表）

教 育 局 名 称	教育局网站
Lester B. Pearson School Board 莱斯特皮尔逊公立教育局	http：//www. lbpsb. qc. ca
Sir Wilfrid Laurier School Board 威尔弗里德劳里埃爵士教育局	http： //www. swlauriersb. qc. ca/
Commission Scolaire Marguerite-Bourgeoys 玛格丽特布尔瓦公立教育局	http： //www. csmb. qc. ca/

（五）Manitoba 曼尼巴托省（部分）

附表 5　曼尼巴托省（部分）公立学区/教育局

学区/教育局名称	教育局网站
Lord Selkirk School Division 希尔克学区	http：//www. lssd. ca/
Louis Riel School Division 路易斯瑞尔学区	www. lrsd. net
Mountain View School Division 山威尔学区	www. mvsd. ca
Pembina Trails School Division 佩姆比纳路公立学区	www. pembinatrails. ca
Praire Spirit School Division 普利尔斯普瑞特学区	www. prairiespirit. mb. ca
Red River Valley School Division 红河谷学区	www. rrvsd. ca
River East-Transcona School Division 河东-翠斯科纳学区	www. retsd. mb. ca
St. James-Assiniboia School Division 圣詹姆斯学区	www. sjsd. net
Study Manitoba School Divisions 曼尼托巴学区	http： //www. studymanitoba. ca/
Western School Division 西方学区	www. westernsd. mb. ca
Winnipeg School Division 温尼伯学区	www. winnipegsd. ca

加拿大大学排名（2017年）

（一）USNews 加拿大大学排名

附表 6　加拿大大学排名

国内排名	世界排名	学校名称
1	21	University of Toronto 多伦多大学
2	31	University of British Columbia 英属哥伦比亚大学
3	50	McGill University 麦吉尔大学
4	129	McMaster University 麦克马斯特大学
5	144	University of Alberta 阿尔伯塔大学
6	149	University of Montreal 蒙特利尔大学
7	204	University of Calgary 卡尔加里大学
8	221	University of Ottawa 渥太华大学
9	240	University of Waterloo 滑铁卢大学
10	274	University of Victoria 维多利亚大学
11	280	Simon Fraser University 西蒙菲莎大学
12	289	Western University 西安大略大学
13	324	Laval University 拉瓦尔大学
14	356	Dalhousie University 戴尔豪斯大学
15	379	Queens University 女王大学
16	389	York University 约克大学

（续表）

国内排名	世界排名	学 校 名 称
17	402	University of Manitoba 曼尼托巴大学
18	418	University of Guelph 圭尔夫大学
19	505	Carleton University 卡尔顿大学
20	553	University of Saskatchewan 萨省大学

（二）加拿大《麦考林杂志》发布的2017年加拿大大学排名

1. 医博类大学

附表7 《麦考林杂志》发布的2017年加拿大医博类大学排名

排 名	大 学 名 称
1	Mcgill University 麦吉尔大学
2	University of Toronto 多伦多大学
3	University of British Columbia 英属哥伦比亚大学
4	Queen's University 皇后大学
5	University of Alberta 阿尔伯塔大学
6	McMaster University 麦克马斯特大学
7	Dalhousie University 达尔豪斯大学
8	University of Ottawa 渥太华大学
8	Western University 西安大略大学
10	University of Calgary 卡尔加里大学
11	University of Montreal 蒙特利尔大学（法语院校）
12	University of Lavel 拉瓦尔大学（法语院校）
13	University of Sherbrooke 谢布克大学（法语院校）
14	University of Manitoba 曼尼托巴大学
14	University of Saskatchewan 萨省大学

2. 综合类大学

附表 8 《麦考林杂志》发布的 2017 年加拿大综合类大学排名

排 名	学 校 名 称
1	Simon Fraser University 西蒙菲莎大学
2	University of Waterloo 滑铁卢大学
3	University of Victoria 维多利亚大学
4	University of Guelph 圭尔夫大学
5	Carleton University 卡尔顿大学
6	University of New Brunswick 纽布伦斯威克大学
7	Memorial University of Newfoundland 纽芬兰纪念大学
7	York University 约克大学
9	Wilfrid Laurier University 劳里埃大学
10	Concordia University 康考迪亚大学
11	Ryerson University 瑞尔森大学
12	Université du Québec à Montréal（UQAM） 魁北克大学蒙特利尔分校
13	University of Regina 里贾纳大学
14	University of Windsor 温莎大学
15	Brock University 布鲁克大学

3. 基础类大学

附表 9 《麦考林杂志》发布的 2017 年加拿大基础类大学排名

排 名	大 学 名 称
1	University of Northern British Columbia 北英属哥伦比亚大学
2	Mount Allison University 蒙特爱立森大学
3	University of Lethbridge 莱斯布里奇大学
4	Trent University 川特大学

（续表）

排名	大学名称
5	Acadia University 阿卡迪亚大学
6	St. Francis Xavier University 圣弗朗西斯泽维尔大学
7	Saint Mary's University 圣玛丽大学
8	University of Prince Edward Island 爱德华王子岛大学
9	Bishop's University 毕索大学
10	Laurentian University 劳伦森大学
11	Lakehead University 湖首大学
11	University of Ontario Institute of Technology 安大略省理工大学
13	University of Winnipeg 温尼伯大学
14	Moncton University 麦克敦大学
15	St. Thomas University 圣托马斯大学
16	Mount Saint Vincent University 圣文森特山大学
17	Brandon University 布兰登大学
18	Cape Breton University 不列颠海角大学
18	Nipissing University 尼皮辛大学

加拿大热门大学简介

（一）McGill University 麦吉尔大学

麦吉尔大学位于加拿大魁北克省的蒙特利尔，建校于1821年，历史悠久，底蕴深厚，是一所闻名世界的国际化研究型大学。麦吉尔大学吸引着来自全世界各地的优秀人才，校友遍布全球超过180个国家。作为一所以学术研究闻名的学校，麦吉尔大学有超过100个研究中心和网络，在超过300多个领域开设专业，特别突出的有艺术，工程，医药，科学和管理专业，培养出了12名诺贝尔奖获得者和142名罗德学者，为所有加拿大大学中最多。该校连续12年在医博类大学评比中排名第一，全球大学QS榜单位列前30，是世界经济论坛—全球大学校长论坛的加拿大唯一代表高校。学校校区位于皇家山公园和蒙特利尔市中心，地理位置优越，有丰富的校外活动可以参加。

（二）University of Toronto 多伦多大学

始建于1827年，原身为国王学院的多伦多大学已经成为加拿大乃至世界上领先的高等学府，学校一直致力于研究和创新，拥有世界级的师资和教学设备，为科学和学术界做出了巨大的贡献，主要包括：干细胞及胰岛素的发现，电子起搏器、多点触摸技术、电子显微镜、抗荷服的发明和发展，NP完全理论，以及发现首个经核证的黑洞。近年来学校也一直在关注和改善学生的学习模式和发展情况，学生拥有更多与教授小范围沟通讨论的机会，此外学校也通过各种项目大力扶持学生创业，学生的就业率居全加拿大第一。目前学校开设超过 700 个专业在校总人数达 87 000 人，分布在 St Geogre,、Scarborough 和 Mississauga 三个校区。

（三）University of British Columbia 英属哥伦比亚大学

英属哥伦比亚大学是加拿大西海岸最优秀的高等学府，常年位居加拿大大学前 3，在世界公立大学排名位于前 20。学校一直以来鼓励学生大胆思考，开拓创新，挑战常规。来自全世界超过 160 多个国家（地区）的学生汇聚在这里，共同求知、探索，并怀揣着改变世界的理想。学校的优势专业在于艺术、应用科学、医药和商科领域，已经培养出 7 位诺贝尔奖得主，65 位罗氏学者和 208 位加拿大皇家协会成员。英属哥伦比亚大学的主要校区有两处，其中温哥华校区位于加拿大第三大城市温哥华，距离市中心只有 30 分钟的车程，校区占地达 400 公顷，这里气候怡人，坐拥美丽海岸沿线，也是游览观光者必到之处。

（四）Queen's University 女王大学

女王大学是安大略省最古老的大学之一，1841 年根据维多利亚女王的皇家宪章建立。悠久的历史，传统的建筑，校区拥有着深厚的人文底蕴，很多博物馆和艺术中心就坐落于学校之中，如 Etherington 艺术中心和 Isabel Bader 表演艺术中心。学校也有许多现代化的教学设施并在学术研究方面一直保持着极高的水准。其生物、医学、工程、环境科学、社会学专业都处于世界领先地位，学生的毕业率高达 86%，为加拿大最高。女王大学还有数个国际学习中心，给予学生赴全球各地学习的机会，其中最著名的是 Bader 国际中心，位于英国萨塞克斯的 Herstmonceux。

（五）University of Alberta 阿尔伯塔大学

阿尔伯塔大学位于加拿大阿尔伯塔省首府埃德蒙顿，是一所极其注重科研的大学，一直位列加拿大研究型大学前五，也持续位列全球大学前 100。学校一直致力鼓励和培养学生成为能为社区、地区、国家以及世界作出杰出贡献和改变的优秀人才。学校开设了超过 200 个本科和 170 个研究生项目，平均每年有 5 亿的研究经费，2016 年度更是达到了 10 亿加币。学校的师资力量也极其雄厚，有全加拿大最多的 41 位全国教学奖得主，培养出了 71 位罗氏学者。学校每年能对阿尔伯塔省产生 100 亿加币的经济影响，占全阿尔伯塔省总 GDP 的 5%。

（六）Mcmaster University 麦克马斯特大学

麦克马斯特大学，位于安大略省汉密尔顿，是加拿大顶尖的医博研究类大学之一，也常年位于世界大学的前 100。与汉密尔顿“钢铁之城”的名号产生鲜明对比的是麦克马斯特大学靠近植物园绿意盎然的校园，除了为学生提供优美的校园环境，学校一直秉承其创新和求实的理念。麦克斯马特大学借助其一流的实验室和先进的设备，及其闻名世界的“麦克马斯特问题解决教学法”在工程，健康科学，商业等领域培养出了富有极具创造力与革新精神学生，其中包括三名诺贝尔奖得主。此外，学校拥有 72 名加拿大首席科学家（Canada Research Chairs）以及大约 3 亿 2 千万加元的专项科研资金，且拥有自己的核反应堆，因此被誉为加拿大的 MIT。

（七）Dalhousie University 达尔豪斯大学

达尔豪斯大学是加拿大新斯科舍省最著名也是规模最大的大学，拥有接近 200 年的建校历史。学校开设 170 个以上的专业超过 4 000 门课程，是加拿大最好的 15 所研究型大学联盟—U15 的成员之一。学校教学质量高，入学要求严，学生入学时的平时成绩要超过 88%。学校的教授数量近千，教学人员中 90%以上取得了博士学位，并有 50 位教师获得加拿大国家研究大奖。学校的法学院、工程学院、医学院久负盛名，培养出了一位诺贝尔奖获得者和两位加拿大首相。此外学校的海洋研究中心在全世界处于领先地位，“海洋跟踪项目”对全球七大洲的海域都设有监测系统。

（八）University of Ottawa 渥太华大学

渥太华大学是一所多元化的研究型大学，是世界上最大的英法双语大学，拥有加拿大最大的法学院，毕业生就业率高达97%。从艺术类到科学类共400多门课程学生均可以通过双语进行学习。学校拥有丰富多样的带薪实习专业课程，在参与该项目的学生中95%的学生都可以在学业结束后转正得到正式工作安排。近年来学校实施了一系列发展规划，开设了高端研究教学区，建立了光子学研究中心，拥有若干地理科学实验室和加拿大唯一的加速质谱仪器。学校在社会科学和工程领域的学术领先性和独特的双语多元化氛围使渥太华大学成为一所极具自身特色的高等院校，帮助学生学习成长，与众不同。

（九）Western University 西安大略省大学（原 The University of Western Ontario）

西安大略大学位于安省的“森林城市”伦敦市，建于1878年，是加拿大四大古校之一。400英亩的主校区里，哥特式的建筑与现代化的环保型建筑交相融合，为学生提供了一个理想化的学习环境。学校培养学生的理念是理论和实践、校内和校外、学习和社交的平衡，学校希望从学术、社交、文化和体育方面全方面地培养学生。超过130多年的学术积累及深厚的人力资源背景使学校与社区、地区、国内及国外各个领域行业的企业和官方政府机构都有着紧密的合作，以此为学生提供了大量实习和工作的机会。该校的哲学课程位列全世界前50，而学校的Ivey商学院在著名的Bloomberg商业周刊MBA项目评比中被评为全球第一。根据《加拿大邮报》显示，西安大略大学的学生满意度为全加拿大第一。

（十）University of Calgary 卡尔加里大学

卡尔加里大学是一所公立的研究性大学，包括了14个院系、50多所研究生院和研究中心，提供250多个学术项目。卡大众多的研究所、研究中心与研究团体致力于诸如法律、家庭、能源、环境、工程、软件、人文科学等领域的广泛的专业研究，并有着卓著的成果。在 2016 年《QS 世界大学排名》“建校 50 年以下的前 50 所大学”以及《泰晤士高等教育机构排名》中，均名列第一。作为加拿大著名的综合类大学，卡尔加里大学将优秀的学校传统与卡尔加里这所城市的活力和多样性紧密地结合在一起，该校共有 5 个校区，大约有 1 800 多名学术科研人员，13 000 多名学生，其中包括 24 000 多名本科生和 6 000 名研究生，到目前为止，已有 173 000 多人从卡尔加里大学毕业，其中 2/3 的人在卡尔加里地区生活或工作。

（十一）University of Montreal 蒙特利尔大学

蒙特利尔大学，建立于 1878 年，是加拿大名列前茅的综合性大学和世界上最大的法语授课学校，是加拿大顶尖研究型大学组织（U15）的成员之一。该校拥有一个主校区，包含 16 个学院、60 多个系所以及 2 个著名的附属学院——工程和商学院，提供 650 多个本科生、研究生项目，其中还包括 71 个博士生项目。该校的被资助研究收入是魁北克省最多，加拿大排名第二的，目前在读学生超过 55 000 人，是全加拿大在读人数第二多的大学。蒙特利尔大学提供了魁北克省最多的健康科学学科，以培养验光配镜师、听力矫正医生、兽医、药剂师以及物理治疗师闻名。在 2013 年，该校开设了魁北克唯一的一个公共健康学院。该校严谨的学风，造就了一大批社会精英，包括加拿大前总理皮埃尔·特鲁多以及 12 位魁北克省首相。

（十二）University of Manitoba 曼尼托巴大学

曼尼托巴大学始建于 1877 年，是加拿大西部的第一所大学。主校园占地 680 英亩，是一所公立综合性研究型大学，加拿大顶级大学之一，是加拿大曼尼托巴省最著名及规模最大的大学，拥有 140 年的建校历史，提供 100 多个学位项目，其专业学院提供建筑学、工程、医药、牙科、法律以及配药学方面的学位课程。曼大的医学院、农学院和工程学院是加拿大最好的学院之一，阿斯博商学院在加拿大排名第三，其科学学院、艺术学院、音乐学院、教育学院等 21 所学院均在北美有极高声誉。学校共有近

100 位罗德奖得主，远超加拿大西部其他任何大学。

（十三）University of Saskatchewan 萨省大学

萨省大学是加拿大中部一所著名的公立大学，成立于 1907 年，是该省境内乃至加拿大中部最大的高等教育机构，加拿大顶尖研究性大学联盟 U15 成员之一。作为一所位于拥有加拿大 41%国土面积的萨斯喀彻温省，学校一直以来都是农业研究的温床，除此之外，萨省大学还是加拿大国家同步辐射光源研究基地（Canadian Light Source）以及疫苗与传染病防治机构的所在地，这些研究项目同该校的教学质量以及师资设备为学生们提供了他们所选领域的专业教育。萨省大学也是加拿大唯一一所与哈佛大学有合作协议的学校，曾培养出了 2 名诺贝尔奖的获奖者和 69 名罗德奖学金获得者，并培养了一位加拿大总理和一位加拿大总督。萨省大学的校园被誉为“北美最美丽的校园之一”。

（十四）Simon Fraser University 西蒙菲莎大学

西蒙菲莎大学成立于 1965 年，位于加拿大不列颠哥伦比亚省温哥华市，是以探索温哥华地区的探险者西蒙·菲莎命名。学校是北美顶尖的综合性公立研究型大学，其计算机科学、交互设计和商科位居世界前例，2017 年排名麦克林杂志（Maclean's Magazine）加拿大综合类大学第一位。学校的本科和研究生教育实行灵活的一年 3 学期制，并提供了丰富的带薪学习项目。西蒙菲莎是加拿大第一所美国大学生体育协会成员（NCAA），同时也是加拿大第一所获得美国西北高校委员会（Northwest Commission on Colleges and Universities）认证的研究型大学，在 50 余年的办学历程中，有 1 位普利策奖获得者、3 位罗德学者、43 位加拿大皇家科学院和人文学院院士从学校走出。

（十五）Waterloo University 滑铁卢大学

滑铁卢大学位于安大略省的西南面的滑铁卢市，是加拿大顶尖的综合型研究大学。滑铁卢大学非常注重科研，特别是近年来开设了一系列如电子传媒、信息科技、生物医药工程以及量子纳米等科研项目。该校的计算机科学和工程专业位列全加拿大第一，滑铁卢大学已经连续第25年被评为最有创新精神的学校。学校同时非常注重学生的实践，开设了学习+实习的项目，学生在毕业时就已经可以获得两年带薪工作的经历，非常具有竞争力。此外，学校的 Velocity Garage 是全世界最大的企业孵化器，为有创业梦想的年轻人提供了丰富的资源和良好的平台。

（十六）University Victoria 维多利亚大学

维多利亚大学位于不列颠哥伦比亚省的省会维多利亚市，校园周围环境优美，距离环山和树林的海滩仅10分钟路程，得天独厚的地理优势也造就了维多利亚大学在气候变化及海洋科学研究方面的优势。耗资2亿加元的“加拿大海洋网络系统”远程管理着在加拿大西海岸和北极圈处的气象台。除此之外，学校的英语语言、地理、法律和哲学专业排名在世界前200位。目前学校的综合实力依然在不断进步，也愈加国际化，在全球建校少于50年的学校中，维多利亚大学排名第20。

（十七）Guelph University 圭尔夫大学

圭尔夫大学建立于1964年，主要由麦克唐纳德学院（Macdonald Institute）、安大略省农业学院和安大略省兽医学院合并而成，以这些资源作为建校基础，圭尔夫大学的食品、环境和科学专业实力相当出众，吸引了许多对相关领域感兴趣的优秀学生和教师。除了传统的优势专业，学校在人文学科方面的师资力量也相当雄厚，著名作家 Lawrence Will 和艺术家 Sky Gilbert 都在学校任教。学校希望学生不仅能获取专业知识，更应该具备批判性和创新性思维。目前圭尔夫大学在加拿大综合类大学中排位第四。

（十八）New Brunswick 纽布伦斯威克大学

纽布伦斯威克大学具有悠久的历史，是加拿大最古老的英语大学。学校拥有两个校区：Fredericton 和 Saint John。在教育、工程和管理课程方面成果卓越，这些专业在全国学校专业排名中名列前茅。学校非常注重科研，在过去的两年当中收到了 495 笔官方授权研究经费。学校的星球和航空科学中心是美国航天局在加拿大唯一指定可对公众展示航天任务照片的机构，钮布伦斯威克大学一直以来致力于培养学生的革新和企业家精神，近十几年，学校涌现了六位罗德奖获得者。

（十九）Carlton University 卡尔顿大学

卡尔顿大学建于 1942 年，是加拿大著名的公立大学，学校位于加拿大首都渥太华市中心，校园占地 62 公顷，风景秀丽，毗邻政府机构，实验室，图书馆，学习氛围浓郁。它在公共事务与管理、高科技等领域中名列前茅，相关专业的学生有机会参加学习＋实习的项目，并有很大可能性在毕业后受聘于当地政府部门和本地顶尖的科技公司。卡尔顿大学与时俱进，正陆续开设一批如生命科学和全球化研究的新兴专业，同时也兴建了一批新型、环保化的科研中心，为学生提供良好的学习资源和保障。

（二十）Memorial University 纪念大学

纪念大学，又称为纽芬兰纪念大学，建立于 1925 年，位于加拿大东部纽芬兰省的首府圣约翰城，是加拿大东部大西洋地区最大、最杰出的综合性大学，在该地区拥有最重要、最完备的研究设备和力量，有着悠久的历史和丰硕的研究成果。学校在文学、科学、教育、艺术、工程、管理、音乐、海运等多个学术领域提供超过 100 门的学位课程。纪念大学是加拿大唯一一所拥有海运学院的大学，学校研究力量主要扎根于海运，且大学的研究兴趣及专业技术在逐年增长，并呈现出多样化，这使得纪念大学成为加拿大大西洋区域最具创新精神的研究机构和学府，跻身于加拿大综合性大学前五。

（二十一）York University 约克大学

约克大学位于加拿大第一大城市多伦多北郊，是全加拿大规模第三大的大学。该校综合实力雄厚，有 25 个学术研究中心、34 位国家科学奖得主、31 位加拿大皇家协会成员以及 24 位杰出的研究教授。在 200 多个学位专业和 5 000 门课程中，Schulich 商学院被经济周刊评为同类第一，人文艺术类课程为全加拿大最多，电子传媒专业为大多伦多地区唯一，心理学专业为北美最大，空间工程和全球健康是加拿大独一无二的专业。目前约克大学已经吸引了来自全球 180 个国家超过 50 000 人数的学生在校就读。

（二十二）University of Northern British Columbia 北英属哥伦比亚大学

北英属哥伦比亚大学多次被评为加拿大最优秀的小型大学，提供包括学士、博士和证书课程在内的 60 多个专业的课程。在环瞰洛基山脉的校园里，北英属哥伦比亚大学的老师和学生不仅在研究和学习，更是在用创新的方式帮助北部区域面对新的挑战。北英属哥伦比亚大学是加拿大 Research Chairs Program 的成员，注重社会、经济、健康以及环境方面的研究，在授课方面采取小班教学，有 60%的本科班级人数不超过 26 个人。学校高质量的教学和友好的氛围，使学生们有更多的机会参与到研究项目中，与教授和其他同学接触，同时，通过各种团队协作，学生们能学到许多职业技能。

（二十三）Trent University 特伦特大学

加拿大特伦特大学建校于 1964 年，是安大略省著名的本科学士类大学，文理兼优。拥有高质量的工商管理学，经济学，数学，环境学，生物学，人类学，自然科学、社会科学、国际发展研究、计算机科学等课程。在著名的《麦克林》杂志（Maclean's Magazine）大学排行榜上，特伦特大学 2016 年位于本科学士类大学第二名，安大略省本科学士大学第一名。学校通过与当地区域和省份各领域的紧密联系给学生提供了大量社会实践的机会，87%的学生能在毕业后顺利地找到工作，该校 95%的学生表示当初选择就读特伦特大学的决定是非常正确的。

（二十四）Acadia University 阿卡迪亚大学

阿卡迪亚大学成立于1838年，是加拿大最古老最著名的大学之一。该校被《麦克林》杂志评为加拿大最好的本科大学。学校设置的学位课程囊括了从艺术到科学所有的学科，提供给学生200多种不同的专业。约20%的课程以同学生们的课外活动、理论与实际生活环境相结合的方式进行，以开阔学生视野、锻炼其独立解决问题的能力；雄厚的师资力量配以小班制授课模式（平均25人/班），以提供高教学保障。学校在本区域的高知名度和良好声誉，为毕业生就业创造了极为有利的条件。

（二十五）Thompson River University 汤姆逊河大学

汤姆逊河大学坐落于美丽的甘露市，位于温哥华东北部，四季气候宜人，从温哥华转机只需一个小时即可达到。学校始终将学生的成功放在第一位，为学生提供了灵活的学习规划，个性化的学生辅导，多元化的学习氛围以及大量实践操作的实习工作机会。建校45年来，汤姆逊大学已经开设了140个专业，并与时俱进，设立了Open Learning Program的网络远程教育课程，目前已有60余门课可供学生进行选择。学校与许多BC省的名校都可以互转学分，学生可以通过在汤姆逊大学初期的学习转入加拿大顶尖的名校。

加拿大热门学院介绍

(一) Langara College 兰加拉学院

兰加拉学院是加拿大西海岸享有盛誉的公立院校，处于温哥华市中心地区。该校以师资获奖多，学生素质高，以及高比例的大学升学率而远近闻名，每年为19 000名学生提供学习培训的机会，国际学生每年 400人，还有半日制暑期就读英语作为第二语言（ESL）课程的学生 200 名。只有学业表现突出且英语能力出色的学生，才有机会直接进入加拿大的顶尖大学，对于尚未符合直接入读大学一年级标准的学生而言，他们可以先在兰加拉学院修读大一和大二课程，再转至这些大学就读。大学优质联盟（University Quality Alliance Program，UQA）就是为协助这些学生跻身加拿大的顶尖大学而设立的，兰加拉 UQA 计划的合作学校包括UBC、维多利亚大学、萨省大学、约克大学、西蒙菲莎大学以及圣玛丽大学等。

(二) British Columbia Institute of Technology 卑诗理工学院

卑诗理工学院（BCIT），建校于 1964 年，位于 BC 省温哥华市，是加拿大最大的公立综合性院校，是以就业为导向的教育及培训机构，学院提供 250 多个全日制、非全日制、远程教育等课程，这些专业可颁发不同层次的证书、文凭、高级文凭以及学士学位。卑诗省理工学院的毕业生就业率位于加拿大学院前列。该校开设商务、计算机信息技术、工程、健康、传媒、应用及自然科学、贸易类课程，采取小班授课，注重实践，教学与职业发展相结合，毕业生对英属哥伦比亚、加拿大乃至世界都有一定的影响，在城市建设、经济发展、健康维护及技术创新等方面做出贡献。BCIT的教学模式包括学历教育与非学历教育。通过全日制课程、非全日制课程和远程课程等方式授课，证书、文凭与学位教育可以进行有机的衔接。学生可先入读证书或文凭课程，再继续完成学位课程。学历教育包括专科、本科及研究生课程。由高教部授权，BCIT 可颁发大专文凭、技术学士学位、应用硕士学位和荣誉博士学位。非学历教育包括多种行业与岗位证书课程，如国际货物代理师，国际室内装璜设计师等。

（三）Fanshawe College 范莎学院

范莎学院是加拿大最大的公立学院之一。它成立于加拿大公立院校蓬勃发展的 1967 年，与加拿大顶级学府西安大略大学同在安大略省伦敦市。自建校伊始，范莎学院就与西安大略大学保持了良好密切的同城公立姊妹校关系。目前范莎学院有在校生 15 000 人，师资 600 余人，授予 100 多种 1—4 年制的应用专科文凭、本科学士学位及研究生证书。与公立大学相比，公立学院的主要优势是专业应用性强、就业较容易、入学门槛低、教学班级小、学费更实惠、开学更灵活、服务更主动。当然，最被中国学生所看中的，是她提供的通向知名大学的入学途径，范莎学院是西安大略大学指定的公立语言中心（西安大略大学没有自己的语言中心），通过范莎学院双录取，通向西安大略大学有两大类途径。最新安大略升级调查“Key Performance Indicators”结果显示，86%的范莎毕业生完成专业后 6 个月内找到满意的工作，92%的雇主对所录用的范莎毕业生表示“非常满意”，带薪实习课程名列加拿大首位，学院与 1 200 多家企业，包括通用、3M、西门子、John Deere 和 TD 等国际知名企业保持良好合作关系，为学生提供带薪实习机会。

（四）Columbia College 哥伦比亚学院

哥伦比亚学院是加拿大历史最悠久的非营利国际学院，成立于 1936 年。学院开设了大学转学分课程，通过修读此课程获得的学分均为加拿大和加拿大大学所承认，20 世纪 70 年代，学院开始提供英语作为第二语言的培训课程。哥伦比亚学院实验室和图书馆设备一流，能满足各学科教学的需要。位于温哥华市中心，交通便利，拥有一流的现代化设备，课程灵活，可满足各类学生不同的需要。

(五) Humber College 汉博学院

汉博学院是一所著名的公立高等技术院校。它有两个校区，位于多伦多西边的汉堡北校区和安大略湖畔的 Lakeshore 校区。学校每年招收 18 000名全日制学生和 5 500 名函授学生。开设 350 多门实用性强的课程，同时部分专业也提供学士学位。该校有灵活的转学分制度，与 45 所大学签订转学分协议。毕业生就业率高达 90%以上，学生创新能力和职业技能在社会上得到广泛认可。1967 年建校，严谨、优良的学术氛围使得 Humber 学院在安大略省拥有良好的口碑。据官方调查表明，学生普遍认为 Humber 学院的课程和服务以及设施在多伦多首屈一指，并且在整个加拿大名列前茅。Humber 学院是著名的安大略学院体系中的组成部分。开设了 150 门以上的全日制课程，其中很多都在加拿大独树一帜。此外，学校是美国社区学院革命新联盟中唯一的加拿大成员。

(六) Red River College 红河学院

红河学院是加拿大曼尼托巴省政府的一所公立学校，坐落于省府温尼伯市。学院创建于 1938 年，提供预科、证书、文凭、学士学位及高级文凭，共有 100 多个课程项目。主校园靠近温尼伯国际机场，占地 160 英亩。除主校区外，还有位于市中心的语言培训中心及其他 6 个的校园。红河学院是曼尼托巴省，也是加拿大最大的学院之一。学院学费低廉，大概每年平均只需 1 万加元，比加拿大其它省市最多节省达 35%，如果国际学生毕业后选择留在曼省工作，其学费的 60%可以通过退税的方式返还。红河的毕业生就业率最新数据是 96%以上，居加拿大同类院校排名第一，80%以上的课程有和大学对接协议，满足学生继续学业的愿望。根据曼省移民政策，在正规的大专院校（包括该校）完成全日制一年的高等教育，然后全职工作六个月，即可申请曼省的省提名移民，通过率基本百分之百。

（七）Camosun College 卡莫森学院

卡莫森学院是加拿大 BC 省最大的公立学院之一，成立于 1971 年 9 月。学院在维多利亚市有两大校园，兰士堂（Lansdowne）和英特欧本（Interurben）。两校园之间有公车往返，且各自都有通往市中心的公车路线。学院向国际学生提供各个不同等级的英语训练课程及学术英语科目、高中毕业课程、学院升级课程、大学预备课程及大学学分转换课程，还提供 70 多个职业文凭及证书课程，包括商业，旅游，医疗及人文服务，工程科技以及专业技能训练等专业。设施与服务方面，学校提供多种住宿选择，大量寄宿家庭，学生也可以自己找住宿。学校为国际学生了提供了电脑实验室、语言实验室、咨询中心等，给予了国际学生很好的照顾。学生在卡莫森学院完成两年的大学转学分课程，平均成绩达到“B”，就可以直接进入大学继续后两年的学习了。每年有 40%的国际学生通过转学分课程转到维多利亚大学继续完成本科学业，是学生通往维多利亚大学的最好桥梁。

（八）LaSalle College 拉萨尔学院

LaSalle College，创建于 1959 年，是加拿大著名的公立高等院校之一，位于加拿大第二大城市蒙特利尔。学院提供由加拿大魁北克省高等教育部承认的专科文凭，英、法双语教学，是北美最大的双语学院。拉萨尔学院为学生提供二到三年的大专文凭专业（DEC）和技术培训证书专业（AEC）课程。拉萨尔学院以就业为导向的高等教育，又不同于大学以知识为导向的基础教育，从而使毕业生广受就业市场欢迎。

（九）Vancouver Film School 温哥华电影学院

温哥华电影学院，简称 VFS，是一所世界顶尖电影学院，温哥华国际电影学院最早成立于20世纪80年代，在20世纪90年代名称为Gastown Actor studio，主要专业包括3D动画、电影制作、影视表演。学校主校区处温哥华的市中心，在大温哥华地区及蒙特利尔和多伦多市另有三个校区及实习场所。在温哥华的主校区内，有三个可以对外公演的小剧场、电影院和8个适合各种项目训练的练功房。在权威世界大学排名机构QS对外公布的2015年世界顶尖电影学院排名中，评选温哥华电影学院（Vancouver Film School）为加拿大影视教育的领头人，是该地区最好的电影学院之一。

（十）Douglas College 道格拉斯学院

道格拉斯学院成立于1970年，该校为最大的社区学院，具有3个校园，离温哥华25分钟车程。该校提供短期课程，现在20 000学生正在学习短期课程。道格拉斯学院为学生提供一系列多元化的课程，这些课程的学分大都可转到加拿大或是世界各国其他大学。另外，道格拉斯学院设有完善的英语课程，为有意在本校或北美其他大学进修学业的学生提供了提高英语水平的机会。道格拉斯学院具有优良的教学制度，课程具启发性及挑战性，员工态度积极且友善，能时刻为学生提供多方面的援助。学院在温哥华有三所现代化的校舍，交通方便，教学设施齐全，设有资料丰富的图书馆及学术资源中心，为学生学习提供最大帮助。

（十一）Centennial College 百年理工学院

百年理工学院位于加拿大最大的城市及经济文化中心多伦多市，创建于加拿大建国一百周年1966年。作为安大略省成立的第一所学院，百年理工学院不仅是加拿大政府正式对外公布的90所高等院校之一，加拿大多伦多市四所高等职业培训教育机构之一，也是颇具国际盛名的一所高等院校。学院的四所校园分布在士嘉堡和东约克两个地区。学校科研力量雄厚，不仅拥有著名的贝尔实验室，还与许多著名大公司建立了战略合作伙伴关系，如惠普加拿大公司、IBM、Cisco、福特公司和丰田公司等。学校开设1 000多门课程，学院拥有教师400多名、专兼职员工1 500多名，每年加拿大政府拨办学经费 8 700 万加元。百年理工学院有 12 000 多名全日制学生和近 30 000 名成人教育学生，这些学生来自加拿大的不同身份和世界的各个地方。

（十二）Seneca College 圣力嘉学院

加拿大圣力嘉学院，全称 Seneca College of Applied Arts and Technology，即圣力嘉应用技术与艺术学院，成立于 1963 年，是加拿大也是北美最负盛名的一所公立综合性大专院校，有 18 所分院分布在多伦多市的东北部，拥有 8 个校区，18 000 名全日制学生，包括来自 75 个国家的 2 000名国际学生，设有 110 多个专业。该校的生源以本土为主，还有来自世界各地多个国家和地区的留学生。圣力嘉学院已经成为当今加拿大最大的、最有实力、最现代化和培养学生具有实用技能的理想的高等学府。加拿大政府每年为投放一亿加币的庞大教育经费，以确保她为本国及国外培养出一批批深受录用部门欢迎的人才，使他们既具理论又具实际独立工作能力。学校拥有健身中心、学习大楼、学习资料丰富的现代化书店、一个致力于为全体学生提供周到服务的职业服务部以及一个功能强大的实验学院。设施先进完善的计算机与通信中心对学校的所有学生开放，学生可以在此享受因特网服务和自由地收发电子邮件。学校还有藏书丰富的图书馆，提供纸质书籍资料和电子文本，学生还可以通过因特网每周 24 小时访问图书馆的电子资源。学校的体育和休闲娱乐设施齐全，有排球、高尔夫、保龄球、足球等等，学院甚至还有专用小型机场。

（十三）George Brown College 乔治布朗学院

乔治布朗学院自 1967 年即成为多伦多市的正式学院，是一家由政府立案的教育机构，也是多伦多市区唯一的学院，学校的声誉吸引着数以千计来自加拿大及全球的学生。学校提供超过 100 多种证书，文凭及研究生科系是加拿大所有学院中全职课程范围最广的一所，而且提供完整并具盛名的英语强化课程也可帮助海外学生提高英语水平。

（十四）Algonquin College 亚岗昆学院

亚岗昆学院成立于 1967 年，位于加拿大首府渥太华市，是一所面向社区和社会，可以提供高质量的教育和培训的综合性院校。学校的传媒系、管理系、语言系、警察司法和治安系、接待系、亚冈昆高新技术学院（ATI）和国际教育中心可为学生提供 100 余个全日制的专业课程，并由 500 名专职教授和 2 500 名兼职教员任教。学校与工商界的合作关系可确保教学课程紧跟现实社会的步伐。现在亚冈昆学院拥有 120 万平方英尺的校舍，有渥太华、彭布罗克和珀斯三个校区。4 000 台电脑和 900 个实验室供学生学习研究。大学共设有 11 个学术机构，几百个专业课程。其中比较杰出的专业有：工商管理、警察基础、口腔卫生、市场营销、儿童早期教育、酒店管理、广告、社会服务工作、护理人员、儿童和青少年研究等。所设课程与加拿大著名的大学衔接，在该学院取得的学分为加拿大、美国、澳大利亚等许多著名大学承认。中国的学生可以选择一些以后可转读大学深造的课程，先在学院学习一至二年，然后转入大学二、三年级，继续攻读学士学位。

（十五）Niagara College 尼亚加拉学院

尼亚加拉学院建于 1967 年，系公立的大学学院。学院有两个校园，Welland 校区和 NOTL 校区，建有学生公寓楼，300 多个教室和试验室。学院设两个学士学位课程，60 多个大专文凭课程和 13 个研究生证书课程，分两年、三年制大专文凭，四年制本科学位和一年制研究生证书课程共三个层次。高中、中专、职校的毕业生可以申请大专和本科专业，大专、本科毕业生可申请一年制研究生证书专业。学院的课程可转学分到加拿大、美国的大学。尼亚加拉学院地处多伦多南部、与美国交界的尼亚加拉瀑布附近，全加拿大纬度最低的半岛。尼亚加拉学院现有全日制学生 6 700 人，走读生 20 000 多人，华人学生占百分之二。学院重视生源多元化，有 500 多国际学生分别来自 50 个国家，是安省最多元化的学院。学院注重教学和服务，2004 年被评为“雇主最满意的学院”，2005—2007 年连续被评为

"学生最满意的学院"。

（十六）Sheridan College 谢尔丹学院

谢尔丹学院是加拿大老牌公立学院，位于加拿大安大略省（Ontario）的奥克维尔市（Oakville），谢尔丹学院成立于 1967 年，现有来自 40 多个国家的学生共 14 000 多人。学校有 6 个方向：可视化设计、数码技术、电子商务、深度制造业、社区服务以及合作培训。2003 年，该校开始颁发计算机动画领域的学士学位 Bachelor of Arts（Animation）。Sheridan College 虽然是一所学院，但却是世界计算机动画领域的先锋，其制作水平在世界名列前茅。早在 1967 年，几位著名的动画制作师就在 Sheridan 创办了古典动画专业，其中的创始人之一是迪士尼公司的动画大师 Bill Mathews。他目前在 Sheridan College 担任教授和高级研究员。Sheridan 的计算机动画专业创办于 1979 年，是北美最早的计算机动画项目。尽管大多伦多地区也有其他学校开设了计算机动画专业，但 Sheridan 的主要竞争对手还是美国的顶尖学校，如加利福尼亚艺术学院以及北卡罗来纳的传播艺术学院等。